潇水
讲三国

②
剑指天下

张守春◎著

浙江人民出版社

图书在版编目（CIP）数据

潇水讲三国. 2, 剑指天下 / 张守春著 . —杭州：
浙江人民出版社, 2023.3
　ISBN 978-7-213-10653-8

　Ⅰ . ①潇⋯　Ⅱ . ①张⋯　Ⅲ . ①中国历史 – 三国时代 –
通俗读物　Ⅳ . ①K236.09

中国版本图书馆CIP数据核字（2022）第101089号

潇水讲三国2：剑指天下

张守春 著

出版发行：浙江人民出版社（杭州市体育场路 347 号　邮编：310006）
　　　　　市场部电话：（0571）85061682　85176516
责任编辑：李　楠　方　程
营销编辑：陈雯怡　赵　娜　陈芊如
责任校对：戴文英
责任印务：刘彭年
封面设计：异一设计
电脑制版：济南唐尧文化传播有限公司
印　　刷：杭州丰源印刷有限公司
开　　本：710 毫米 ×1000 毫米　1/16　　印　张：18.25
字　　数：242 千字
版　　次：2023 年 3 月第 1 版　　　　印　次：2023 年 3 月第 1 次印刷
书　　号：ISBN 978-7-213-10653-8
定　　价：68.00 元

如发现印装质量问题，影响阅读，请与市场部联系调换。

目　录

第一章

曹操刘备青梅煮酒

当公元 199 年公孙瓒与袁绍在北方鏖战之时，刘备正在和董承等人策划一场针对曹操的阴谋。

这天，国舅董承携带着一份来路不明的诏书来找刘备。一见刘备，他劈头便问："刘使君，您相信我说的话吗？"

董承是汉灵帝母亲董太后的侄子，是国舅，任车骑将军。刘备马上堆笑说："您说话，我哪敢不相信呢？"

"那好。皇上昨天赐给我一套衣袍。我发现在袍带的夹层里，有一封皇上的密诏。诏上写着要我联络朝臣，诛杀曹操！"

这话真好像炸雷一般。不过，当刘备想看看时，董承又不肯拿出。其实，董承口称的"衣带诏"，很可能子虚乌有。因为汉献帝是个智商颇高的青年，现在全仰曹操鼻息而活，不至于如此铤而走险。而董承一直保着汉献帝从长安跑到洛阳，本应成为天子可依赖的红人，现在却被曹操挤得靠边站了，自然有可能假借汉献帝的名义寻求报复。

而对于刘备来讲，"衣带诏"是真是假并不重要。面对董承的邀请，选择要不要跟曹操作对，才是最重要的。

刘备思前想后，最后还是咬咬牙说："既然是圣上的旨意，我刘备愿肝脑涂地在所不辞。"

董承大喜，他感觉找刘备算是找对了人。他知道，关羽此前欲杀曹操，刘备曾加以阻拦，正说明刘备与其属下心怀异志，对曹操若即若离。这时董承稍加试探，刘备竟然就决定反曹了，可见他找对了人。

就在两人即将有下一步行动的时候，曹操竟然派人来请刘备了。

曹操最近对刘备特别好，出则同舆，入则同席，甚至还上表朝廷让刘备当了左将军。在东汉时期，左将军是个中等的官，即所谓的正号将军。如袁术、吕布都当过左将军。东汉时期的武将官职级别次序：一品的是大司马大将军、大将军；二品的是骠骑将军、车骑将军、卫将军、四征将军、四镇将军；三品的是四安将军、四平将军等；四品有前将军、后将军、左将军、右将军等。刘备就属于四品。总之，在刘备穷困潦倒之时，曹操能如此厚待他，对刘备来说真可谓"伯乐"了。按理说，刘备真不应该与曹操反目。但刘备对于自己的老大，不论从前的公孙瓒、陶谦，还是准老大吕布，都是实用主义者的态度，随势而变，所谓"大耳翁，最叵信"也许真是一语成谶。当然，也可以理解成他对汉献帝的忠贞不贰。

刘备不知道曹操有什么事找自己，但仍随使者去了曹操的府邸。到达后，曹操让刘备跟自己坐在同一块席子上，然后拉着刘备的手说："刘使君，现在有点事儿。袁术一直在扬州的九江郡残害民众，令当地生灵涂炭，造成了大饥荒。淮南、江北一带的百姓都跑光了，剩下跑不动的人就发生了人吃人的情况。如今袁术在那里没粮没人，待不下去了，打算北上穿过徐州，投奔袁绍。如果二袁联合，必将成为国家的大患。所以，我想派使君带着朱灵去徐州截击他。不知使君意下如何？"

这朱灵本是袁绍的部将，曹操讨伐徐州陶谦时，袁绍派朱灵带着三营兵前来助曹操攻陶谦，之后朱灵就一直留在曹操这里为将。因朱灵对曹操尽心尽力，虽然他不是曹操的嫡系，但也被曹操倚重。

刘备说："我在徐州待过两三年，朱灵也对那里比较熟。我们过去，相信一定能配合好徐州刺史车胄，把袁术挡住。明公放心好啦。袁术悖逆，人人得而诛之。"

曹操大喜，命刘备立即回去点备兵马。这时，刘备突然想起董承来了，就找到董承说："董将军，事出突然，曹操令我向东截击袁术，看来那件事只好等我回来再做计议了。"

董承有点失望，手上能有几千兵马，且对曹操若即若离的，只有这刘备。如今他走了，估计杀曹操的事情也泡汤了。董承便说："也好，将军去了外边，记得竖起大旗宣讨曹操，从东方遥相鼓噪。我们其他人，则趁机在内部下手。"

刘备说："这也是我的意思，董将军放心好啦。"

当时已是六月。

这一日，曹操觉得应该招待刘备，就宴请刘备吃饭。在他眼里，刘使君一走，再想如以前那样同席吃饭，便不容易了。

当时吃饭不仅没有炒菜一说，还是分餐制。即每人面前摆上一个盘儿，盘儿里放食物。吃饭时，仆人们会用大铜勺子一份份地将肉和菜分给你。吃的时候，除了肉羹和肉炙，面前案上还放着盛菜羹的笾豆，以及饮酒用的尊、爵及蘸肉用的调料碟。

使用的进食工具叫作匕。它形如勺子，但比勺子浅。前端有锋利的尖，可以当叉子用；横过来可以切割，当刀用；勺体还可以舀汤。完全是刀叉勺的混合体，要比西洋用的刀叉勺早了1000多年。

只见曹操一边吃一边畅谈天下。什么天文地理、国家事务，海阔天空地闲聊。领导在讲话，刘备作为下属一边恭恭敬敬地听一边低头吃饭。突然，曹操指着刘备说道："如今天下的英雄，唯有刘使君和曹操我而已，袁本初之徒，不足虑也！"

刘备从小就喜欢狗、马、华服和美食，这时候正拿匕托着一块儿肉，用筷子助着往嘴里送。闻听此言，他立时大惊失色，慌张地把匕、筷子和肉块全掉裤裆上了。

此时，正好天上响起一个炸雷。刘备淡定地等着仆人把新的匕和筷子给他摆好，然后好像从刚才的事故中心有所得似的，总结给曹操说："明公！孔圣人说，遇见迅雷烈风，一定要脸上表现出害怕的神色，以示对上天的敬畏。现在想想，确实很有道理。一个雷的震怒，竟能到这个地步！哈哈。"

从这段对话能看出，刘备掩饰慌乱情绪的一系列言行，让曹操以为自己只在想着打雷和孔子的事。他总结孔子的话也有主观意图与客观原因，主观上表明自己根本不认同前面曹操说的话，客观上也解释了自己掉筷子的原因。刘备确实高明啊。

曹操绝对不会那么傻。相信这时候，他一定很后悔自己失言。也许，他的心理活动是这样的：对方本忠于我，但听了我这话，就会认为我对他有想法，从而疑惧我，乃至走向我的对立面。那不是相当于把一员大将给赶跑了吗？

天上阴云密布，空气中夹杂着凝重的气氛。曹操忐忑不安地赶紧闲聊其他不相干的事情，以冲淡前面的失言之处，免得刘备生疑。刘备则确实害怕，心想曹操说了这话，是不是早已风闻我跟董承的密谋，在这里试探我呢？而我吓掉了筷子，是否刚好说明我做贼心虚？不过，曹操接下来全说些不相干的话，似乎想证明他前面说那句话是无心的，也就是说曹操没有怀疑我什么。总之，之后的刘备吃得嘴中全不知味，肚中全不知饥饱，嘴上频频应付着曹操，腿上只想先走。

餐毕，刘备告辞，自称准备过两天就启程。回去后，他便与董承等人商量对策。与此同时，曹操也对刘备不放心，于是派出自己的属下，跑去刘备的府廨查看动静。

这名属下看到刘备正待在衙门小院里搞园艺，便跑回去把这个情况报告给曹操，曹操终于放下心，于是也不再后悔当着刘备的面不小心制造出的"刘备威胁论"了。

另一边，刘备也发现有"特务"出没，于是星夜召集关羽、张飞，带着兵马，督促着朱灵，飞也似的在星光之下向东朝徐州方向疾行。

很快，刘备便跋山涉水，率领数千兵马赶到了下邳城，进入久违了的、战斗过又失去过、失去过又复得过、复得过又失去过的可爱的下邳城。刘备进城，与徐州刺史车胄相会。车胄前番被曹操升任为徐州刺史，算是抢了刘备的徐州刺史之位。此时真是仇人见面，分外眼红。

过了几天，大家忽然听说袁术死了。刘备便叫来朱灵，对他讲："朱灵将军，咱们的任务已经完成。我继续在这里剿灭袁术的余党，你就先回去复命吧。把袁术已死的好消息告诉曹公。你的兵，也先放在这里，省得来回折腾，好不好？"

朱灵确实是个傻瓜，他应该留下来和车胄一起防备刘备。但是朱灵没有识破刘备的用心——的确，刘备连曹操都能骗得了，耿直的朱灵又怎么能识破刘备之计呢？因此，朱灵只领着自己的一撮亲兵回去了。

朱灵一走，车胄就落了单。刘备立刻宣布自立，并砍死了车胄。刘备留关羽守下邳，然后带张飞等人还小沛，以迎曹操随后必至的大军攻击。

那么袁术是怎么死的呢？说起来，五六年来，袁术已把他的扬州地盘给糟蹋得够呛。这几年又被吕布、曹操两次击败，早已元气大伤。两三个月前，袁术见自己已粮空人空，待不下去了，就像绵羊要抛弃啃光了的草地一样，他也准备换一个地方再去当老百姓的"牧"，继续"吃"新地方的老百姓。于是一把大火烧了自己的宫殿，带上细软和小老婆们，还有一群饿肚子的士兵，想依附庐江郡的雷薄、陈兰处。结果这俩人都怕他跑来乱啃，便命士兵守住城关，不让袁术和他那摇摇晃晃瘪着肚子的士兵进去。

当时的人当兵，也跟求职找口饭吃一样。袁术的兵一看没饭吃了，立刻在城下星散离去。袁术喊破喉咙也留不住，最后只好去找自己最不想找的人——堂兄袁绍。

可是，袁绍跟袁术早就闹翻了，人家根本不理袁术。袁术只好先写一封表态信去，把自己的堂兄好好讴歌了一番。信上写着："汉之失天下久矣。当今天子只是摆摆样子，政治都出自私门。今日群雄角逐，分裂疆宇，这跟从前的七国纷争是多么相似！按规定，强者就应该当皇帝。如今大哥您坐拥四州，户口百万，没有人比您更强大，也没有人比您更德高望重。曹操想挟天子以令诸侯，好比把灭了的火再吹起来，哪有这种可能性啊？干脆大哥您当皇帝得了。"

袁绍接信，看罢夸道："袁术说得对！就是对！就是对！"但他"对"了半天，一点儿下文都没有。估计是鉴于之前耿包上书请他当皇帝，但是臣僚不服的失败尝试。因此他也不敢按袁术说的办，只是派自己的长子袁谭去青州接应袁术。

袁术一行正高高兴兴地往青州去时，便听说曹操派出左将军刘备和朱灵一干人带着军队前来截击他了。而袁术此时完全断粮了。袁术想，自己万万是走不过去了，只好回转寿春。

真是世事难料啊。当袁术回转到距离寿春八十里的江亭，正值盛暑。厨师长过来报告："粮食就剩三十斛麦屑了，好在现在人也没几个了。请问今天午饭做什么吃啊？"

袁术说："我吃不下饭，肚子一直不好，可能是喝了脏水。你给我拿点蜜浆来就好了。"

厨师长犹豫了一会儿，说道："蜜也没有了，皇上！"

袁术傻了。像他这样的公子哥儿很多都是草莓族，虽有光鲜外表，实质上并没有多少真才实学。说起来，袁术、袁绍等群雄，已然算是公子哥儿里有豪侠气的，但是他也受不了自己落得如此下场。袁术坐在床上，怅然若失，叹息良久，突然大叫一声："袁公路乃落得此般地步乎！"然后扑倒床下，吐血一斗多。仆人们虽马上进来抢救，但还是回天乏术，只见袁术气息越来越弱，很快断了气。

曾经四世三公之子，为朝廷虎贲中郎将、后将军，霸有淮南广大地方的袁术，至此一命呜呼。

袁术一死，地盘立刻就被曹操和孙策瓜分。曹操收得庐江郡、九江郡这两个江北郡的北半部分，孙策获得二郡的南半部分。另外，袁术的老婆孩子也被孙策收去。女儿被孙策给了自己的弟弟孙权宫里当宫女，儿子则做了郎中，算是照顾其老爹的面子。

当初，淮南二郡被袁术强征厚敛，又赶上亢旱之灾，于是闹起饥荒。袁术曾经凑了十万斛军粮给地方官舒仲应送去，要求他给当地驻军使用。结果舒仲应特别倔，把十万斛军粮都散给饥民了。袁术气得哇哇捶案，马上亲率大军过去，要把舒仲应杀了正法。舒仲应并不逃跑，反而跪在袁术大军前，说："我知道我这么干是犯死罪，但我宁可以一人之死，救百姓十万人之饥迫。"

袁术听后当即下马，牵起舒仲应的手便说："仲应，足下打算独享天下的仁德重名，而不与我袁术共享吗？"意思是这份粮食算咱俩一起出的好不好？

这一场面倒也慷慨感人。也许袁术尊敬舒仲应这样的奇士，便是海内人追随他，并能有所成事的原因吧。而他的失败，也许是他太恣意糊涂了，我们从关于他的一个故事来看一看吧。袁术有个特别宠爱的小妾冯小姐，长得是国色天香。她是官员冯方的女儿。因避乱，跟老爸一起来了扬州。冯小姐被袁术纳为宠妾后，绝爱之。当时，袁术后宫有几百个媵妾，其中有几个领头的大媳妇看袁术过于宠爱这个冯小姐而感到愤恨，就假意关切地对冯小姐说："皇上是个有品位的人，不喜欢肤浅的女孩，所以你不能表现得太肤浅。"

冯小姐问："那我该怎么办呢？"她的微笑像蝴蝶展翅一样轻柔。

"你应该时时哭泣忧愁，这样就显得有深度了，皇上就一定会长久地爱你了。否则，他爱两天就腻了。"

于是，冯小姐每次见到袁术就哭，最后连袁术都以为她有什么心病，开解道："你有什么心事吗？有什么事想不开啊，告诉朕。朕替你做主。"

冯小姐也说不出来，就是哭和忧愁。弄得袁术也心烦意乱，时间长了对她也就没了兴趣。

一天，几个领头媳妇见时机成熟，于是便一起把冯小姐给勒死了，并找了根绳子伪装成上吊自杀。他们喊来袁术，袁术看后只是深感哀伤，并未追查死因，草草埋葬了事。袁术糊涂，由此可见一斑。

其实，冯小姐的死，更多的是因为她有着过分的欲望，希望长期得宠。大媳妇们正是抓住了这点，才能设计害她。从这方面可以说，人最大的敌人就是自己。小人之所以能害人，是因为他能察觉并利用别人的欲望。

与此同时，在北方千里之外的袁绍，也正在被自己的欲望所害。

第二章

袁绍真是优柔寡断者吗？

前文说过，刘备占领下邳后，便留关羽守戍，自己还兵小沛。回到小沛后，刘备就像下雨前的蚂蚁，赶紧巩固小沛的工事。先前，刘备在徐州便有根基，因此许多县都跟着刘备一起宣布反曹，令刘备一下聚到几万人。他把这些大队人马都开拔到小沛，等待曹操的到来。刘备确实够仁义，留下关羽守后方的下邳，自己只身迎战曹操。

这时候，孙乾跑来和刘备计议："现在北方袁绍拥数十万之众，正想当皇帝。平定北方后，他一定会先南下拔掉曹操这个眼中钉。因此您不如北结袁绍，自固徐州。"

刘备说："我也正有这个意思。你带着一点徐州土特产，去和袁绍说说吧。"

孙乾便带着礼品去了冀州，结果袁绍非常欢迎刘备的加入。然后，袁绍派了一队骑兵，由孙乾引着跑回来增援刘备。试问袁绍为什么肯帮刘备呢？因为刘备可助他从东边牵制曹操，便于他从北面压制曹操。

刘备稍稍安心之际，曹操方面的刘岱、王忠已领着数千军队前来。

刘岱是曹操的老乡，豫州沛国人；王忠则是陕西扶风郡人。王忠家离长安比较近，李傕、郭汜祸乱长安三辅之时，老百姓没饭吃，王忠竟以吃人度日。后来，五官中郎将曹丕还拿他开玩笑。有一次出征的时候，让俳优（就是演小品的）从坟堆找了几个骷髅，系在王忠的马鞍上，好像这些骷髅是他边骑马边吃后留下的，以为欢笑。

此时，刘备登城远望，对着刘岱喊："像你这样的将官，就是再来几百个，也不能把我怎么样！"

"那若是我们主公亲自来呢？"刘岱喊。

刘备蒙了。他向左右的张飞、糜竹看了一下，然后又继续说："如果曹公亲自来，那就说不准了。"唉，这真是气馁的话啊！

见状，刘岱、王忠指挥自己的那些兵甲，开始攻击刘备的城池，但无论油泼火烧，费了吃奶的劲儿也打不下。刘备和张飞据守高城奋力还击，进攻一方一批批地交代了性命。

刘岱、王忠只好撤去。刘备亦不追赶，只是派使臣北赴冀州，把自己胜利的消息通报袁绍，让他高兴高兴，顺致谢意。

袁绍送走了刘备的使者，就召集文武部属开会。自这年年初袁绍歼灭了公孙瓒后，已坐拥冀、幽、青、并四州。自是骄心日盛，不怎么把汉献帝放在眼里了。他的主簿耿包看到这形势，心中揣摩了袁绍的意思，便劝他登基当皇帝。袁绍把这一提议丢出，让大家讨论，结果大家都不同意，袁绍只好作罢，还杀了耿包，以示并无此意。袁绍心想，如果我南下把曹操灭掉，以此赫赫战功，你们就不敢阻挠我当皇帝了吧。

于是袁绍召集来文武部将，说："我准备拣选 10 万步卒、1 万精骑，挥师南下，与曹操会猎于中原。这事关系到我匡扶汉室之大业，你们不要阻拦。"

沮授赶紧进谏："明公，最近连年用兵。而且，年初才刚平定公孙瓒。如今百姓疲敝，仓库早已底朝天了，我们应该致力于农业，使人民休养生息。同时向皇上献捷（把公孙瓒和张燕飞贼的俘虏送上去），如果曹操隔着不让我们去，我们就上表皇上，说曹操阻隔我们通往中央之路。您就以此为理由，南下驻兵黎阳，在那里准备舟船器械，然后派骑兵过河骚扰曹操的边境，骚扰他几年，把他折腾得浑身长疮，而您优哉游哉地过安逸日子。等他被骚扰得不行了，敌疲我打，您一举南下，大事可定。"

审配听后，提出了异议。他虽和沮授一样，不仅曾是韩馥的部属，还都是河北本地人。但跟沮授不同的是，审配这人耿直刚正，所以之前在韩馥手下不如沮授那么得志。他听了沮授这种缩头老鳖的办法，当即反驳道："兵法云，十围五攻，我们兵员数量至少是曹操的 5 倍，应当主动进攻。明公虎踞河北，兵强马壮，以伐曹操，易如反掌。现在不趁机行动，以后曹操坐大了，您就万万难办了！"

这话说得很有道理，小蛇如果不砍死了，长成大蟒蛇就万烬难灭了。

沮授笑了笑，摇摇头说："大致说来，我觉得拯救乱世、诛杀残暴之人，才叫义兵，只靠着人多、凭借强大，只能叫骄兵。义兵无敌，而骄兵必败。曹操迎天子安居于许都，我们去打他，多少有点违背信义。曹操虽然人少，但是士卒精炼，非公孙瓒坐困愁城可比。你们不行我的万安之术，而兴无名之师，我心里很替明公害怕啊。"

看得出来，沮授认为袁绍不是曹操的对手，所以还是力主乌龟持牢的持久战战法。

沮授、审配虽然意见不一，但为人都正派。郭图却是个善于逢迎的滑头，因此他使劲为袁绍唱高调："什么义？武王伐纣，都没有说是不义，何况是讨伐像曹操这样的人，怎么能说是无名呢？现在将士奋力希望报效，不趁这机会早行发兵，就是糊涂啊！当年吴王夫差，就是上天给他干掉越国的机会他却不顺天而行，反而被越所灭。沮授监军的持牢之计，实在是不知机变，白耽误事啊。"

袁绍为了个人私欲，接受了审配、郭图等主战派的意见，决定发兵南下。

郭图见状，又进言说："沮授监军把持军队大权和内政大事，他一旦有了不良想法，您还控制得了他吗？另外，《黄石公兵法》中黄石公说，臣子和主子权力不同的，能昌盛；主子和臣下权力一样的，必灭亡。所以您得给沮授下面放几个掣肘之人。"

于是，袁绍就把沮授的监军撤掉了，改成了三个都督：沮授、郭图、淳于琼各当一个都督，各领一军。

沮授一边叹气，一边乖乖地交出印绶。他明白，你不信任我，我也不能强要求啊。

这时候，曹操打探到袁绍有南下之意，马上召集臣属决定对策。下面的文臣如荀彧、郭嘉一干人，都主张去打袁绍；武将们则觉得这些人在后面站着说话不腰疼，于是皆不肯行。曹操说："各位武将，我了解袁绍这个人。他志向很大，但是智力不足；看着很凶，胆子却像老鼠；喜欢猜忌别人，又缺少威严；虽然兵多，但是责任划分不明；武将骄纵而政令不一。他土地虽广，粮食虽多，却恰恰都是给我们准备的。"经过这样故意把袁绍埋汰一番后，武将们也都胆子大了，头脑晕晕地就如酒后之人那样不怕死地北上了。

袁绍这人有个毛病，就是郭嘉曾说过的，多谋少决，失在后机。或者说就是喜欢征求意见，却不能及早决策。如果按沮授的乌龟战法，搞几年骚扰的持牢战术，最后绝对是有取胜希望的；如果按鹰派审配、郭图的当即出兵之策，迅雷不及掩耳地南下，也可以大大地削弱一下曹操，至少也能把曹操打残废。但是袁绍却徘徊于两种战术之间，最后两种战术都没有选择。他是做出了南下攻击的决定，但是也未能迅速南下，而是久久未出兵。当然，这也许跟河北刚刚经过黑山军和公孙瓒的蹂躏征战有关，要想立刻动员行动也有些困难。

但是曹操能克服这种困难，积极北上。曹操主动在当年八月整军北上渡河，占据黎阳（黄河北岸）。曹操希望在黎阳这里挡住南下的袁绍，同时挤出时间让身后的于禁、刘延、臧霸、程昱等人布置在黄河南岸防御。最终，于禁兵屯延津，刘延戍守白马，程昱巩固鄄城，臧霸在青州攻取袁绍若干据点保卫东方。他们尽量把自己的防守线东西加长，使袁绍失去集中兵力的可能，而被迫分散在较长的攻击正面上去稀释兵力。

曹操甚至向西南去游说刘焉，让他出益州，去东边攻击骚扰刘表，避免刘表北上夹击。

袁绍也不傻，赶紧也派人带着金子南下荆州说服刘表一定要北上。要说袁绍和刘表关系素来不错，算是老联盟了。但是刘表这人生性多疑，生怕自己北上，有人抄了他的后路。所以硬是像孵蛋的鸡那样蹲在老窝里，哪儿也不肯去，既不帮曹操，也不帮袁绍。

在刘表和曹操之间，荆州的南阳郡有个军阀叫张绣。张绣与曹操互有夺婶子、杀儿子之仇（曹操夺了他的国色婶子张女士，他杀了曹操的儿子曹昂和侄子曹安民），而且曹操两征张绣都无功而返。袁绍的使者也到了他这里。

使者说："现在袁绍大将军兵跨河朔，拥数十万之众，天下士人全都争相依附他。您跟曹操有夺婶子、杀儿子的冤仇，现在我给您带来了一堆委任状和好消息，您跟着袁大将军干吧。"

张绣乐呵呵地，原本害怕曹操的愁闷一扫而空，赶紧从座位上站起来，想要接受使者送来的礼物。旁边谋士贾诩马上开口阻拦，对袁绍使者说："我还有一句话问问你。"

使者说："有话便问。"

贾诩说："袁绍连自己的兄弟袁术都不能相容，把他打得逃窜到扬州而死，怎么能容我们这异姓的啊？"

呵！使者一下子没话了。是啊，你向人家瞎忽悠可以，但是忽悠的同时也得举个成功的例子，这样忽悠才有说服力。而贾诩却一下子便举出了个不成功的例子。

贾诩当即作色道："既然你没话讲，那请回报袁将军，我们主公不能相从。"

使者只好悻悻而出。

张绣一下子急了，大惊失色。他说："贾先生，您何必如此啊，不依袁绍也罢，何必明确回绝啊！我以后还怎么办啊？"

贾诩拉着他，走到旁边的暗处说："将军不问我也要说，我的建议是您去投奔曹操！"

张绣说："这话说得容易，袁绍强曹操弱，这是天下共知。而且我跟曹操有夺婶子杀儿子之仇，他能收留我吗？"

"呵呵，唯其如此，您投奔他才好呢。皇帝现在都跟着曹操混，不投奔他投奔谁？而且袁绍强盛，多您一人也不为多，您去了也不会受重视。曹操孤弱，您投奔他，他一定乐得要死，必然高官厚禄回报您。而且，有王霸之志之人，一定不计较杀儿子的私怨。而且还会以此向四海士人表明自己的仁德，您投奔曹操没错。"

张绣没招了，而且袁绍的使者刚才也被骂跑了，只好收拾了行李细软带着军众北上许都，投曹操去了。

此时曹操已经分兵驻扎，自己则返回许都坐镇。当听到张绣前来的消息，乐坏了。立刻握住张绣的手吩咐大摆宴席。席上他一边介绍这些特产，一边右手拉着贾诩，左手拉着张绣问："张将军，你女儿结婚了吗？还没有啊，嫁给我儿子曹均（他母亲在众多曹夫人和昭仪、姬中排倒数第四，正数第十）吧，您再做个扬武将军吧。"然后扭头右手拉着贾诩的手说："贾诩老大哥，您给了我一个机会向天下证明我老曹是有信有义的啊。您儿子结婚了吗？还没有啊，娶我闺女吧，您再做执金吾吧（许都警察局总长），封都亭侯。"

张绣带的人虽然不多，但他的到来就像给曹操这边打了一剂强心针一般，一些犹豫的人，也开始认为曹操这一方还是有得胜可能的。这一年是汉献帝的建安四年（199）。虽然已是十一月冬季，许都人的精神也似乎被艳阳照耀着了。

十二月，曹操带着张绣等部将，冒着寒风，再次全军北上官渡，进行主动防御。而这时候，袁绍待在邺城还未出击。

曹操军中的每一个人，他们半年以来迷乱的思绪也走到了尽头。恐惧也罢，侥幸的期冀也罢，都被冬日黎明的清新空气扑面抹杀。

官渡是第二道防线，于禁的延津、刘延的白马是紧靠黄河南岸的第一道防线。当然，曹操八月时曾经短暂驻扎的黄河以北的黎阳，是最前面的一道防线。不过曹操当然也没指望这里能够守住。

当曹家军校都压到前线去时，待在许都城里的国舅董承觉得，这实在是千载难逢的好机会。

他赶紧叫来偏将军王服，说："从前郭汜仅用了数百人，就把李傕的数万人给搞垮了。只要咱俩同心协力，一定能成事。"

"干什么事啊？你是指……哦?!"王服不敢说出来了。

董承点点头："是的。从前，有个卖货的商人叫吕不韦，自从他有了子楚这个'预期皇帝'的奇货，门槛一下子就抬高了。现在我跟你也要走的就是这条路啊。"

从这句话可以看出，董承也有私心。他言下之意是先把皇帝握在手中，继而扶持皇帝脱离曹操控制，凭借功劳，自己的地位就可以像吕不韦那样升到万人之上了。前面刘备先走了，所以现在他来找王服，因为王服手中有兵。

"这事我可不敢干，而且我的兵很少。不行，不行，绝对不行，你别害我。"王服哭丧着脸说。

"我不说了嘛，少不怕。郭汜一开始也才几百人。我们举事后，可以先夺曹操留下的兵，然后北上去跟曹操干，一起跟袁绍把这个逆贼消灭了。"

王服说："就咱们俩吗？城里还有别的帮手吗?"

"有啊，种辑、吴硕都是我的心腹，人家没兵反倒都比你积极。你有兵还怕什么啊。"

王服咬咬牙："好的，这个事就这么说定了，我这就找我的兵去。"

接下来，可能是王服睡觉爱说梦话，或者其他原因吧，结果两人的举事计划一不小心就被泄露了。尚书令荀彧得了消息，飞报曹操，把董承、王服、种辑、吴子兰一干人全给活捉并砍了脑袋，夷灭三族。

董承的女儿董贵人是汉献帝的贵人，也被有司抓起来了。汉献帝这时候已经 19 岁了，此时的董贵人也已经怀孕了。汉献帝屡次向相关有司和曹操恳请："按照习俗，孕妇是不可以杀的。而且董贵人在深宫中，跟她爸有什么关系啊。她肚子里有我的龙子啊。"大约是这样的话吧，但是终究不管用，董孕妇还是被杀了。

汉献帝比较聪颖，这事过去了也就尽量不想了，可他的小媳妇（岁数小）伏皇后却性子刚烈，对曹操气恨得不行。因此，她给爸爸屯骑校尉伏完写了封信，信中把曹操大骂了一顿，要求伏完秘密谋杀曹操。老伏完比伏小姐懂事，立刻把信放在蜡烛上烧了。又怕烧的不干净，连蜡烛带屋子都给烧干净了才了事。然后，跟汉献帝一样装闷头乌龟，不动弹了。

由于伏完采取措施得当，伏皇后写信请他杀人的事，就这样保密了十几年没人知道，直到十几年之后才被揭发出来。那是后话，不提。

从汉献帝为董贵人累次恳请，还有伏皇后气得要老爹杀曹操这些事情上来看，汉献帝下衣带诏的事，多半是子虚乌有的。否则汉献帝事后自身难保，怎么可能还主动多次给董贵人求情？毕竟是自家惹事在先。而且汉献帝此时应该不会有杀曹操的想法，因为袁绍一直对董卓立的汉献帝不感兴趣，甚至想废掉他。现在，汉献帝相当于是与曹操绑在同一辆战车上的，只有曹操才能替他抵挡袁绍南下，又怎么会杀曹操呢？所以衣带诏之事肯定是没有的，董承不过是假装说有，作为自己起事的理由吧。

经过对董承一干人的审讯取证，曹操方才知道，原来刘备也是参与董承反曹集团的一分子。曹操当即发怒，嚷嚷着要从官渡调动精兵，亲征"大耳翁"。诸将都觉得这是舍本逐末，议论道："当务之急的是袁绍与明公的战斗。现在袁绍就要出动了，您却掉头向东，把主力抽走。袁绍如果从背后打来，我们不就要被打得稀里哗啦了吗！"

曹操将着黑长的胡子，把短小的身材尽量站高一点说："刘备，是人中豪杰，如今不打他，必为后患。袁绍这人我了解，我小时候骑着竹马玩，他看了半天，觉得这样玩有意思，就抢过去玩。他总是比我晚一步，我玩腻了他才抢。可见，他做事总比我慢一拍，所以他一定不会先于我动作的。我现在可以放心地去做点其他事。"

司空祭酒郭嘉也说："袁绍性子慢，多疑。他即便要来，也一定不够快。刘备在徐州刚刚立足，众心未附，您迅疾击之，他必大败。这个机会您不能放弃啊。"

曹操就不再犹豫了，留下诸将守官渡，自己亲领精锐骑兵，向东 200 千米直袭小沛而去。

这时候，刘备在小沛竖着反旗已经有半年了。这天他待在府里，悠闲自得地看着外面的春光。心想，花开得多好啊，曹操此时应该不会跑来骚扰我吧，因为他正在官渡跟袁绍对峙呢。不料忽闻探马来报，曹操亲自领着无数骑兵，朝这边来了。刘备不信，在他认为打架的人是心无旁骛的，曹操正与袁绍胳膊腿儿互相扭着，是抽不出时间干涉别人的，怎么可能来呢？

刘备当即上马，带着张飞等数十骑往城外要道口去探查。果然远远就见到了曹操的骑兵马蹄的烟尘滚滚而至。刘备大惊失色，自己一点军事准备没有，而且又是曹操亲自带队，于是带着张飞等数十骑，撒腿就跑。

刘备跑了，剩下的那些军兵，如何能当其锋？被曹操的军马砍杀得大败。刘备的夫人和孩子也被曹操抓了俘虏。这是刘备第三次丢掉老婆孩子了，而且这次再没有机会被释放了。好在小妾甘夫人比较能跑，跟着大家一起跑出城，亡命而去。

刘备是向北往青州跑去投奔袁绍的长子袁谭。刘备从前做豫州牧的时候，袁家是豫州的汝南郡人，刘备为了讨袁绍欢心，曾经举荐袁谭做本州的茂才。袁谭一看，原来的州长兼恩师落难来投奔了。当时的人是很讲名分义气的，当即率领步骑兵亲自迎接刘备，然后派兵马把他护送到河北邺城。袁绍闻讯大喜，亲自出邺城 150 千米来迎接。袁绍拉住刘备的手，感慨地说："玄德公，从前你在青州，咱俩总是打仗，但那时你是帮公孙瓒啊，不会影响到我们之间的感情。今天，终于英雄聚到一起啦，曹操这么对你，真是欺人太甚啦。"

刘备跟着袁绍进了邺城。唯独田丰非常生气，心说："袁绍你战机都错过了，还在这里高兴呢！"

原来，十几日前，田丰听闻曹操东行疾击刘备，就急着和袁绍说："现在听说曹操东击刘备，两人打起来，一时胶着，短时难以脱身，您赶紧出兵邺城，偷袭曹操，可以一战而成！"

不料袁绍却说："好是好，但是我的一个小孩病了，浑身上下难受。当爹的不照顾儿子，而出去打仗，有这么狠的爹吗？"大约就是这样的一番话吧。当时把田丰气得拿着拐棍就想打袁绍，但是碍于君臣之礼，只好把地板当作袁绍的脑袋当当地使劲敲了半天。最后，只能高叹了口气道："唉！遇上这样难得的良机，却因为一个小孩儿的病给放弃了，真可惜……"

说完，挥舞着拐棍就出去了。从此袁绍开始记恨田丰，开始疏远这位田别驾。

虽然《三国志》中是这样记载的，不过这件事是不太可信的。因为田丰和沮授都是持牢乌龟派的，主张用几年时间持久骚扰曹操，并且上表天子有了名义再打。如若主动偷袭曹操，势必把袁绍拉入大规模正面战争，这与田丰的军事路线主张并不相符。

实际上，在《于禁传》中就描述了袁绍趁曹操离开官渡时，大举进攻第二道防线上的延津（延津是黄河以南第二道防线上的，官渡是第三道上的）。于禁带着步骑 2000 人死命坚守，袁绍终不能拔取。这是于禁立的大功，不能不写，但这似乎也证明了袁绍并非无能。

不说这么多了，却说当刘备逃跑时，关羽还在下邳坚守。他听说刘备已经在小沛被打散了，关羽只好独自组织下邳城的防守。

此时天气已经逐渐转暖，曹操的部将乐进、张辽等人挥着手中的兵器，率兵马向下邳这座经历去冬围吕布水淹的残缺城池扑上来了。只见，不时有士兵从城墙上掉落，但最终还是让进攻者漫进城去了。

关羽固守府廨时，劝降的使者到了。使者拿着招降信，一番陈词："关将军啊，你知道吗，现在曹司空德政可风，诸侯望风而服。你那个大哥，对曹司空的抵抗多么没有道理。况且现在陛下也靠着曹司空保着，你哥哥却跟曹司空作对，这是对国君不忠，而附逆于袁氏这样的篡臣。现在你就投降曹司空，也是向皇上投降。如果还负隅顽抗，这个区区小城中的人全得被我们杀光。你好好考虑下吧，曹司空给你半天的时间。"

使者走后，关羽便开始思考，现在大哥、三弟也不知流落何方，自己拼死在府中，兄长大业未成，有负于当初一起立下的远大志向。不如暂时依附曹操，于是叹息一声："好吧，我投降算啦。"

曹操见到关羽后，好言抚慰："关将军，别来无恙啊，遥想去年冬天也是在这个时候，咱们合力擒拿吕布，你也是居功甚伟的啊，孤家常常想念不能相忘，'青青子衿，悠悠我心'，以后你跟着孤家一起成就一番伟业不好吗？"

关羽红着脸说："败军之将，不敢奢言忠勇。但是关某好读《春秋》，向慕古人大义，明公垂念关某，关某如何能嘿然无以应之。古人贵一饭之德不忘，睚眦之怨必报，某自当报明公相爱之意，不杀之德，以自完某之本性，不愧于古人，可师于来哲。"

曹操也很感慨，心想这个将军还是颇懂道理的啊。真是比我那一班猛将更有精神内核。由是对关羽更加敬爱。

而这时候，几百里外、身在袁绍营中的刘备，也等来了许多慕名找来的被打散的士兵。这一日，忽听得赵云在门外求见。刘备大喜，赶紧出去迎接。赵云见刘备后，赶紧丢下大戟，连步上来施礼："赵云自从数年前为兄长奔丧，便与使君相别。后一直留在冀州，今日方听刘使君来奔邺城，特来相与，终不复当初执手临别的誓言。"

刘备赶紧把他拉进府廨，从此两人同床抵足而眠。夜里，刘备嘱咐赵云偷偷到邺城招募士兵，不要教袁绍知道了，准备哪一天时机成熟的时候就离去。赵云领命去办，而袁绍却未能侦知。

第三章

有仁有义才是真英雄

公元 200 年的二月，按照史书上的说法，在拖延了半年之久，且曹操已经布置多道防线之后，袁绍终于从邺城出兵，开始南下攻曹操了。这时，田丰又赶紧拄着拐棍进谏："曹操善于用兵，变化有方，虽然人少，我们也不可轻敌。您还是应该凭太行山与黄河之固内修农战、外结英雄，然后挑选精锐骑兵，乘虚骚扰河南，使它疲于奔命，不待两年，便可以克敌。现在非要决战，一旦不能如愿，后悔不及啊！"

袁绍说："你又来了，你这办法不是被他们都批评过了吗？"袁绍急着当皇帝，已等不了三两年了。而且一旦曹操坐大难除，荆棘蔓延，就更难办了。同时袁绍也发现，自己把冀州治理得也并不如意，自己在冀州不敢得罪豪强显族，于是豪强显族便变本加厉地盘剥百姓，百姓的日子过得并不好，再等久了，谁知道会发生什么事？总之，袁绍不仅决战没有胜算，持久一样也缺乏胜算。

田丰悻悻然拄着拐棍走了。过了一两天，又跑回来反复恳谏，终于把袁绍气急了："你是想祸乱我的军心吗？来人啊，把他用大号的械枷套起来，去门口站着去！"

之后，再没人敢谏言不要南下了。其实多数军将都是愿意南下的，因为这样可以打仗立功，也就可以发财了。

袁绍于是下令，部将整装出发。除了田丰在家反省，其他人都得去。都督沮授一贯持牢战略，此时他好羡慕田丰啊。临行时，他召集自己的宗族头面人物们开了一个分家会，把自己的家产都散给了宗族各家，说："哀哉，哀哉，本来是人上之人，现在我却落得连自己的命都快保不住了啦！"

他的族弟沮宗说："曹操兵马不敌我军，老大何必害怕呢？"

沮授说："曹操非公孙瓒可比。我们将骄主怯，士兵又因跟公孙瓒鏖战多年而疲敝，大军之败，在此一举。可惜啊，我们从前打公孙瓒，都是白为曹操辛苦奔忙啊。这就是扬雄说的：'六国蚩蚩，为嬴弱姬。'"

宗族将信将疑，沮授洒泪而别。

于是，袁绍的幽、冀、青、并各州大军从不同方向一起进军，向黄河两岸的各战区集结，中原北部地区一时战云密布。

袁绍将主力部队驻在黎阳（从邺城南下 100 千米处，黄河北岸），然后把自己的大将颜良叫进来。

袁绍对颜良说："颜良啊，我即刻派你南下渡河，去夺曹操东郡太守刘延的白马城，你意下如何？"

颜良当即热忱地表示了不辱使命的决心。然后就出去了。

沮授赶紧跑进来劝说："明公啊，您派颜良去攻白马，这个安排很不妥当啊。白马是曹操的重要据点，颜良性格促狭，虽然骁勇，但不能独当一面啊。"

袁绍说："颜良是河北名将，区区白马，他一个人还夺不下来吗？"

沮授说："但凡围攻敌城的时候，一定要准备出阻止对方援军的军队。纵使颜良勇猛，没有人协助他阻援和遮绝敌人也不行啊。"

袁绍觉得有理，于是便增派都督郭图、都督淳于琼，随同颜良一起南下渡河，在白马周围布置兵马。

袁绍说："尽管卿和田丰的持牢战略，不符合我的想法，但是战术上，我是乐于听你们的。可惜田丰足智多谋，帮我破公孙瓒甚有力，但是此人太执拗，不肯随我出征，好在卿随我而来了。"

沮授这才高兴地告退了，临退之时袁绍又叫住他说："对了，这里还有一纸檄文，是笔杆子陈琳写的，卿看看有没有意见，没有就下发天下州郡。"

袁绍的笔杆子陈琳，原本是何进的笔杆子，在何进败亡后流落避难到冀州，袁绍又找他来当笔杆子。沮授打开檄文一看，内容翻译过来，大致是这样的：

"司空曹操，他爷爷叫曹腾，是个贪污饕餮的大宦官。作为去势的宦官，生活作风非常不检点，不仅败坏风化，还欺负老百姓。曹操的老爸叫曹嵩，乞求着被大宦官曹腾收养，靠着敛来的赃款，买了一个太尉的大官做，把国家的重器颠倒折腾得不像样。曹操作为入赘给阉人的人所遗生下来的丑小孩，从小就没有好的德行，行侠惹祸、专门捣蛋，破坏性极强。但是，我们袁绍大将军提剑挥鼓，西讨董卓的时候，觉得他多少有点鹰犬之才，便录用他做了部下将官。不料，曹操这人毫无长远目光，轻易进攻，打了好几次败仗，数次死里逃生。但是袁大将军向霸主秦穆公学习（秦穆公派孟明袭郑，后者回来在崤山中埋伏战败，秦穆公主动承担责任，并且力排众议地重用孟明，取得伐晋胜利），分给曹操一支精锐，让他去讨黑山贼，又上表朝廷让他当上了东郡太守、兖州牧，指望他能够为国家出力。结果曹操残害善类，剥削百姓，杀兖州大名士边让，令举州愤怒，州里的人把他的兖州给连窝端了，送给了吕布。袁大将军又帮着他打跑了吕布，使他复得了兖州，简直有父母再造之恩于他。"一直到这里，写的都还是蛮对的，其中边让是不服曹操当兖州的长官，又被仇人告发他犯了什么事，被曹操借机杀了。

"此后，我们大将军因北方有警，腾不出手来，便派徐勋去曹操那里，叫他去护卫汉天子。结果曹操拉来天子以后，开始专权揽政，赏罚随心而出，他喜欢的人被大加封赏，他恨的人被夷灭三族。如太尉杨彪不合他的胃口，便被他拷打驱逐；议郎赵彦跟皇上多说了两句话，他就当即把赵彦收杀，根本不请示皇上的意思。然后，他又搞了摸金校尉、发丘中郎将，到处挖坟盗墓，把人和鬼都给虐待了。历观古今古书，无道之臣，没有比他更无道的了。如今，袁大将军长戟百万，胡骑千群，骁良弓劲弩，奋幽并青冀四州之众，雷霆虎步，覆沧海之水浇垂死之炭，举昆冈烈火焚枯干飞蓬，没有什么不能被我们消灭干净。现在正是忠臣肝脑涂地之秋，烈士立功之际，你们可不勉励哉！"

沮授看罢，笑道："陈琳写得确实不错，真有才呀。不过，按我的思路，我们应该自称想向中央积极靠近，要求向天子献捷，但是曹操隔绝我们与天子之间的道路。然后我们上表天子，陈说曹操不许我们进京，再去打曹操，就好多啦。"

袁绍说："你又来了，这办法不是被他们都批评过了吗？"

沮授于是只好出去，把这张檄文下发天下州郡，到处张贴。曹操看到撕下来的檄文，笑道："哈哈，我终于被人骂了，好舒服啊。不过陈琳也太不厚道，骂我一个人就行了，竟然连我的老爸和爷爷都给骂了，这太伤我的孝子之心了。这对得起天下的孝子吗？陈琳这么干，真是给他的文章减色不少啊。"

不管怎么样，陈琳写得确实好，把真实的情形都能朝着有利于袁绍一方，而不利于曹操一方的色彩写。

曹操看罢檄文，突然想起关羽来了，便说："你们快准备好仪式用品，我要拜关羽为偏将军。"

于是曹操登台拜将，和关羽上下互拜。不仅好言劝勉，还对他修礼甚恭，待遇甚厚。关羽虽脸红心跳，还是勉强把仪式挨到完成。

曹操一点都不近视，对于关羽表情中的一些无奈，甚有察觉。关羽表面上在台子上信誓旦旦，但他的眼睛出卖了脑子。他明显没有久留之意。于是曹操把张辽找来说："文远，你跟关羽都是老乡，关系不错吧。"

张辽是山西雁门人，跟关羽一样都是降将，所以惺惺相惜。

张辽听到曹操问话，当即说："明公，关羽这人善待士卒而骄于士大夫，很有个性。某趋慕他的为人，每次跟他谈话，都颇受教益，出来之后，都觉得自己也染得浩然有烈丈夫之气。"

曹操说："是啊，我甚壮关羽的为人，但是这样有个性和烈气的人，似乎不肯屈就我这里。卿试着去给我问问他的心意吧。"

张辽说："这个自然应该，某去去就来。"

张辽见到关羽后，说："仁兄，您觉得曹公待您如何？愿意为曹公效力吗？"

关羽回答："我极知曹公待我甚厚，礼仁并至。关某无尺寸之功，曹公对我有推衣让食之德，天下主臣之间，无过于此。"他叹口气后又道："但是，我前受刘备将军厚恩，感激同生，发誓以共死。我是不能背弃誓言，把旧恩像旧鞋一样扔掉的啊。所以，我恐怕是待不过试用期，但是我一定要立功以报曹公，然后方才离去，去找刘使君！"

张辽本来还想说些"良禽择木而栖，贤臣择主而事"这样的话，听到这里，一句也说不出来了。不过，他还是迈着大步，回来找曹操。

此时，曹操正着急呢。曹操这人确实大度，或者换句话说，对下属有着仁的一方面——忠、孝、仁、义是当时三国人的价值观。曹操性好节俭，不好华丽，家中姬妾和侍女都不穿锦绣，男仆鞋上都不施两种颜色，没有丝绣，帷帐屏风，坏了就补，被子保暖而已，均不加缘饰。但他对属下异常慷慨，战利品里边有什么靡丽之物，全都赐给功臣，不吝千金。但是无功之人，怎么要也不给。四方崇拜者献来什么稀罕宝物，他全部跟文臣武将均分。他对属下的赏赐，往往远远超过属下的期望值。这一点和刘邦是一样的。当年，刘邦几乎把天下的三分之二全封出去了，封给了追随自己的功臣武将诸侯们！其豁达大度，古来少有。现在不能再搞分封了，但是曹操赏赐起功臣下属来是无所吝惜的。

曹操见到张辽，赶紧问："怎么样啊，调查得怎样？"

"果然如明公所料，他真的以后会追随刘备而去。"张辽说。

曹操虽然早已有心理准备，但还是很悲伤，最后他长叹一声："关羽这么做是义的。你估计他什么时候会走啊？"

张辽说："这就不好说了，但关羽说自己深受明公厚恩，定要立功报效明公之后方才离去。"

曹操说："孤能和这样的义士同游，纵使日短何恨。"可见，纵使曹操这样的刚忍之人也为关羽的雄义所折服，无恨无怨了。

张辽捏着一把汗从里边出来，心想今天真是漫长的一天啊，然而忠臣烈子，人神必共佑之，今日信然。

第四章

关羽的"国士之风"

荀攸是荀彧推荐来的,尽管按辈分来说他是荀彧的侄子,却比荀彧大6岁。荀彧里外通透,显示出智慧和儒雅;荀攸则是外愚内智,走济公路线,所以后来的结局反倒要比荀彧好。

此时,荀攸正和曹操待在官渡,一起捏着东郡太守刘延的告急战报,分析对策。曹操说:"白马被围,即将不保,而且淳于琼、郭图的屯军甚多,都是用于阻击我们出援之兵的。这事很难办啊。"

荀攸说:"呵呵,我对这个事情倒是有一点点建议。"

曹操说:"哦?公达速速说与我知。"

荀攸说:"虽然我们兵少,敌人的阻援部队甚多,但只要能把他们调开,我们便能接近白马。怎么才能调动敌人离开呢?那就必须攻敌所必救。哪里是敌人所必救呢?只有黎阳以西的获嘉。所以,明公率大众从延津北渡黄河,猛击获嘉。袁本初担心侧翼被突破,必然全力应付,并调动河南淳于琼、郭图部队北上救获嘉。如此,颜良在白马外围必然落单。此时只要您迅疾南下,回救白马,则白马之围可解。"

曹操拊掌大喜,然后整军敲锣打鼓,热热闹闹地北渡黄河。渡过黄河以后,派出乐进、于禁,在获嘉这里使劲放火,连烧了袁绍30余个军屯,斩首数千,生俘数千。远处的火光招来了袁绍的惊慌,袁绍赶紧命在黄河南岸的淳于琼、郭图渡河向西北回救。曹操留下乐进、于禁继续捣乱,自己则身带张辽、徐晃和关羽,引精锐骑兵昼夜兼行,渡河东南直扑白马。因为一路没有阻拦,一直扑到了距离白马城只有10余里的地方。

颜良闻讯大惊,心说外面阻援的部队都跑哪去啦?赶紧在白马城下迅速收拢兵马,转身与曹操战斗。

曹操大队轻骑兵止住，就看远处颜良的步卒密集结阵，手持盾、戈，凭着有利地形，已经做好了迎战曹军的准备。

曹操在一个小丘之上，喊："传张辽、关羽。"

张辽、关羽急忙催马奔到曹操的伞盖之下，然后下马并把兵器扎在地上施礼。曹操说："你二人雄烈过人，特命你二人为先锋，与颜良突阵鏖战。"

张辽、关羽慨然领命。曹操说："你二人过来，听我吩咐分划突击路线。"

曹操打开地形图，端起指南针，拿着毛笔，开始在地图上指指画画。此时关羽扭项推鬓，抬头望远，只见颜良军中冒出一只华丽麾盖，周围的旌幡戟尖簇拥，在阳光下跳跃颤抖着白白闪光。关羽一扭身，绰戟上马。这马一声呼啸，翻蹄亮掌，斜驮着主人如一道白虹闪电向敌人的万马军中扑去。曹操和其他将官立时全傻了。

只见关羽戟刺刀砍，双手两战，径直杀奔到颜良的伞盖之下。霹雳一声怒号，天地风沙残云变色，关云长手挺大戟伴着喊声，直刺颜良的前胸。颜良措手不及，慌从侍卫手中去抓自己的兵器。刚刚抓到时关羽的大戟已扑地一声直透颜良前胸，并从后背冒出。关羽张手，撒开大戟，一把抱住颜良要倒的尸体，挥刀砍下人头，单手提刀并头，另一只手拔出大戟，拨马侧旋，挥戟搏杀而走。

颜良手下诸将军校无不骇然，无人敢当其锋。

关羽马踏敌丛，呼地从万戟丛阵杀出来，浑身残血染红青袍白马。关羽奔至小山之上，把首级往曹操马前一抛。众将军校见状，早傻了眼，一会才明白过来，无不齐声称贺。曹操立时惊喜道："将军之雄真万人敌也！"

于是曹操传令，命张辽、徐晃领全军轻骑向颜良军冲杀，直杀得后者狼奔豕突，到处窜奔，遂解白马之围。

颜良战死的消息传来，袁绍全军震动。袁绍把刘备找来："你的旧将关羽，竟然杀了我的河北名将。玄德公，你这，这……"

意思是，你欠我的越来越多了。

刘备赶紧拱手抱憾说："谁也不希望发生这种事啊。备自当为明公前驱，以报今日之憾。好在关羽这人素来忠义，我想他报曹操以后，不久就会投奔我。您失了一个颜良，得了一个关羽，也算收之桑榆，聊可慰藉了。"

袁绍心想，关羽若不肯从曹操，难道他却肯从我吗？总之我的颜良是没了。袁绍叹口气说："好在我还有名将文丑，玄德公既然愿意为绍驱驰，就跟文丑打前锋吧。"

刘备领命而去。于是袁绍动员全部兵马，以刘备、文丑为先锋，从黎阳全员过河，跟曹操决战。沮授又赶紧跑来劝阻："咱不能太冒险啊，派刘备、文丑军队的一部分过河就可以啦。他们胜了的话，您再过河不迟。如果大军都压到河南边去，一旦有难，背阻黄河，这么多人就回不来啦。"

袁绍说："孤不亲自督战，谁会卖力气？赶紧过河吧。"

沮授只好沮丧地过河，从 10 万人中拣选精兵 1 万，来到黄河岸边，利用浮桥渡过河去。过河以后，沮授站在河边，叹道："主上非要孜孜以求他的大志，下面的人都想贪功发大财。悠悠黄河，我们恐怕再也没有机会渡回去啦。"

且说曹操见关羽斩了颜良，心中又是钦佩又是悲凉，他知道关羽终究会走。曹操觉得自己也不能有负于关羽，于是上表朝廷，计功赐爵关羽为汉寿亭侯。不仅授予侯印和绶带，还重加金帛赏赐。关羽收下，再拜叩谢。

这时候，急报传来，袁绍前锋刘备、文丑，已经追过河来了。曹操命令大军后撤，放弃白马，带着白马的老百姓和财物，往延津方向撤退。这种后撤是有战略意义的，这样可以使袁绍不能就地补给，而曹操则更加巩固自己对这片地区的掌控。曹操在延津以南筑营，这个营垒在一个山头长阪下。

这一天，瞭望架上的哨兵抱着望远镜（一种木质管状窥管，没有镜片）正在观察原野呢，忽然见旷野中冒出五六百匹敌骑，赶紧派人通知曹操。曹操正在营外，指挥催运从白马撤下来的财货辎重。过了一会，哨兵的轻骑又来了："敌骑已经稍稍增多，步兵则不计其数。"

曹操说："不要再汇报了。传令下去：军士下马，解鞍，放马，让马都出去吃草。"

诸将恐惧，说道："敌军来势凶猛，我们不如不要这些辎重了，赶紧骑上马，退回大营里边去吧。咱一共才五六百骑兵啊。"

荀攸对诸将说："你们不要犯傻啊，曹公正是拿这些马和辎重，作为诱敌之饵料啊。"

这时候，文丑与刘备的五六千骑兵前后都到了，按照《三国志》记载，派遣的时候，是命令刘备、文丑为先锋。但是快开打时候，是文丑与刘备的五六千骑兵也前后都到了。为什么刘备先出发而后到呢？原来刘备藏了个心眼，尽量磨蹭着走在后面，让那个傻傻的文丑在前面疯跑——他实在是不想跟曹操对着干。见文丑到来，诸将赶紧请示："曹公，咱们可以上马了吗？马都吃饱啦。"

曹操说："还不到时候。"

"啊？"再不上马，以后就不用上马了。大家都急得额头冒汗。

这时候，骑兵已越来越多，五六千骑几乎全到了。而曹操只有五百骑，而且还都在吃草。

河北军望见路上的辎重，还有敌人散放着的光马，纷纷开始抢辎重。河北军越抢越开心，纷纷跳下马来。很快，河北军遂告懈怠。

此时，曹操则传令："上马！直插敌军！"

曹家军校纷纷铺鞍上马，挥着兵器纵马开冲，迅速攻陷河北军阵列。这时的河北军哪有阵列啊？结果被杀得抱着马脖子就跑。马这种动物有一种遗传天性，有一两匹跑，一大群就会跟着跑。

就这样，河北军的五六千骑兵，反而被后面的 600 名骑兵追赶。跑了一会儿后，五六千骑兵回望追击的曹军骑兵，发现曹军大大少于他们，眼见曹操军就要吃亏，可惜的是，文丑的骑兵们已找不到自己的领导，也就不能组织有效的对抗了。

那么，文丑哪儿去了？他这时候正被一群曹家军围住，而且越围人数越多。文丑被困在核心，当即跃马奋杀。

文丑这人，力能撕虎，他施展武功，把长槊东西乱戳。只听扑通一声，自己的马被敌将给戳趴下了。文丑刚要抬头，咔嚓一声，脑袋也被砍掉了。

曹家军校挑着文丑的脑袋猛冲河北骑兵，河北骑兵一看主将的脑袋已被砍下，登时四散奔逃。曹军步骑兵一路追杀，直杀到红日西平，终大破河北军。

曹操收拢队伍，亦不深追赶，而是进一步南缩，从延津南还军回驻官渡，这里距离许都只有 90 千米。

刘备败归，跑到阳武，正好遇到刚刚过河的袁绍，便立刻回报败况。袁绍气坏了："好啊，我的文丑也被你搞死了，你这个常败将军可真是个丧门星啊！"

刘备辩解："曹操善于用奇，文丑将军不熟悉他们的打法，所以才上当的。"

袁绍说："你是第一先锋官，文丑是第二。他死了，你就没一点儿责任吗？你是熟悉曹操的，你不会告诉他吗？"

刘备谢罪说："卑职无能，卑职未能尽责，请明公责罚。"

郭嘉前面说过，袁绍对待属下失之于宽。所谓外宽内忌，但大面儿上主要是宽。曹操也说袁绍对冀州显族豪强士大夫一向不肯下重手。袁绍这里咆哮了一会儿，最后还是让刘备退下了。

刘备回到自己的寓营，他想该给自己的二弟捎一封信去，不然他可能不知道大哥还在等他团聚呢。

　　关羽正在官渡，看罢大哥的来信，泪水顿时流了下来。关羽当即写下一封辞别信，压在案上，然后把曹操先后多次赏赐给他的金帛都原封不动地封存起来，一并写了清单封好。然后，拎起心爱的兵器，牵着心爱的骏马，带了两三名随从，乘夜出营，悄悄地奔官渡大营而去。

　　次日是一个清爽的早晨，关羽策马直奔北方阳武（今河南原阳）而去。

　　大营中的曹操闻得消息，赶紧翻开关羽的辞别信，匆匆读完，手中茫然把信纸丢在地上。左右诸将有自告奋勇的，说："主公，我们这就捉这反贼回来！"

　　曹操说："人各为其主，勿相追赶。"

　　曹操终究不愧关羽，放之径投自己的梦想和光明而去。

　　而关羽报效立功，方才离去，被时人称为"国士之风"。

第五章

不可避免的暗杀行动

　　从官渡到阳武的这段路仅有 40 多千米，正好是骑马一天的距离。也就是说，关羽是没有条件去"过五关斩六将"的。不过，关羽还是在路上看见很多逃难的人群，乱纷纷地牵着牲口和孩子，还有劫杀这帮人的强盗。就这样，关羽渐渐靠近了阳武，却感觉近乡情更怯。作为败将和降将，心里难免灰溜溜的。他既想马上见到刘备，似乎又不急于见到。不过他倒是希望早点见到张飞，因为张飞一直把他当兄事之，在这个活泼的弟弟面前，他没有压力。

　　之所以这么说，是因为按照《三国志》的说法，刘备对待关、张二人好得像兄弟一样，并非三人是兄弟，其中，关羽、张飞共同侍奉刘备。其中，张飞是把关羽当作"兄"来侍奉的。也就是说，关羽、张飞之间倒是像兄弟的关系。而刘备的地位显然更高，所以才说对二人"恩若兄弟"。

　　不管怎么样，关羽径入刘备的别营，三人终于相见，执手相看泪眼，无语凝噎。

　　然后三人坐下，关羽说了分别半年以来的遭遇，随后又拿出汉寿亭侯的大印，问刘备该如何处理。刘备觉得，这个大印不管是曹操给他的，还是汉献帝给他的，都是弟弟自己挣来的功名，应当替他高兴才对啊，遂劝勉关羽把它收起来。晚上，三人再次联床夜语。

　　过了几天，袁绍召开会议，嚷嚷着要南下官渡，与曹操决一死战。沮授再次劝谏："您已经看到了，河北兵马虽多，但果敢勇猛不如曹操的南军。不过南军粮食少，必希望速战。您粮食多，需以缓斗。所以说您应该待在这里，搞持久战。"

　　袁绍说："你说的我会注意的，孤的大军南下驻在官渡，一样可以跟曹操持久。"

"可是越往南走，离咱们后方补给地越远，如何持久？曹操之所以一再后退，把战场选择在了官渡，而且把北面延津、白马这些地方都舍了，就是因为官渡靠近他的后方基地。而我们远道而来，日渐疲敝，不能与之争。"

"呵呵，我大军粮草甚丰，照你这么说，我们裹足不前，什么时候才能讨平群雄？我们若是畏难不前，刘表、孙策这些盟友，谁又肯向前杀敌？"

大家这么胡乱议论了半天，最终还是按照袁绍的意思南下 50 千米，赴官渡安下数十屯军营，东西横亘数十里。与此同时，曹操也分营数十屯，与袁绍相对抗。袁绍有步兵 10 万余、骑兵 1 万余，而曹操有五六万。

见曹操处于劣势，本来在曹操一方的原汝南黄中军领袖刘辟便转而带着兵马投向袁绍。附近郡县见状，也纷纷效仿刘辟，暗中倒向袁绍。只有阳安郡都尉李通拒绝了袁绍，表示要与曹操同心对抗袁绍。

而在战场上，曹操也被袁绍打掉了一半儿军马，只剩下三四万人，袁绍则剩下八九万人。结果，曹操不敢打了，只好高挂免战牌，缩在一座座大营里不出来。袁绍见曹操不出来，就命令工程兵，在曹操的大营外面修起高楼，还有土山。在袁绍眼中，打仗要讲以高制高，修出比曹营壁垒更高的土山，就能压制敌人了。

袁绍果然从高楼、土山上向曹营射击，袁绍财大气粗，箭多得不得了，只见成捆成车的箭只往楼上、土山上运，把箭矢像暴雨一样往曹操的营里灌。曹操的人出了帐篷都得蒙着大盾跑着走，这雨下得没完没了，好像台风卷着雹子，下的时候没点儿，但每天吃两顿饭的时候就必来一阵儿，令曹军宁可饿着肚子，也不敢出去。曹军士气低落。

曹操气坏了，于是命令能工巧匠制造抛石车。抛石车可以轰击对方的工事，这东西早在战国时就有了，但是射程不算太远。曹操半夜把抛石车推出营门，靠近了袁绍的高楼，装上高射炮弹，用眼睛来制导，一拉绳子，石头炮弹便往袁绍的楼上飞过去了，把高楼全给砸坏了。袁绍军管这个叫霹雳车，因为砸起楼来像霹雳击屋一样。

袁绍失去了制空权，就开始争陆地权。即派民夫士兵挖地道，一直朝着曹操的营里挖，准备偷袭曹营，在其内部开花。曹操就在自己的营内挖出长堑，在长堑的沟里等着。袁绍军只要出来一个，就给打回来一个，就如同打地鼠一样。

持久战确实对曹操不利。此前，曹操粮食一直不够，只好跟自己控制的豫州、兖州老百姓征调，结果老百姓被征调得受不了了，纷纷投奔袁绍。而各郡县的名宗大族，有兵有人，管着地面，也都迷信袁绍是士林领袖，一起倒戈投向袁绍。只有颍川郡死硬地跟着曹操，大约这里是曹操的名士来源之地。而其他地方，曹操的统治几乎都土崩瓦解。简单说就是，曹操基本靠一郡之力和袁绍的四州对抗。而针对曹操的谋杀事件也随之而来：卫徐他等人趁许褚不在的时候怀揣利刃进入曹操大帐，预谋行刺。而许褚在帐内突然心惊，赶紧就又回大帐侍立，徐他等人一进来，正见许褚还在，吓坏了，面露惊恐，被许褚咔咔全扭断了脖子。而此时，许都、曹操军营里私通袁绍暗通款曲的人也暗潮涌动。

曹操越打越残，周围众叛亲离，而自己兵不满万，伤者又十之二三。他便向在许都城里留守的尚书令荀彧写信，商量是否撤兵回许都的事宜。《资治通鉴》认为，曹操其实并非后退，而是想继续诱敌深入。不过根据当时战况，这种可能性并不大。当然，荀彧也看了出来，便赶紧回信给曹操打气："您以弱胜强，以十分之一的军队，画地而守，扼住袁绍南下之喉已经小半年啦。这种情况下，谁先撤，谁就势屈，不可收拾。您还是在那里顶着吧。袁绍不过凡夫之雄，凭借您的神武，而且有皇帝撑腰，您有谁打不过？未来当事情发生变化之时，便是出奇制胜之机。"

曹操结合荀彧的建议，更加坚定了坚守的信念，继续硬着头皮抗击袁绍。

却说孙策自霸江东，兵精粮足，尽有江东六郡，已经四五年了，他看曹操已经被袁绍消耗得不行了，就有了偷袭许都的心思，不过他最近颇有点精神失常。

这病得的跟一个方士有关系。当时有一个叫于吉的方士，本是山东琅琊人。琅琊这边的方士特别多，他们喜欢将各种物质放到火上去烧啊熬啊，经过复杂的化学反应变化，就变成了金子或者同金子一样化学性质稳定的东西——丹。

于吉经常拿着自己炼的丹，还有符水，跑去吴郡、会稽郡一带。自称当地老百姓只要吃他的丹、喝他的符水，坚持吃就能够长命百岁。

这一天，孙策在会稽郡城门楼上和诸将宾客开会。大家刚刚坐好，就见于吉拿着一个盒子，昂然从城门下经过。诸将宾客一看于吉来了，都坐不住了，很快足有三分之二的人全跑下楼去，追堵着朝于吉跪拜念诵。孙策气坏了，喊道："到底谁是这里的老大！"旁边的司仪官赶紧厉声呵斥，让诸将宾客们都回来。这帮人却跟着了魔一样，根本听不进去。孙策当即命令把于吉给抓了起来，结果被套上大枷下了狱。

诸将和宾客都急了。这些人都是江东的名宗大族，土地和依附农民众多，称霸一方，是孙策所依靠的力量。这帮人赶紧找人去请吴国太——孙策的老妈出面求情。

吴国太有才有貌，年轻时是被孙坚半逼半抢给娶来后，平时也偶尔参谋国事。有一次见孙策要杀功曹魏腾，吴国太不乐意了，遂跑到井边对孙策喊道："你把魏功曹给杀了，明天大家都得反叛，我今天不等反叛的时候被人砍，就先跳井吧。"

孙策赶紧过去磕头，把魏腾放了。吴国太机警有谲谋，从基因上分析倒很像曹操的老妈。

这次吴国太一看儿子要杀于吉，心说你这是要把江东的土著都杀光啊，赶紧叫来孙策："于吉只是个方士，深得百姓信赖，而且他的丹啊符水啊也能医护将士，你不可以杀他啊。"

当时的人是很孝的，不孝比犯了国法还令人不齿。但是，孙策这回一看老妈没有站在井边，便反驳道："母亲，这个人用妖术幻惑人心，使我的诸将连君臣之礼都不顾了，不可不杀啊。"

吴国太觉得儿子讲得似乎也有道理，只好不再说了。

诸将们还不死心，又联名写信，上书为于吉乞求。孙策一看更生气了，把他们数落了一顿："从前交州刺史张津，每天裹着个黑头套，烧香念邪书，用这种办法治理交州，最后被交州人砍了脑袋。你们还不醒悟？不要再费笔墨口舌了，这个人死定了。"说完就催着下属把于吉砍了。

于吉掉了脑袋，脑袋被悬挂在农贸市场里。诸将和他的信徒不相信他会死，硬说这是尸解了，还在家偷着给他立个牌位祭祀求福。

孙策杀了于吉以后，自己就开始犯病了。每次独坐的时候，就仿佛看见于吉站在身边；上厕所时，于吉也在旁边，还把厕筹递给他；睡觉的时候，于吉则在旁边抱着他躺着。结果吓得孙策举止失常，经常在诸将面前拿着个苍蝇拍子照着空中乱挥乱拍。

如今孙策准备北上袭击陈登，以报之前进击黄祖时，陈登引诱严白虎余党偷袭孙策后方之仇。孙策便带着兵到了丹徒，稍事停留，等着后面的粮草上来。结果，就出事了。

当年，孙策夺得的江东六郡中，有一个吴郡。吴郡太守许贡是朝廷命官，没办法才降于孙策。但是，许贡对朝廷忠心不二，上书汉献帝说："孙策这人，骁勇雄厉，与霸王项羽相似。您应该把他圈养起来，下诏让他进京当官。如果放任自流，必生数世之患。"

这篇忠心耿耿的奏章没送出多远，就被孙策截获了。孙策看完微微一笑，心说，你不忠，我也就不仁啦。于是约来许贡吃饭，责问许贡为什么卖主求荣。许贡说："谁是我的主？大汉皇帝才是我的主！"孙策说："我想了一个马上就能让你见到你主子的办法。"说完就命人把他勒死了。

自此后，许贡的部曲门客，便寻机为许贡报仇。

这一天，孙策在丹徒等粮草运到期间，外出打猎。孙策的马快，每次出去驱驰逐鹿，保镖们的马都跟不上。当时，有人学着发情母鹿的叫声，吸引公鹿，等公鹿们过来，就有埋伏的人立刻挥舞绳子，把绳子末端皮套上的石弹丸抛掷出去。狗则上去猛咬。孙策借此机会射箭，猎杀公鹿。

如此，孙策打猎的兴致越来越高，结果自己跑到最前边脱离了众人。这时，他身前突然闪过三个人，原来是许贡的三个门客。

孙策这人自恃勇敢，此刻见到情况异常，完全可以走避，可是他偏上去开打。

就见孙策猛一勒战马，戟指大喝：“呔！你们三个！从哪儿来的？”

三人立在前面根本不回答。孙策见三人口不能言，知是有异，抬手一箭发出，正中其中一人的脖颈。这人扑腾一声栽倒。余下的二人立刻冲上前来，朝着马上的孙策射箭。乱箭纷纷，一箭正中孙策面颊。孙策滚鞍落马，拔刀藏在草丛里预备生死相搏，正这时候，后面的保镖骑着马赶过来了，扑上前去，把这二人砍成肉泥。

许贡三门客，至今还在喜欢武士道和忠义精神的日本的祠堂中被人祭奠。可见，忠义勇猛永远是古今不朽的讴歌对象。

孙策被抬回去养伤，不久便稍有好转。

可是，孙策的神经病症状逐渐加剧。一天，他突然引镜自照，就见镜中赫然出现于吉的脸看着自己冷冷而笑。孙策赶紧回头，发现身后并没有人。孙策又看镜子，里边还是于吉在笑，孙策赶紧又回头，后面还是没有人。如是者再三。第四次看见于吉，孙策“啊呀”一声扑镜大叫，金创全部崩裂开。

孙策的弟弟孙权，时年17岁，性格温顺，正好与暴烈的孙策性格相反。孙权一贯喜欢对下属“装孙子”，把下属抬举、恭维得好像在自己之上。没错，这就是道家的阴柔路子，有人说他好比勾践，但这也是形势所迫。

孙策临死时，先叫来张昭等人，又呼来二弟孙权。但见这孙权方脸大口，眼光精锐。孙策先命人取出自己的会稽郡守的大印，叫孙权佩带上，好生嘱咐："我如今就要死了。若说举江东之众，决战于两阵之间，与天下英豪争衡，你不如我。但举贤任能，厚待名族，各尽其心，以保江东，我不如卿。"

孙权哭倒在地。

过了一会儿，孙策又对张昭说："如若仲谋（即孙权）不能治理好州郡，卿可以自取之。卿若也不能克捷，我们退出江东，还江而西也可以。"

说完，孙策死去。

由于孙策在江东一贯的政策确实不得民心，孙策死后，江东六郡立刻形势汹汹，出现背孙自立的势头，即想把孙家赶出去。孙家狼狈不堪，吴国太也开始助参军国之事，张昭、吴国太赶紧把周瑜给召回来。周瑜正兵驻巴丘，攻打荆州的江夏郡（郡守是黄祖，曾射杀孙坚）。周瑜带兵回吴，安定局面，张昭也赶紧改弦更张，抚慰百姓，给本土名族和外来的寄寓之士加官晋爵，江东的形势才慢慢稳定下来。

那时候，因为大哥的死，孙权整天哭，不肯主持政务。张昭便跑进来进谏："孝廉啊，方今六郡鼎沸，群盗满山，您大白天还卧在房里哭，还是男人吗？"于是，扶着孙权走出去上马，列兵出巡，然后众人的心才稍稍有所归属。

第六章

乱世中，英雄也成了"剩男"

　　且说，河南豫州的汝南郡，在颍川郡的南边。汝南的黄巾贼刘辟原本降了曹操，现在一看曹操在前线受窘，于是又竖旗造反自立。袁绍当即派常败将军刘备带着兵马去加强刘辟。

　　刘备带了关羽、张飞、赵云三人，还有袁绍给他的兵马南下，跟刘辟相见。他们合兵一起从南边攻打许都，附近诸县皆叛，响应刘备。曹操腹背受敌，只好在官渡前线派堂弟曹仁分兵来救。

　　曹仁小时候好弓马弋猎，不修行为，喜欢骑射。现为曹操骑兵都督，号称厉锋校尉，是曹家本姓里边最能打的了。见曹操差遣，便带着骑兵迅疾南下。这些战马最前面的几匹身上都罩着皮革和金属片的马甲，这样的马甲袁绍有 300 具，而曹操连 10 具都没有，这次全拿来了。另外，为了增加恐怖性，曹仁的骑兵还都戴着面罩。

　　很快，这些黑压压的骑兵，便以突然勇猛的动作，大举冲向刘备、刘辟的数千杂合兵的大阵。刘备一边命弓弩手压住阵脚，另一边命赵云率领骑兵掩护右侧翼。这时候曹仁骑兵已经杀到，陷阵突入。

　　刘备几人虽然十分勇猛，但袁绍的兵并不与他们一心，不肯与曹仁的骑兵死战，纷纷溃散。

　　于是，四人丢下败兵和刘辟，从斜刺里落荒而逃。这时已是深秋，一行人肩扛着夕阳朝北奔走，黄沙弥漫，景色苍茫。刘备不禁哀从中来，说："我刚开始带袁绍的兵，所以未能得他们死力。唉，寄人篱下，终究不能成大事啊，连仗都打不胜。"

　　张飞和关羽闻听此言，纷纷建议离开袁绍。

　　刘备带着逃兵败将回到官渡，见到袁绍，夸赞曹仁多么勇猛。正巧袁绍刚刚又派了兵出去，见曹仁向南移动，便想从后背扑杀曹仁。不料曹仁解决了刘备之后，迅速反身，在鸡洛山大败袁绍所遣的别将韩荀。所以袁绍晓得曹仁厉害，也就不深责刘备，只是叹了口气，袁绍心说你们都打不过曹操也好，这样我正面战场胜利了，你们也只能拱服我当皇帝了。

刘备走上前一步，说："明公，卑职虽然败了，但是汝南的黄巾还在等明公您的队伍南下呢。我建议，不如我再去南方结荆州牧刘表，有了刘表的相助，终能把汝南夺下，抄了曹操的后路。"

汝南郡本是袁绍的老家，袁绍也不愿意放弃，但是也不太想明目张胆地拉拢刘表。如果刘表这位南方军阀节节胜利，直取许都，袁绍的皇帝恐怕就当不成了。不过，刘备和刘表如能在南方牵制一下曹操，倒也是好事，于是他说："刘使君，你的计划很好，那么你就再辛苦一趟。记住，你也不能让刘表进军太快，只是遥相呼应，多吸住曹兵就好。等我灭了曹操，你就接下来挡住刘表，不许他再北进。你把这些事情都做好，到时候我上表封你做荆州牧。"

刘备见袁绍同意了，心中大喜。然后问："那我带多少兵出去呢？"袁绍反问他："你要带多少兵去？"

刘备说："明公这里也需要兵，我就带我从前从小沛来的旧兵就行，反正刘表也有兵。"

袁绍正舍不得他多带，因为刘备这人带多少就损失多少，于是就说："这样最好。"

于是，刘备拉着自己的本部人马（从小沛败亡过来的）——包括赵云前面在邺城偷着为他募得的数百人——去汝南了。

汝南黄巾军头领刘辟这时候已经从史书上消失了（大约已在刘备前番败亡中死了），刘备就跟当地黄巾军的老二龚都合兵一处。刘备龚都总计数千人马，刘备也不说南下去找刘表了，就待在汝南养着，每天训练士兵，南北两方观望，静待其变。

曹操老家豫州沛国和汝南是邻郡，沛国的谯县就在沛国和汝南郡交界，曹家和夏侯家没去打仗的老头子和小儿女都在这里。其中夏侯渊是夏侯惇的族弟，夏侯渊很仗义，从前天下开始大乱的时候，豫州这里也不行了，人民流离，夏侯渊因自家穷得没粮食吃了，就把自己的小儿子扔了，用剩下的粮食把死去弟弟的女儿养起来。现在，夏侯渊在官渡前线打仗，当督军校尉，家里似乎仍然不富裕，这个弟弟的孤遗女儿（算是夏侯渊的侄女）已经十三四岁了，这一天她带着两个伙伴，背着筐子到城外的山上砍柴，正好被纵横至此的张飞看见。

张飞就催马上去喊："喂，你们干什么的？"

夏侯姑娘很倔气，不回答，反问道："你是干什么的！"

张飞说："我是当官的，我是朝廷的中郎将，每月领一百斛小米呢。"

夏侯姑娘说："哦。还挺厉害。"

张飞乐了，将了将别在腰间的官印上系的青绶又问："你是干什么的？"

夏侯姑娘说："我就是砍柴的。"

张飞说："柴火都是军用物资，砍柴是违法的，把他们都抓起来。"

夏侯姑娘大惊，不由分说，被张飞的军兵抓起来，按到马上，带回了军营。夏侯姑娘一路哭来："你怎么欺负小孩啊？快放我下来！"

到了军营，张飞就跑去请示刘备说："兄长，我今日碰到了一个小女孩，我很喜欢她，想让她当我的媳妇。"

刘备说："那太好了！媳妇得是贤惠的，这女孩的家庭背景你都调查了吗？是不是清白人家的啊？你看我娶的糜夫人，是糜竺的妹妹；我在小沛娶的甘姬，也是正经人家的。你这山野里捡到的，是什么人，问明白了吗？"

张飞忙跑回去又去问那少女，发现原来是夏侯渊的侄女，大喜。然后说："我这人性格刚烈，自少和海内豪杰结交，你的夏侯叔叔，我在许都是见过的，一提张飞张益德，他也是挑大拇指赞叹的。那这样好吧，你们现在家里也不富裕，不如跟着我吃小米，你就嫁给我好了，我教你当夫人，家里的事全听你的。"

张飞期待地瞅着这个小姑娘，时年刘备39岁，张飞应该也有30岁出头了，夏侯姑娘瞅着这个大自己一倍的大男人，一时不知如何回答。张飞期待地说："现在兵荒马乱的，好男人稀少，未来要是贼人打破你们县城，遇上坏蛋，你就完了。我是朝廷的命官，又是认识你叔叔的。我看，你就答应吧。这样吧，家也不要回了，就叫他们回去，带着我的人，把礼物和意思说了，你就留下嫁给我吧！"

小姑娘想想，又有什么办法呢？又见张飞仪表堂堂，心性爽快，知道也不是没原则的歹人。于是说："你这么好，为什么这么大还没有媳妇？"

张飞红着脸说："因为，因为总是打仗在外，娶了媳妇，怕照顾不到，今天见到你，觉得好想保护你啊。别说我，就是我二哥关羽，那是英武之名传闻天下，他不娶媳妇，怎么能轮到我娶。如今我二哥刚刚娶了媳妇，所以现在我才敢考虑。其实，也有人上赶着给我们送媳妇，但是不清不白的，不是良家女，我宁可单身也不要。所以我觉得你很合适。"

小姑娘不仅没话了，相反还挺感动，于是说："那我就听你的了，希望你别嫌弃我，觉得我配不上，我连爹妈都没有，家里也什么都没有。"

张飞大喜，越看越高兴，一时不知做什么好，突然想起来了，连忙跑去给刘备汇报。于是，众人高兴地给他搞结婚仪式，张飞终于也有了媳妇了。过了两三年，夏侯氏给张飞生了个儿子，取名张苞，但是刚刚成年就夭折了；接着夏侯氏又生下一个女儿，活到了二十七八岁，曾嫁给刘备的儿子阿斗（阿斗此时尚未出生）。

第七章

官渡之战的决胜之地：乌巢

200 年的第一场雪飘了下来。曹操坐在官渡营帐里，看着自己越来越少的粮食发愁。州郡老百姓连供了三个月的粮食，现在老百姓终于受不了，多叛变袁绍，只有颍川郡还在支持曹操。军士们端着越来越稀的麦粥（麦子脱壳不碾碎直接煮的粥，比做麦饭省粮食），举着晒干的冬葵，天天吃不饱，随时都要哗变。

十月，猛烈的风刮了起来，伴着残雪，最后一批运粮来的农夫们跌跌绊绊用红得像胡萝卜一样的手推拉着车子赶来。曹操也很感动，跑出去，当着军士们的面，对运粮的农夫们说："农民朋友们，你们这是最后辛苦一次啦，再过 15 天，我就给你们攻破袁绍，就不再劳苦你们啦。"

当时士卒饥疲，早已有了哗变或者开溜的意思。而打仗和炒股一样，玩的就是信心，所以曹操才这么说，提前预报一下半个月后的盈利计划，给军士们打点鸡血，振奋一下"信心"。旁边的军士们一听，15天后就能胜敌，都仿佛有了"莫须有"的希望，斗志迸发了出来。民夫们也把噘着的嘴巴略略放平。曹营暂时避免了哗变。

但是，15 天很快就要过去了，曹操急得抓耳挠腮。忽然听说南阳老友许攸先生投奔而来了。

许攸从小跟袁绍和曹操是好朋友，跟曹操一起念书和玩耍。后来，许攸随了袁绍，做了谋士，奇策泉涌，智谋出众。唯一的缺点就是有些贪财。他给袁绍出了一点主意立功以后，他总觉得袁绍给他赏赐有点儿少。其实袁绍蛮宽仁的，给得已然不少了，但是许攸觉得袁老大给自己的赏赐达不到自己的预期，所以有时候就放纵自己的家人，搞点法外的收入补偿自己。

这一天，许攸又去找袁绍提合理化建议："主公啊，您在这里和曹操对峙都 100 多天了，这样不好哇。再这样胶着，双方便会逐渐适应对方的战术，他们就更不容易被击败了，所以不能在这儿缠着，得改变策略。我观曹操悉师而来，许都守备空虚，您不如分遣轻骑，星夜掩袭许都，夺了许都，曹操就全完了！"

袁绍说："这个主意也算是个主意吗？孤家已经多次派刘备和韩荀，率领别部袭扰曹操后方，徒劳无功，丧失了许多兵力。你还老嫌我给你奖赏少？你说你这样的老调和馊主意，我怎么给你奖赏。快下去吧，好好想想新的主意吧，快点儿吧。"

许攸气呼呼地回到了住处。这才发现，袁绍留守邺城大本营的别驾审配，竟然将自己的一些下属和家臣绑走了，理由是倒卖军用物资。

许攸听了，觉得袁绍对自己一家人有歧视。顿感胸口很闷，于是就有了逃奔曹操的念头。正巧门口停着一辆马车，许攸走过去，拍了拍车座上的雪尘，坐了上去，一拉马缰，呼啸一声，"向晚意不适了，我出去逛逛！"他朝门军喊罢，径直冲出营去。

许攸待到了曹操的营垒前时已是入夜。禀告后，守门军很快就带他进了营门。他一路走，一路看见曹家的军校们因为好久以来吃糠咽菜，个个清瘦黧黑。

正这时候，就见前面有一个人，个子不高，光身穿着睡衣却没有披上皮裘，头上扎着个头巾，一头冲着许攸就来了。这人一见许攸，好像中了一张大彩票，拊掌大笑："南阳子远！卿今日来了，吾事济矣！"没错，这正是火急火燎的曹操。

曹操拉着许攸的手，亲手揭帷，让许攸进了大帐坐下，并让下人端上浆饼。曹操虽在生活上比较寒酸，但在工作和指挥战斗上是个相对阔气的人。不但帐上有帷，连他睡觉的床、坐的席子和办公的书案的四面，也都用厚帐幕（即幄）垂着包着了，可以进一步挡风保暖。平时，曹操就跪坐在这个幄里边的书案后面写字或者运筹。

坐下后，许攸立时正色道："我问你，袁本初军盛粮多，足下预备如何跟他周旋啊？足下还有粮食几许啊？"

曹操拿着饼说："大约还有 1 年。"

许攸撇嘴笑了一下，说："没可能的，你给你机会重新说。"

曹操说："哦，我算错了。我粮食不太多了，大约还有半年吧，半年。"

许攸没耐心了，摇摇头："别逗我了，你不好好说，我走了。"说完振衣欲起。

曹操赶紧伸出手拦住他："前言相戏耳，相戏耳。子远，子远，哈哈，坐下，坐下。"

许攸说："你是不想破袁绍之军了吗？我星夜至此，算是白来了。"

曹操说："没有没有，孤家实不相瞒，只有一月之粮了。我将为之奈何啊？"

许攸见曹操向自己求计，方才觉得自己来的意义将要凸显了，这才肯托出计策。他说道："什么一个月，我看你是一天粮食都没有了才对。如今，足下孤军独守，外无救援而粮谷已尽，此危急之日啊。某有确切消息，袁绍将有 1 万余车粮草从河北运来，他派出都督淳于琼带领 1 万余兵北上迎接。现在已经接了粮草南来，停宿在乌巢。足下可发兵急击之，尽烧其粮，不出三日，袁绍必破。那淳于琼你也知道，自恃是从前西园八校尉之一，资历很老，现在又为三都督之一，所以骄横跋扈，一贯藐视同僚，与其他部队矛盾较深，如果进攻他，其他部队绝对不会积极援助。"

曹操大喜，立刻升帐，把军将和谋士们都叫进来。曹操说："孤的总角好友许攸先生，如今献出了一个火烧乌巢之计，孤家今日就要精选步骑兵 5000 人，乘夜袭烧乌巢。"

打仗的将官都比较现实，马上说："主公，乌巢在袁绍军营以北 40 里，沿途都是袁绍驻军，我们深入敌后，一旦受挫无功，就万难全身而返啦。"

50 多岁才被封为冀州牧的贾诩赞同出兵，他说："明公英明胜袁绍，勇敢胜袁绍，用人胜袁绍，决策胜袁绍，有此四胜却半年没胜，是因为不敢冒险啊。该冒险时需冒险，既然机会来了就不要放过，只要成功，大事须臾可定！"

曹操觉得，再等下去，自己必定崩盘，于是把夹木炭的火钳从炉子里抽出，往案子上一敲，顿时火星四射，映着他瞪着的双眼和瘦瘦清癯的脸，说："孤意已决，今夜起兵！不再坐以待毙！"

当夜，曹操选出 5000 精锐步骑兵，他们打着袁绍军的旗帜，拿绳子缠住了马口，每人抱一束薪，衔着一只竹枚，冒着严寒，静默地迤逦出了营门，从间道而行。

队伍静静地向前滑动着，张辽、乐进、徐晃等几员大将，拎着长槊短刀坐在戴有面帘、套有鸡颈、垂有当胸搭后的具装战马上。他们头戴红色战盔，身上披的黑色斗篷像恶魔的两只翅膀一样随风飘荡着。几个小时之后他们的大队就到了乌巢。这是在芦苇塘边的一处湖泊，淳于琼的接粮军和粮车就停在这里宿营。曹军的前锋士兵们都按照命令卧倒在草间，等待后部陆续赶到。

此时，乌巢营里的老将淳于琼，正对士兵们训话："这次主公派我与你们 1 万多人迎护粮草车，都督沮授临行看不起我，要主公派别将蒋奇带领一支军队和我平行前进，以截断曹操可能的抄粮行动。不过主公还是更相信我，让我一人前来。所以我传令你们，不能辜负主公对我们的信任，一起保卫乌巢外围的安全。"

当他们安静后，曹操的步骑兵也已经全部集结入位隐蔽好。号角一吹，仿佛一声孤狼的长嚎飞扬在旷野中。5000 名步骑兵抱起了束薪，用燧火点着，鼓噪一声，随即大冲淳于琼的营囤。

他们迅速冲破几处防守工事薄弱的木栅，从那里集中冲进去，贴近营房，开始放火，然后冲往营房最中间的粮草车处。袁军猝不及防，营中惊乱，火光四射。大都督淳于琼急了，一边飞骑向袁绍告急，一边翘着大鼻子，抡起宝剑，砍倒了几个逃窜的将官，怒喊："骑都督韩莒子，反击东南角，反击东南角！眭元进，反击西南角，西南角！弓弩手，扼住营房间所有通道，射击！射击！"

士卒奔跑着，重复着淳于琼的命令。韩莒子、眭元进赶紧带着骑兵反击。弓弩手们则跑出营房，光着膀子，在营房间的通道处集结起来。接着，他们朝着进攻者们众弩乱发，每支弩箭的射程可达到 300 米，有效杀伤距离 150 米（跟手枪差不多）。而且第一排射击的时候，后两排可以拉弦搭箭，前后轮番射击。如此密集的弩箭，而且支支疾劲有力，对曹家兵马构成极大威胁。

曹操急着呐喊："偏着走就没事了，偏着走就没事了！"结果士兵们还是一群群地被轰击着节节倒退出了营囤的木栅。也就是说，彻底被淳于琼压了出来。曹操不死心，反反复复进进出出冲杀，时而进去，时而出来，好像狗熊进攻一个马蜂窝的土垒。淳于琼则像马蜂一样用刺拼命刺他，同时赶紧分兵灭火。

袁绍在大本营接到告急报告，赶紧推开小妾，披衣喊来诸将议事。长子袁谭腿快，先到了。袁绍说："儿子，曹操去攻乌巢了，我们不如趁机攻曹操的大本营。等曹操在前面得手，我已经拔了曹营，他就无家可归啦！"

这时候，宁国中郎将张郃、偏将军高览一起赶到，袁绍说："正好，我已跟大公子说了。你们两位速速带领主力，趁着曹操离开老窝，攻击他的官渡大本营。"

张郃立刻叉手拒绝说："曹操的兵精，必破淳于琼的一万骄将怠卒。粮草失去倒没关系，还可以再运，但连战数月，士卒疲惫，听说淳于琼等被大破，势必军心不稳，则主公大事去矣。所以应急引兵救淳于琼。"

颍川人郭图，是袁军三都督之一，跟都督淳于琼平级，估计很是希望淳于琼被打败。于是就跟河北帮的张郃唱反调，说："张郃说得不对啊，主公说得对。应该按主公说的攻击曹操大本营，曹操势必救援，则乌巢之围不救而自解，正是古人津津乐道的'围魏救赵'啊。"

张郃说："曹操兵营牢固，仓促之间难以攻下。如果淳于琼被擒，我们必全军士气跌落。"

尽管袁绍不相信自己攻不下曹营，但转念一想觉得张郃说的也有一定道理，于是就把命令做了有限的修补，派一支轻骑去救淳于琼，而以重兵给张郃、高览带着，依旧去攻曹操的大本营。

骑兵机动能力强，驰援的袁绍轻骑兵很快奔赴乌巢外围。这时候已是黎明，曹操军屁股后面冒出了大批袁绍骑兵，而淳于琼的营屯尚未有效攻下。左右人见此，急忙大喊："主公，贼骑兵冲过来啦，请赶快分兵拒之！"

曹操大怒："不用管！等贼骑兵到了背后再汇报！"

于是，士卒继续猛攻淳于琼的营栅。当袁氏的轻骑兵已经撞到曹操的后军，曹操方才命令掉头迎击，士卒无不殊死搏斗，竟将驰援的敌骑兵屡次打退。

袁绍的骑兵统帅见冲了几次不管用，心想为了淳于琼这个骄横的家伙玩儿命也不值得，于是干脆停在后面观望，攻击势头立刻减弱了。

曹军没了后顾之忧，便开始全力进攻淳于琼。张辽、乐进、徐晃一干人跃马挺槊，猛烈再攻淳于琼的营寨，终于冲了进去。他们东西乱刺，把人用槊尖推着往火坑里挑。眭元进、韩莒子、吕威璜、赵睿等七名淳于琼麾下战将，挥舞着武器抵挡，全在不同的角落，被乱军捅死、砍死，倒在火堆之间。曹操大军蜂拥冲到营房中间的粮草车的停车区放火，上万辆粮车就这样都点着了。

此役曹军杀死袁军千余人，俘虏了好几千，还有上万匹牛马。这帮俘虏还不老实，在绳子的围中来回乱涌，似乎要暴动。曹军于是从敌人死尸上割下1000多只鼻子，还有牛马牲口们的长舌头，纷纷用矛尖串着，在俘虏群前面来回巡视。没错，这就是心理战。袁绍的士卒们变色，从来没见过这个，俘虏们便捂着鼻子再也不敢乱涌了。曹军指着俘虏们喊："都蹲下，都蹲下！"俘虏们便蹲下了，但中间仍站着一个大将官，正是老将淳于琼。

曹操从前当西园八校尉的典军校尉时，跟淳于琼是同事（淳于是右军校尉），级别差不多。看见老将淳于琼立生怜悯之心。

曹操意欲不杀。可淳于琼坚决不愿效忠曹操。曹操叹了口气，只好把淳于琼推出去杀了。

却说张郃、高览那边，正引着一支重兵，拖了几辆攻橹，脚步踏踏地往曹操的大本营去了。

留守曹操大本营的是曹操的本家——扬武中郎将曹洪，他等曹操一走，就早早地驱赶战士登上营垒，准备战具。

张郃、高览的大队人马来了，把攻橹从车上竖起来（就是挑到十几米高的长杆上的小阁楼）。张郃爬到杆顶，一挥长槊，对营垒展开强攻。袁军纷纷抱着茅草，推着冲车，焚烧、冲撞、破坏营垒大门，又借着夜幕掩护分成十几队扛着云梯迫近营垒，往营垒上蜂拥而爬。营垒上的人则往下乱箭齐发，热水、火炬、滚木、石滚子也纷纷卸下。双方就这样从上到下叮叮当当地杀开了。

张郃的撞门军不负众望，趁着夜色掩护硬是把营门撞开了，然后士兵蜂拥往里面冲。曹洪一看自己的营门被敌人破坏了，于是下令拼死往外打，并从垒上猛扔石头、柴捆，以堵塞垒门。曹洪带头冲撞着往外杀。你争我夺，垒下陈尸累累。

在双方交战正酣之时，消息传来：乌巢的1万车粮食被烧得一干二净，淳于琼诸将和上千战士的脑袋都落地了。这个消息把张郃吓得不知如何是好。但他马上反应过来，便对高览说："我所担心的事情还是发生了，眼下淳于琼大败，曹操马上就要回来，乘胜之威，里外夹击，我们就完蛋了。"

高览问："那怎么办啊？"

"我这就派人回去请示主公。你赶紧收兵回去，保住主力。"

高览于是爬上马，飞奔官渡的袁绍大本营。袁绍那里，也得到淳于琼大败的消息了，心中忧惧，正盼着正面前线给他带来好消息。高览跑进来禀告说："主公，张将军托我火速请示，把前线主力赶紧拉回来，我们攻大本营难下啊！"

袁绍气坏了："没用的东西，你们留着个脑袋有何用？"说的时候还使劲拍着案子。

高览吓得说不出话来。河南帮的都督郭图在旁边惶恐而惭，心想，看来"围魏救赵"之计是两头都没有得逞啊。这个主意是我力主的，现在我得救自己啊。于是，郭图举起手对袁绍说："主公，根据我的情报显示，张郃在前线恨您不用他的计策，督战不肯用力，一听说淳于琼战败，还心中快意，出言不逊。您的主张本来很好，都是他败坏了您的好计！"

袁绍咬咬牙，鉴于张郃还在前线，不便发作，遂说："你速速回去，传命张郃，以重兵压碎曹营，孤当有重赏，否则你们家小全部夷灭。"

高览战战兢兢地从大本营跑回来，见到曹操大本营这里的张郃，把情况一说，张郃也害怕了。

此时，张郃手握袁氏大兵，若迎战曹操，还胜负未知，但他已打算投降了，于是烧了攻城器具，向曹洪请降。

随后曹操也回来了。他见张郃投降十分高兴，便带着张郃一起回归大营，拜张郃为偏将军，封都亭侯。张郃从此成为曹操军校中的五虎上将之第五。

第八章

官渡余音：田丰被杀

淳于琼军破，张郃率重兵降曹。这两件事对袁军产生了极大的消极影响，胜利的天平就此倾斜。随后，曹操率领五虎上将以及张绣等部，全线攻入袁绍军数十里的营屯防线。要知道，构成战争的要素分为精神要素和物质要素，而前面淳于琼 1 万余人败亡，乌巢粮草尽数被烧，张郃、高览降曹，在短短一昼夜内，袁军接连遭受沉重打击。这一连串事件对其精神力量的打击，甚于对于物质力量的打击。袁军精神力量被严重摧毁，在曹操的总攻击下，军众大溃，四散逃命。

袁绍的部将兵马纷纷哗变，各自逃生。袁绍戴着幅巾——当时的人追求名士风度，不戴官帽——连把它换成头盔的时间都没有了，翻身爬上战马，带着长子袁谭等人，弃军逃跑，随军携带的图书、珍宝都不要了。袁绍向北仓皇跑了 50 多千米，从延津急急渡河而去，随行只有 800 余名骑兵。

袁军群龙无首，喋血他乡，纷纷退向黄河以北。被曹军杀得尸横遍野，流血涂于野草。而降者，据说被全部坑杀，一战总计斩杀凡 7 万余人。

曹操收拾袁绍丢下的辎重图书珍宝，价值巨大。登记造册后，他将其尽数分赏给自己的功臣部将。同时，曹操还拣出了一大堆信件，随便抽出几份一看，全是许都和军中的文武官员写给袁绍暗通款曲的，有赞美袁绍的，有说曹操坏话的，有泄漏军情的，有摇尾乞怜的。曹操越看越受打击，干脆不看了，旁边秘书说："这样，您把这些人按着一封封的信，全都抓起来杀了。"

曹操心想，这些人都是我地盘上的精英家族啊，杀了他们我依靠谁去啊？于是说道："当着袁绍之强，孤犹不能自保，何况众人？"于是命人把信尽数焚毁。

却说袁绍的大都督沮授，也跟着袁绍那 800 余人，骑往黄河那边。不料，他逃至半路就被曹军逮住，并送到曹操面前。

曹操跟沮授有旧，连忙跑过去对沮授说："老沮啊，分野相殊，遂与隔绝，不想今日却是把公相擒也！"

沮授闭着眼睛说："北兵兵多粮足但是不如南兵果敢刚劲，袁冀州不听我的徐战缓搏的持久之策，自取败丧。我智穷力困，落得今日遭擒，岂不相宜。"

曹操说："本初无谋，不用君的计策。如今天下丧乱已过 10 年，国家依旧未定，你应该帮着我相与图之。"

沮授睁开眼睛说："我的老妈、叔叔还有弟弟，命都悬在邺城袁氏手中，我如何能与你相与，还是求你赐福于我，赶紧杀了我吧，这才是全家的大福。"

曹操叹道："唉，我早与你相得，天下就不足虑了，你也不用这么被动了。"

曹操二话不由人说，硬是把沮授的绑绳给解开了，载着他回了大营。当晚饮酒，分外厚待沮授。沮授待了几天，始终不肯降曹，跟着左右的人谋划北归，被人报于曹操。曹操怒之，命人杀沮授。沮授临终仍不变色，曹操感叹再三。

袁绍过了黄河，惶惶如丧家之犬。前面正看见河北岸有部将蒋义渠的营寨，袁绍惊惶不安，怀疑所有的部下都要背叛自己。于是不相通报，直接驰进蒋义渠的帐内，一把抓住蒋义渠的手，说："义渠将军，孤今日以首领相付矣！"意思是，我来了，你要杀我，我也没办法了。

蒋义渠惊慌失措，不知说什么好，赶紧把自己的大帐让出来，请主公将就住下。袁绍入了大帐，重新发号施令，就这样先抓住了蒋义渠的军队，后者想哗变也来不及了。黄河南边的败军亡卒，听说袁绍在河北岸蒋军中了，也都稍稍跑来复集。

袁绍随后起军，朝邺城奔还。

这时候，田丰还被囚在监狱里。有朋友跑来给他贺喜："田别驾，恭喜啊！"

田丰戴着桎梏——这时还没有后代宋朝那种夸张地套着脑袋的大枷子，只是用一块儿小木板，把手夹在后头。田丰问："我有何喜可贺啊？"

朋友说："之前袁大将军不听您劝阻，硬是南伐，如今大败而归，您一定要从此见重了。"意思是要被重用了。

田丰却背着手说："你们帮我回去准备后事吧。袁大将军貌宽而内忌，实则小肚鸡肠，而我多次发言忤逆他。若他战胜而喜，就不会计较我，还能饶了我；如果他败了，没什么高兴的事转移他的注意力，内心就会格外怨恨了，我也就别想活了。唉！"

朋友将信将疑。

果然，袁绍带着一撮残兵败将回到邺城之后，一拍案子说："我不用田丰之言，今战败，定被他所笑。传令，把田丰正法！"

可怜田丰，遂完成了一段和袁绍并不完美的人生际会。田丰早年因宦官擅朝，弃官回家。袁绍得冀州后，卑辞厚礼请他出山，遂许袁绍以驱驰，最终落得如此下场。田丰多智，与许攸并为智计之臣，当初袁绍平公孙瓒，多仗田丰的智谋。官渡之战，曹操听说田丰没有随袁绍出征而大喜。及至袁绍败奔，曹操还说："倘使用田丰之计，结局尚未可知也！"

没错，田丰、沮授、许攸皆多智，乃张良、陈平之流，堪与荀彧、荀攸、贾诩匹敌，而袁绍皆不能用。

在《资治通鉴》中，则记载了另一种说法。当时，袁绍带着残兵往回逃，士兵见父兄子弟都死在沙场之上，于是一路上哭声不断，说："向使田丰将军在此，吾等不至于此啊！"

袁绍听了哭声，亦有悔意，正好门客逢纪从邺城跑来，袁绍问道："田别驾数次谏止我，而我没听，我惭愧见他啊。"

这逢纪跟许攸一样，都是早年追随袁绍的，估计也是河南人，如今要在冀州立足，自然要跟新的河北人争位子。于是他对着河北人田丰落井下石道："主公，田副州长听说您军败，拊掌大笑，高兴他的预言说中了。"

袁绍颇为失望，苦笑一声，遂有了害田丰之心。最终还是杀了田丰。这里说袁绍已有悔意，杀田丰主要是因为逢纪的挑拨。

河北还有一位忠烈之臣，就是审配。此人的智谋虽比不上以上几位，但忠烈慷慨，老家就在河北邺城。他两个儿子在官渡大败中被曹操俘虏了，官渡战后他在邺城守城做监军，有人想夺他的监军位子，跑去向袁绍献谗言说："审配这个人，您不在的时候，在邺城专横跋扈，搞独裁专制，而且他是本地人，族大兵强，俩孩子也都在曹操手中，迟早要造您的反。"

河南颍川人郭图、辛评也都帮腔，要审配下岗。

袁绍真头疼了，他打仗也许还有两下子，但是平衡河南帮河北帮之间的矛盾，就一下子都没有了主意。

袁绍又去问自己的门客逢纪，逢纪可能也是河南人，已经把河北人田丰潜害死了，按理说该轮到潜审配了，而且他本身跟审配也不对付。但是他说："审配天性刚直，说话办事，都崇慕古人节气，不会因为俩儿子在南边就干不义之事的，明公何必怀疑他？"

袁绍听了，很奇怪："咦，你不是一直跟审配过不去吗？怎么现在倒向着他说好话了？"

逢纪说："先前所争者是私情，现在我跟您说的是国事。"

袁绍点点头，很高兴地说："我现在从官渡回来以后，就病了。你们这些孤所依赖的中坚，不论是本地派的，还是南方派的，一定要通力合作，死伤相扶，才不负孤意啊。好吧，审配继续做监军，负责邺城防务。"

审配得到消息之后，大大感激逢纪，于是两人握手言和，成为莫逆之交。而大都督郭图，还有辛评，则结成官渡战后的河南帮，继续跟他俩对着干。河南颍川是礼仪之乡，文学之场；而河北人多慷慨悲歌之士，一言不合就拔剑相向，略输文采，这大约也是两帮不相能的原因之一吧。河北帮对河北本土利益比较负责，所以对于袁绍穷尽河北之兵冒险南下去夺豫州不怎么感兴趣，其中沮授、田丰都力主持牢；河南帮则是投机主义者，追求自己官位利益的最大化，所以前面力劝袁绍南下打曹操，贪功邀赏，后来他们在河北混得不行，又不惜暗里勾结曹操，引曹操打河北。

袁绍的儿子袁谭不喜欢河北人审配，他是在河南的汝南郡老家长大的，跟隔壁颍川郡的郭图、辛评比较说得来，都喜欢幅巾大袖，遂与他们俩抱成一团。审配、逢纪则担心袁谭继位之后，郭图、辛评俩小子会不待见他们，于是积极拉拢河北长大的袁绍的小儿子袁尚，这孩子符合审配帮的河北文化（有勇力）。河南、河北帮就这样各自拉了一个袁绍的儿子，准备大干一场。

却说曹操回到许都，给皇帝写了一份报告胜利的奏折，揭露了袁绍欲当皇帝的多项罪证，最终被自己斩首 7 万余，缴获辎重财物巨亿。然后，又想起在汝南打游击的刘备来了。

曹操说："刘备这个大耳贼，孤家在官渡和袁绍对战的时候，数次骚扰许都，斩杀我的大将蔡阳。现在就讨伐刘备，让他看看背叛我的下场！"

于是，曹操亲点人马，向南征讨刘备。

一看是曹操亲自来，刘备毫不犹豫地叫上关、张、赵云，糜竺、孙乾，还有一两个老婆，按老办法——南逃。这时，他的盟友黄巾党的龚都来了，刘备说："龚先生，曹操以战胜余勇，势大难敌，我们只能南投刘表了。您也跟我们去吧。"

龚都说："我们还是安土重迁，不去了，就在原地散了算了吧。"

"那散了以后，您准备干什么去啊？"

"不行就投降曹操算了。"龚都沉沉地说。刘备只好向他辞别，带着弟兄们离去。接着，刘备这一行被命运反复捶楚的人，向南200多千米跑到了荆州。

在荒凉中行走，刘备说："糜竺、孙乾，请二位先生先行一步，说与刘表知道，但愿他能接纳我。"

这二位先生不会打仗，但都是高级的外交家，辞令那是一绝。他们当即领命，骑着马快行，到了荆州州治襄阳。见了刘表，施礼毕，遂施展出他们运动王公、游说豪门的高级辞令，说道："刘豫州慕名来投奔刘荆州了！"就这么一句！

荆州中庐人蒯越、襄阳人蔡瑁这俩都是荆州本地的豪右家族掌门人，是帮着外来户刘表掠定荆州的高级功臣，却不怎么喜欢刘备前来。他俩说："刘备能得人死力，有枭雄之姿，现在情见势屈而来归，一旦数年以后羽翼丰满，就要鹊巢鸠占，到时候您噬脐莫及。"

刘表不以为然："诶，阳虎务取之，赵简子务守之，我执术而御之，有何不可？"自从曹操战胜袁绍以来，刘表感受到无孔不入的威胁，有刘备自远方来，也是好事啊。刘表遂命摆出车驾，出得襄阳城外，郊迎刘备。刘备奔上来，刘表以上宾礼待之。刘表执刘备手说："玄德弟，你我同为汉室宗亲，我这就给你增添些兵马，屯扎北面一点的新野，以备曹操，如何？"

刘备一看对方不仅没夺掉自己的兵，反而还划给自己一块地盘，喜出望外，当即拜谢。

从襄阳往北，刘备一行人行60千米，到了新野县驻下。这里是荆州北部南阳郡内，而湖北北部的襄阳其实也在南阳郡境内。刘备一干英雄从此待在新野练兵无话。

第九章

袁绍之死

公元 202 年，即官渡之战两年后。从讨董卓算来，已经过去了 13 年。当初的战斗英雄袁绍，已是风烛残年。他此时患上了吐血的家族老病——这是自官渡战败后就开始出现的。13 年前，袁绍率领着诸侯的勤王部队，在西凉兵围追堵截的飞蝗箭雨里，劈开一条狭缝，插向京师洛阳，逼得相国董卓挟持天子狂奔 400 千米西迁长安。那时的他，正是风华正茂。

然而，如今的大将军袁绍已老敝如豹。他头上裹着手巾，床上铺着羊皮褥子，盖着锦被；床下放着一个榻凳，用于登上大床的。袁绍的枕头与众不同，中间是空的，里边可以放贵重物品或者重要的文书，比如遗嘱、奏章等。

他就整天躺着床上，有什么训诫就在床上对孩子们说。他的四壁墙上张挂着锦绣的壁衣，地上是毛的地衣。他望着这些炫目而空洞的东西，突然下巴笑了一下说："曹操这人，本是我的部将。他的崛起，是我斗袁术、陶谦、田楷、刘备、吕布……这一帮人的战略胜利。当时你们的叔叔袁术，非要跟我过不去，联络了公孙瓒和陶谦，还有公孙瓒下面的田楷、刘备这一帮人，跟我从北到东地打。对我简直就是半包围了。我扶植了曹操，生生把他们都给斗败或者牵制住了。我这样才从容北上灭了公孙瓒，北取幽州，东取青州，西收并州。如今，曹操也在战斗中长大了。竟然还能转过头来，兀自与孤争斗。这是孤最初轻视了他啊。当然，也都怪你叔叔袁术，如果他不是非要跟我争老大，我也不用去豢养曹操了。今天养虎遗患了。所以，你们要记得，作为一家人，互相不要掐。我跟你袁术叔叔，都是这样的倒霉下场啊。现在我跟他一样，都吐了血了。要说曹操这人，自小的时候就多奸计，呵呵。以前我像你这么大的时候……"袁绍歇了一会儿，瞅了一下床下跪着的袁尚。

袁绍接着说："可能还比你们都岁数小一点。我跟曹操那时候都好为游侠，模仿英雄人物。有一次我们去看人家结婚，那个新娘还不错，有模有样的。到了半夜，我俩就钻进去大喊：'有小偷啊，贼来啦！'主人家都跑出去抓贼。我和曹操就钻进绣房，把新郎官用刀子逼住，用布带把他的嘴封上，然后用刀裹了新娘就跑。

"结果跑出来的时候，兴奋了，忘了路怎么走。我俩都掉在荆枝丛里去了。曹操个子比我矮，也比我瘦——当然长得也比我差，就黄鼠狼似的钻出去了。我呢，因为魁梧俊美，被几个大荆枝卡着，根本不能动。呵呵，你猜怎么的，曹操就在外面大叫：'小偷在此呢！快来抓啊！'吓得我使劲挣扎，一挣，居然就蹿出来了。一起跑了。呵呵！哇！"

袁绍一兴奋，就哇的一声吐出小半口血。袁尚赶紧站起来弯着腰给他拿纸擦了。袁绍还兀自乐呢："呵呵，你说这曹阿瞒，是不是很精明啊？"

袁尚瞪着大眼说："爹，您吐着血说这故事，想说明什么啊？"

"唉，我是说啊，曹操懂得笼络人心啊，知道怎么调动人的潜能啊。那么危急的关头，他还想出那么谲诈的办法。我是正而不谲，他是谲而不正。如果让他带领万千兵马，他就会诓骗着这些军卒们使劲蹿。这次官渡之战，就是他诳骗士兵说 15 天破我军，结果真的让士兵在乌巢蹿了一下，乘着士气高涨，把我们打败了。其实，论起实力来，他是没有办法战胜我们的。沮授先生也说了，我们不应该跟他去战场上去拼，应该从战略上拖死他。让他这种心理学的小伎俩没有机会用。哇……我想说的就是，你们好好弄，还是有机会拖死他的，不要怕他。哇……"

袁绍连着吐了两口鲜血。

后妻刘氏一看，赶紧示意袁尚下去，让老爸好好休息，明天再讲。袁绍看见大家走了，脸上带着回味小时候的笑纹，兀自不肯休息呢，望着床帐上挂的一串串压帐角的玉璧，他又想了好久。

第二天，袁绍更加不行了。本来想讲讲故事，但是鼓了几下嘴，都说不出话来。胸腔里鼓鼓的什么声音在涌动，也不知是血还是要说的话。

刘氏看袁绍这回真的快咽气了，赶紧把大臣审配这帮人，还有袁尚什么的，都叫进来，围着跪好。

刘氏弯在老公床前，问："趁您还清醒，我有一个提议，能不能请您宣布：立二小子当冀州的接班人吧！"

"唔……唔……"

袁绍强撑着要坐起身来。

原来，袁绍是在上太学期间结的婚，娶了一个妻子，但是这位妻子没能为袁绍生下儿子，就芳龄早逝了。随后袁绍又娶了一个，便是这刘氏。刘氏生下了袁谭。据说袁谭为人仁惠，喜欢跟别人分享，但是性格峭急，说话没遮拦，还特别容易被人撩拨迷惑，总之刘氏不喜欢他。正准备再生时，袁绍的老妈死了。古代人跟现在人不一样，古代人死了爸妈，就有机会使劲折磨儿子了，儿子要为父亲守丧3年，其中不能吃好的，不能穿好的，不能去上班，也不能去当官，只能在坟前搭个草房住着守着。这种"三年守丧"也有它的好处，就是使得大伙都畏惧父亲，进而畏惧国君，不敢造反。但是，这也养成了人们因循权威，懦弱于尊长，从无创新之想法的恶果。总之，这就是"礼"了，"礼"是儒家要的，最终意义就是为了维护和训练等级意识，最终起到稳固君权的效果。所以袁绍就给老妈守丧三年，中间还不许有性生活，于是就没再生什么儿子。刚刚3年一过，袁绍又觉得，既然给妈守了，以前早死的老爸，当时因为自己岁数小，没给父亲守丧，现在应该补上啊，男人的等级比女人高，不给父亲补上怎么行，于是又给老爸守了3年。

等这6年完了，袁绍又跟刘氏生下了袁尚。袁尚因此比哥哥袁谭小了一大截。但是袁尚勇猛刚力，一表人才，智慧英发，伶牙俐齿，文武双全，风流倜傥，基本上跟史书上记载的商纣王差不多。刘氏喜欢死他了，几次唠叨着要立他做接班人。

袁绍也神奇于袁尚姿容奇美，有意于此，于是就把老大袁谭过继给了自己死去的堂兄袁基了——后者是全家被董卓杀死，这也就表示取消袁谭对我们袁绍家的继承权了。但是袁绍同时也比较喜欢大儿子袁谭，后者一直跟着他打仗，也有感情，于是犹豫不能决断。所以这不临死，刘氏又心情忐忑不安地跑来催他了。

袁绍挣扎着半坐起身来，对大臣们说："各位大臣们，宣布下一届大将军、冀州牧的名单的时候到了。我宣布：哇……"

袁绍一口鲜血喷出来，射的帐上、褥上梅花点点，然后扑通一声倒栽在床上，当即气绝，时年 50 岁。一代英豪，曾经撼动了大汉王朝半壁江山，掘倒大汉天子的皇位根基，主宰东方半个中国的汉末盟主，为人做了嫁衣。这个终于未能染指皇位的一代枭雄袁绍，就这样含恨含惭而死！

旁边众臣儿女哭倒一片，刘氏急得一张一张地嘴地说不出话来，只好跟着大家哭，跺着脚，哭得比别人格外伤心。她心里说，老公啊，你怎么就不能多说一句啊，说了前边那么多时间状语从句干吗啊！

伤心虽然可以有千古，但是哭声却不可能响一整天。众臣爆哭已毕，过了两个小时。大家纷纷擦眼泪说："大公子袁谭年长而惠，又多年追随主公，出镇青州，战果累累，为世瞩目。我们应当请他来邺城继承大业。"

旁边审配、逢纪知道，袁谭是听信河南人辛评、郭图的，如果这俩坏小子当了权，狐假虎威，我们河北人就更得为其所害了，于是离席起立发言："诸君说的道理不对，大公子袁谭虽然年齿最长，但主公历来属意于袁尚，所以主公 10 年前就把袁大公子过继给了主公的兄长袁基。现在主公管袁大公子叫侄子，袁大公子管主公叫叔叔，让他出镇青州，而以袁尚小公子镇守冀州，素有把他立为嫡嗣之意。虽然主公最后没有把话说完，但是泉下有知，我们若立了袁大公子做嗣主，我们地下如何面对先君？你们大家觉得是不是？"

众臣都没有什么可说的，审配说的袁绍素有立袁尚之意也是事实。审配看看众臣没有谁提出异议了，就对着刘氏望了一眼。后者刚才虽然哭，这时候情绪却出奇的好。她讲道："我等深受先君知遇厚恩，愿肝脑涂地，以奉先君素愿，就此奉袁尚公子为大将军、冀州牧，矢志不渝！"

众人于是把小公子袁尚扶到主位上。大臣全体跪下，给袁尚施礼，高呼"我主"，拥之当场接班！

与此同时，大公子青州刺史袁谭领着百十号人，骑着马，从青州到邺城给老爹奔丧来了。旁人把他领到一间白泥粉涂了四壁的毛坯房里，穿上粗麻衣服，给老叔守丧。而旁边的袁尚，则是更重的重孝，穿着粗麻的左右和下摆不缝边的衣服，拎着根用五毛钱买的破竹杖，坐在干草上，枕着个土坷垃，在一个破草房里守丧。袁谭说："我也要去破草房里住着，我预备了粗苴杖了。"司礼官说："你不行，按礼法你是侄子，他是亲儿子，所以守丧的待遇不同。你是过继出去的儿子，是叔伯亲戚了，可以住毛坯房，比他那草棚子待遇要高。他得住 3 年呢，你住 1 年就行了。"

袁谭气得鼓鼓的，在白垩的房子里闻着白泥的味儿，心中全是茫茫的苦味："老爹啊，想当年我堂堂长子，你却把我 30 来岁还过继给了大伯，有这么过继的吗？这不是成心吗？然后你又让我去青州，让老三袁尚跟在你身边，老爹啊，你就这么把我处理了吗？这是不是传说中的废长立幼啊？"他对着墙壁闷想。

不久，曹操也得知了袁绍不幸病死的消息。这是曹操一直等着的事情。也许这样最好，如果袁绍活着，我大军北伐，把他活捉了，或者对阵杀了，作为袁绍从前的部属，都难以免于世俗的指摘和良心的不安。当时毕竟是一个讲忠孝名节的时代。

曹操于是也含着鳄鱼的眼泪，弄了一些素斋给自己吃了几天，然后一直等了 100 多天，够了"五服"中最短的一期（给远亲或朋友用的），到了 3 个月后的公元 202 年秋天九月。这天，曹操召集文武僚众说："袁尚作为小儿子，抢占了本来属于他大哥的位子，自称大将军、冀州牧、邺乡侯，悖逆人伦，藐视朝纲，我今天就要带领你们去教训他！"

于是曹操整齐大军，被坚执锐，虎士雷噪，向着北边黄河挺进。

袁尚穿着麻边儿衣裳，好似一个车把式，命令他老哥袁谭南下，抵御曹操之兵。但是却不肯多给他兵，只是派本河北帮第二号人物，谋士逢纪，随军前去。袁谭见状，一之怒下杀死了逢纪，然后又向袁尚要兵，袁尚见无法抵赖，便与手下商量，准备亲自增兵给袁谭。

随后，袁尚留下审配守邺城，亲自带着较多主力，浩浩荡荡向南 50 千米，开赴黎阳。

袁尚的兵和袁谭的兵，很快在黎阳城下纠合起来。因为已经把逢纪通报处理了，袁谭且惭且喜，二人遂前嫌尽释，君臣相协，将帅乐死，就连后方转运供军者，也莫肯告劳。河北冀州兵遂在两位新领导的领导下怀着对河南兵杀我兄长、掳我子弟的刻骨仇恨，跟曹操侵略军，展开了鏖战。这场博杀战从九月一直持续到次年（203 年）二月，互有胜败，曹操眼前仅差咫尺之步，就是难以北进。

第十章

西凉新一代名将的崛起

黄河波涛滚滚，从北向南流经秦晋大峡谷，划分开今天的山西与陕西两省，然后南流再向东拐去，一直穿越中原河南，最后从山东东流入海，从高空中看整个流域呈 L 形。

山西，东汉时称并州。就在这段黄河的东侧，表里河山，异常险固。山西人，受北边的胡人游牧文化影响，性情中更沾染了猛烈的胡风。所以山西人比较刚烈。即便是如今大同、太原一带的人，仍是刚猛至极。

山西省的西南部分，因为是在南北流向的黄河以东，所以号称河东郡，是山西最平坦肥沃的地方，关羽的老家也在这一带。203 年的隆冬，并州刺史高干，还有大将郭援，奉大将军袁尚之令，带着数万兵马，从并州的晋阳（今太原）出发，南下攻击河东郡，开辟第二战场，欲断曹操左臂，以策应黎阳主战场的长期对峙搏杀。

他们的前哨部队是一帮匈奴人，准确地说是南匈奴人。南匈奴因为打不过北匈奴，就在汉王朝分而治之的政策下，被接纳他们内迁，东汉中期时主要活动于山西中部地区。但是随着天下大乱，他们开始进一步向南移动，进入了河东郡的平阳城一带定居（今山西南部临汾）。

匈奴人的风俗很独特，喜欢咸吃畜肉，热饮奶茶，畅饮烈酒，不吃蔬菜。匈奴人髡发，把头顶头发剃掉，只留四圈儿，所以他们的头型，就像一个"地中海"。他们得到高干的命令，事先在河东郡的平阳城拉杆子叛乱，焚烧商店，殴打汉人，把平阳城搞得甚嚣尘上。

河东郡属于中原司隶州。却说司隶校尉（算是司隶州的州长），大名钟繇，非常会写字。楷书基本上就是钟繇创立的。这一天，钟繇正两手背着，很正经地看楷书字呢，突然府掾来报："报！大事不好！河东郡平阳城，发生匈奴骚乱了，整个城都快点着了。"

钟繇听到后说："朝廷正在讨平冀州，无暇他顾，这帮人兴风作浪，原也是意料之中。我们过去讨平它就好了。"

旁边的西凉人张既脑子快，拱手说："我所担心的是，这帮匈奴人背后是有人指使的。会是谁指使他们呢？一定是逆党高干。他们在平阳煽风点火，如果您倾州中兵马去伐，高干必然断您后路。此时您悬兵于北，不得南还，河东郡南部诸县，就都得被逆党所拔占。这是引蛇出洞之计，万不能轻举妄动啊。"

"唉，张德容多虑了。传我的命令，大军今日准备，明日鸡鸣出发。"

第二天，钟繇带着几千步兵整队向北出发，朝河东郡偏北部的平阳流动过去。到了平阳城，把该城团团围住。城里的匈奴单于呼厨泉不慌不忙，登在堞口叫道："你们为什么粗暴干涉我们的内政?!"

钟繇不理他，堆丘架械进行攻打。呼厨泉说："给我——开炮!"于是各种匈奴炮（大石头）就噼噼啪啪地打下来了。城下陈尸累累，倒了好几百具。钟繇之人从城下站起来，红着眼睛死攻，平阳城慢慢吃不消了。但是，忽然谍报传来，并州刺史高干、大将郭援，引无数河北人马，从东北边的并州晋阳快速行军而下，沿汾水兜到平阳以南60千米的绛城，攻城略地，所经城邑皆被攻下，大得河东诸地，并有掉头北上包抄钟繇之势。不一会，谍报又来了："高干发出了使者，西去长安，联络关中马腾、韩遂的步骑兵前来助战，后者已然暗中答应了。"

下面的军将都害怕了："我们不如赶紧撤兵吧，咱们人太少了，再晚就被聚歼于此啦。"

钟繇说："你们不怎么写毛笔字吧，写毛笔字全靠一股气，一旦气泄了，写的字就全流汤儿了。现在马腾、韩遂之人，之所以还没有正式造反，就是因为我司隶校尉钟繇的威名。如果我一撤，示之以弱，关中和河东军民，全都得乌合反我，到时我们还想活着撤回去吗？这是不战而先自败啊。郭援这人，素来刚愎好胜，轻视我军，如若他渡过汾水扎营，我们半渡而击之，必可大克。张德容，你速速过河赶奔关中，游说马腾、韩遂他们不许附逆，速速赶来会击郭援。"

张既领命，骑着快马，西渡黄河进入关中长安地区，很快就到了马腾所在的地界。

之前，袁尚已派人来找过马腾，要求他应援郭援。马腾虽答应了，却一直按兵不动。此时，张既又来了。只见张既见到马腾，说："马先生，你是帮着袁先生好，还是曹先生好？"

张既见马腾没有说话，接着又说："现在曹操和袁尚相持于黎阳，好像打架的人一样，互相抱着对方的脑袋，就顾不了自己的屁股了。如今高干、郭援略地于河东，曹公虽然善于抱别人的脑袋，但也没办法保护好自己的屁股。将军诚能引兵东击郭援，与钟繇次长内外夹击，则郭援必破，曹公的屁股必得保全。将军一举，不仅断了袁氏的右臂，还救了曹公的屁股。使曹操从垂败之局转为战略优胜，那么曹公给将军的功名和委任状，一两片竹帛都写不完呐！你好好想想吧！"《三国志》中认为这些话是张既所说，而在《资治通鉴》中则认为是傅干所说。但根据上下文推测，应为张既所说。

见马腾还是犹豫不决，他的下属傅干进言说："智者能转祸为福，将军请三思。"马腾当即表示同意。

随后，两人歃血为誓。马腾于是派儿子马超率猎兵 1 万人与钟繇会合。

却说马超这人，有万夫不当之勇，时方 26 岁，身高已达 195 厘米，是个不折不扣的帅哥。但是人家就喜欢把自己打扮得像个女的，江湖传说锦衣马超，其实不懂，人家西凉民俗本来就喜欢穿点带颜色的。

马超当即整顿步骑兵，以骁将庞德为先锋，快速东行直抵黄河，看见黄河怒涛滚滚，在秦晋大峡谷底从北奔流南去，过了黄河向东，直奔山西平阳，见了钟繇，合兵向东几千米赶赴汾水西岸集结。

这时候，高干、郭援正沿汾水东岸北进，有数万人马，浑不知钟繇的生力军已经赶到。并州刺史高干是袁绍的外甥，是个辩士，打仗不是很在行，在行的是大将郭援。郭援说："现在，钟元常已经在平阳城下军威顿挫，意欲南窜，我们现在急欲渡河决战，和匈奴人里应外合，就能把钟元常迫死在平阳城下！"

有一个部将劝阻说："将军，大众一起渡河，受水流影响，难以保持战斗队形，如遇敌人截击，势必见窘。不如先派小部队过河，建立和巩固起一个滩头阵地，然后我们再过河不迟。"

郭援说："钟元常无能鼠辈，怎敢主动前来迎敌？"

然后也不管下面人怎么说，郭援命令，众将休得多嘴，大军都给我渡河，违令者斩！

很快，他的军队就像挂面条，下到水里了，走着走，就泡软了。刚刚有半数的软面条，拖着湿裤子，过河去了，忽然之间，就见对面丘陵涌出大量西凉马队，乌云翻卷般奔来。

战场上，单打独斗不是重点，排成方阵纵横冲锋的威慑力才是真正令人恐惧的。西凉1万军马结阵冲锋，黑压压地挥舞着短柄刀和长矛扑来，侧翼还有钟繇的几千步骑兵，直把那毫无阵列、湿漉漉的郭援湿兵吓得往水里倒退。郭援兵想组成阵形，但是没有回旋余地，只能背水迎战，大相纷扰，虽然人多，但是都被骑兵挤在中间砍死。水里的后继者们，队形受河流影响，变得乱七八糟，一看前面挨揍，军心大乱，你推我撞，纷纷沉入水底。

一切都在刹那间发生，郭援正在惊慌无措之时，西凉军后面又扑来一只大兵，这正是呼厨泉的匈奴兵，扑救郭援而来。匈奴人轻弓掩射，草枯蹄轻，还有独门兵器泥弹丸、流星石锤，真够生番的，打得西凉骑兵纷纷抱着鼻子掉下马来。

趁这时间，郭援赶紧组织自救反击，在岸边选择有利地形结阵固守。面临灭顶的敌军，郭援军也做了殊死抵抗，弩兵们跪在地上，把乱箭丛丛释放，这些并州兵叱咤前扑，殊死而斗。

最终决定这场恶战胜负的，是马超的先锋官庞德。此人勇力不及马超，但是比马超敢玩命，每次陷阵杀敌总是冲在最前面，他在千军万马中遇见一员袁军大将，当即扑上去捉对厮杀，被砍下人头。袁军一看这袁将的脑袋下岗了，很快就阵崩兵溃，高干在河的那边，落荒而走，匈奴王呼厨泉则还在放箭。西凉兵围上去朝着呼厨泉放箭，但是故意不射准了，引诱呼厨泉多射，终于他把自己的箭射光了，正准备捏起马粪继续来砸击敌人时，被西凉兵一拥而上，俘虏了过去。

战后清点俘虏和死尸，人们却发现郭援失踪了。众人都对钟繇说，郭援死了但是找不到他的尸首。略晚时分，庞德从战场上回来，从装弓的弓囊中拿出一个血淋淋的人头，钟繇一眼看见了，当即哭起来："我的外甥啊，呜呼……哀哉……哇啊！"

庞德这才知道自己杀的那袁军大将就是郭援，连忙向钟繇谢罪。钟繇收了哭声，说："郭援虽然是我外甥，但也是附逆的国贼啊，将军何罪之有？"

事后不久，马超被曹操上表献帝封为徐州刺史、偏将军，这是很大的官了，可见曹氏对这次胜利的重视。

至于呼厨泉，被俘以后投降，曹操把他的南匈奴继续"分而治之"，分成五部，其中一部就是呼厨泉之前一任单于的儿子刘豹。公元304年，刘豹的儿子刘渊建立了汉王国（后改国号为赵，史称前赵）；10年后，其孙刘聪杀晋怀帝，灭亡西晋。

第十一章

邺城

——二袁与一曹的终极对战

公元 203 年的前几个月，曹操一直在追赶战败的袁尚、袁谭的军队。到了邺城以后，在城南夏天的漳河边，袁、曹两家各自若有所思。

漳河可不是条简单的河，它横贯东西，把河北、河南划开，成为两省分界。冀州的州治邺城，就在漳河北岸，是袁绍及其儿子们苦心经营多年的大本营。

漳河水暴躁，是古来有名的。据说是因为这里的"河伯"脾气不好，解决方法是每年送一个漂亮大姑娘给他，也就是西门豹治邺时所制止的那个陋习。曹操崇敬西门豹这个铁手腕的法家人物，后来要求自己的墓地要和西门豹祠堂挨着。

这时候的曹操离死还早得很，时方 48 岁。他命人举起镰刀，把邺城外的麦子，全给抢着收割了。

袁尚说："时间到了，曹寇师老已疲，深入我境，正是当年我爸爸攻打官渡时候的再版，现在咱们可以出兵了。"

于是大军从邺城杀出，把曹操杀得逃回了许都。

《资治通鉴》上认为，这是郭嘉给了曹操建议，让曹操带着兵马离开邺城的。

郭嘉从前曾经侍奉过袁绍，了解那边的底细，所以每次出的主意都切中要害。曹操闻言称善，于是南撤，摆开军队跑到许都以南 70 千米的西平驻扎，嚷嚷着打刘表，但也不去打。顺便说一句，这次曹操北上和袁尚相持于黎阳，为了怕刘表从背后偷袭，就唆使江东的孙权去攻击刘表，小孙也正有父兄的夺荆州之志，所以列队去打荆州江夏郡的太守黄祖，从而牵制了刘表北上。

曹操走后不久，城外驻扎的袁谭对袁尚说："大将军啊，我的装备都旧了，你得给我升级啊。前次就是因为铠甲不好，在黎阳被曹操所败。现在曹操败退南逃，我们赶紧追上去，追到黄河，趁他半渡而击之，必令曹军大溃。”

袁尚和审配一合计，想换装备？你们本来就只是我们的外援，要什么升级武装？想趁着共御外侮的时机壮大自我啊。要新的铠甲没有，赶紧让他回青州自力更生去吧。

袁谭闻讯，咬牙切齿，我帮你守了冀州，你总得给一点好处吧。他旁边的心腹，曾经在官渡之战时列名为都督的颍川人郭图，还有辛评赶紧挑拨说："将军，您从前本来是继承人的，都是审正南在先君面前反复构陷，才使得先君看你不顺眼，把你过继给您大伯的。这事地球人都知道，审配是罪魁祸首。"

袁谭听后哆嗦了好几分钟，气得好像一壶烧开了的水，抬起头吐着泡说："传我命令，所有军队猛攻邺城，攻破之后，听凭瓜分。"

袁谭的军队当即猛攻邺城外郭门，袁尚指挥应战，把袁谭打得丢盔弃甲，往东逃向自己的青州。半路上他又被袁尚击败了一次，杀得袁谭军尸横遍野。袁谭也在半路报复冀州百姓，屠城杀吏，放兵抄掠。

袁谭逃回青州平原国，青州副州长王修赶紧跑来增援，其他青州郡县则干脆多趁机反叛了。袁谭说："现在举州背叛，难道是我品德不够好吗？王别驾，现在怎么做才能打败我弟弟？"

王修说："兄弟就相当于左手右手，就好比谁要去跟人打架，却先把自己的一条手断了，然后再对外宣称，我们要获得胜利！您觉得这有可能吗？你们兄弟不相亲相爱而相打相杀，天下谁还能亲你啊？所以郡县都叛啦。肯定是一些谗佞之人，想趁着你们相搏之时在中间发财，您不要听他们的谗言啊！最好您能杀几个这样的佞臣——如郭图什么的，然后你们兄弟重新相亲结好，以御四方。"

袁谭气坏了，你这是出主意吗？但他知道王修这人忠心耿耿，也不加责怪。继续嚷嚷着要跟袁老三打。

这时候，袁尚乘胜东来围攻平原。袁谭的残兵折腾了半天，逐渐失去了主动。

袁谭郁闷了几天。这天，郭图进言道："我们找曹操求救吧。"袁谭非常气愤，当即把郭图送进了监狱。可过了几天转念一想，又将其放出来了。袁谭说："如果我去找曹操求救，谁人可使啊？"

郭图回答："辛毗辛佐治素来跟曹操相好，他哥哥又见在袁尚的邺城中押着，派他出使，可马到功成。"

辛毗，字佐治，这人随着他哥哥辛评跟随袁绍多年。曹操听说辛毗有两把刷子，曾以朝廷名义征辟辛毗到许都做官。辛毗自然走不得，但是跟曹操就属于有缘，是亲曹派了。辛毗当即领命，化装成放羊的，跑到了西平（许都以南 70 千米）。曹操正在这里驻扎，辛毗一来，两人少叙寒暄，辛毗当即把来意说明，曹操大喜。

但曹操的部将们却不买辛毗的账，纷纷说："最近刘表的荆州年年谷物丰收，四方之人都来归附，形势如同太阳冉冉升起。趁着如今我们还可以战败它，赶紧进攻吧！等以后就不好办了。至于袁谭、袁尚，让他俩再互相掐一掐再说吧，明公何必过去给他们劝架呢？"

但曹操的智囊荀攸则持不同意见。荀攸说："方今天下有很多机会，而刘表坐在江汉之间，从不'买进'，也不'卖出'，他没有四方之志，可知也。袁绍据有四州之地，素来待士大夫豪杰以宽，因而颇有人气，倘使他两个儿子和睦以守老爸的基业，而且冀州粉丝们继续给他们面子，则天下分裂之难未可息也。如今他们兄弟相恶，其势不能两全，肯定要有一方'收购'另一方。如果等他俩未来'并购'在一起，则力量强大，难以图也。现在趁二子方乱而攻取之，则天下可定，此机不可失也。"曹操深以为然。

但是，接下来的几天部将说："谁能保证我们北上，刘表不会也北上？谁能保证袁谭是真的求和？"

曹操觉得部将说的也有道理，当即决定，还是按照原计划，南下打刘表吧。

很快，曹操再次置酒招待辛毗，会上顾左右而言他，不谈袁谭的事。辛毗看这帮人根本没有北上去冀州的意思，就在宴后偷偷去找郭嘉。

郭嘉也是颍川阳翟人，跟辛毗同城，这地方素来出大商人（比如吕不韦）。当初郭嘉在袁绍那里的时候，跟辛毗本就认识，临走的时候还劝辛评、辛毗、郭图这帮老乡："商人要善于找投资项目，聪明人要找对自己的主子。袁本初光是效法周公礼贤下士，但是不知用人之机，多端寡要，好谋无决，这个项目肯定做不成，你们都跟着我去投曹操吧。"多端寡要就是考虑问题顾虑点太多，找不到关键要素；好谋无决就是喜欢跟人商量谋划，爱征求意见，但是在众多对立建议中自己做不出最终决策。二辛和郭图看不到袁绍这个缺点，现在辛毗已经开始后悔了，见了郭嘉便说："奉孝兄能见事机，我等不敏，终于这个项目要成烂尾楼了，现在曹公有这么好的北上的机会不取，真是可惜啊，奉孝兄拉兄弟们一把吧，都是同乡啊，我哥哥还在邺城关着呢。"说罢，便哭了起来。

郭嘉当即去找曹操，为之陈词，力主北上，趁机夺取冀州。

曹操听了，说："既然奉孝也持这个主张，我就再跟辛佐治谈谈。"

于是当晚拉来辛毗，再次恳谈。辛毗心想，成败在此一番言论了。

就听曹操问："袁谭求和，到底是真是诈？孤北伐袁尚，能否必克？"

辛毗说："明公不必问袁青州是真是诈，直看他的形势就可以了。袁青州和袁冀州敢相打，就是说明他们是不怕别人趁机渔翁得利的，而自认为天下必被自己所得。所以，袁青州此时突然请您相救，其心思自可知也。袁尚围攻平原却不能拔取，说明他已经力竭。明公若此时进攻邺城，则袁尚势必还救，袁谭则追攻其后，以明公大军神威，必克力竭疲敝之袁尚，犹如秋风横扫落叶一般。方今冀州连年战伐，甲胄破敝，加以旱灾，饥馑并行，国无仓储，军乏粮草，天灾发于上，人祸激于下，正是天亡冀州之时。上天把袁尚送给明公，如今明公不取，却奔荆州。荆州国丰民乐，内部没有裂痕，明公如何能仓促之间夺得下。且四方之寇，莫过于河北，河北平，则您六军盛而震天下。"

这话说得真真切切，不是为了袁氏家族考虑，而是专为曹操设计的叛徒版的"隆中对"了。袁谭能派这样的人去联曹，也真是没谁了。不过，虽然他乱说，最终目的却达到了，袁谭暂时也没算吃亏。

卖主求荣的辛毗走后，曹操当即命西平大军调转马头，向北。在 203 年的隆冬十月里过黄河，入黎阳，威胁邺城。袁尚当即解了平原之围，还保邺城。曹操见无机可乘，也就身还许都，准备明年再来。

阳平郡位于邺城和平原国之间，守这个郡的两个袁尚部将吕旷、吕翔，正好趁着这次曹操北来，就都投降曹操了。

袁谭则执行了郭图的策略，即在曹操北攻袁尚的时候，将袁尚的败兵纷纷收来，以求未来对抗曹操。所以按照郭图的意思，袁谭偷偷给这二吕送去了委任状，让他俩暗中追随自己。好在未来跟曹操决战的时候，两人能帮袁谭。

这时候，袁谭已与曹操讲和，或者说是联盟了，他还搞这样的小动作。但曹操很快便知道了，他笑道："我知道袁谭定会有点儿小小的阴谋啊，想让我去跟袁尚火拼，趁着我疲敝了，再来攻我。呵呵，我胜袁尚败，有何疲敝可乘。"很显然，这段话直接否定了郭图瞎说的策略。

部将说："那吕氏二人，已然阴受了袁谭的将印，我们该怎么办啊？打他们吗？"

曹操说："不然，我们不能对二袁双线作战。我这就把我的儿子阿整和他袁谭的闺女阿袁求为婚姻，以固袁谭之心。"

于是曹操敲锣打鼓地把迎亲的喜报送到袁谭那里，袁谭以为曹操尚不知晓自己的小动作，闷在屋里乐，盘算着自己就快揪着头发上天了。

到了次年，即公元 204 年二月，袁尚、袁谭这对冤家又掐起来了：袁尚东出邺城，以审配、苏由守邺，亲自再征平原。

这就不对了。方今曹操大兵压境，你再去跟老大相争，不是等着老家后院起火吗?

　　但是在袁尚、审配等人看来,也许是这样想的:现在只有主动出击,打垮了袁谭,才避免自己与曹操、袁谭一南一东双向受敌。所以打袁谭,势必先行。

　　至四月,曹操派曹洪守许都,亲自带着张辽、乐进、徐晃、李典、张郃等人,并让夏侯渊督运豫、兖、徐三州军粮,浩荡杀奔邺城而来。一路破城降将,直扑到邺城以南的 2.5 千米外扎营。

　　曹操知道,攻城是很难的事情,便问了句:"我们在邺城里有内应吗?"

　　河内太守魏种说:"我一贯负责河北军务,早已在邺城内建起了内应。我这就放风筝,让他们邺城副统帅苏由带人来降。"

　　于是,邺城里面就看见风筝了。

　　苏由立刻汇集部众到寺中(苏由不是和尚,由于东汉当时的官署多叫寺),准备起事。

　　结果,审配的人听到了苏由起事的消息,便派人员杀苏由。苏由仓促应战,从后门被杀出来,一路往农贸市场逃。最后苏由农贸市场也没守住,败出城门,带着兵冲出去,投奔曹操大营去了。

　　曹操一看内应计划失败,便命令大军前进到邺城城下,堆起土山、挖掘地道。

　　土山高啊,兵士们从土山上架起抛石车,把城头的工事砸得七零八碎。与此同时,曹军趁机从下面蜂拥攻城。审配便命令军民一起动手,把城郭内侧被砸毁的破房子都拆了,然后将木石砖块搬上城墙,冒着被飞石砸中的危险往下砸攻城的曹兵。用完之后,就继续拆民房。最后打得曹军死伤惨重。

　　曹操见状,就命令掘子军,从外面开始挖地道。掘子军在地底下,东拐西拐地挖着前进,也不知道会在哪里开口。审配就在城内也修挖了一圈沟堑,每当有人从地道里挖过来了,刚一冒头,就被乱毛长槊扎死。

另外，审配还主动进攻。他们事先在城墙上，每隔几百步修一个暗门，就是一个墙洞，但是留下五六寸厚不凿穿。到了半夜，精骑会突然把暗门推开，突出城外，骚杀曹营。所以这门也叫突门。不过也有不小心的，如突门将冯礼骑着马冲出去太远了，结果踩在曹操设在营外的铁蒺藜上，扑倒在地，被曹军俘虏。

经曹操吓唬，河北的降将们一劝，冯礼立刻决定投降。然后，他顺便将 25 个突门的位置都告诉了曹军。夜里，冯礼带着 300 名精兵，一起去偷袭。准备从突门进入。但没想到的是，审配早已做好准备。这些人都在突门一个个被巨石砸死。

当夜，曹操捻着胡子想，人力是不可为了，但是大自然可以战胜人力。第二天，曹操把数百随军民工召集过来，说："现在你们就围着城挖沟，好好挖。"

因为并未说能给什么好处，所以民工们根本不出力，挖了一天，挖得只像一个猪圈的地基那么深。

审配从城上看见了，笑着说："曹孟德搞的这个小小工程，何时才能竣工交付使用啊？"

旁边部将说："依我说，我们现在就冲出城去，把这些民夫和铁锹都给抓来，然后把他们都挂到城上去。"

审配说："不忙，且让他们慢慢挖着，我们也趁机赢得些时间，修缮城上的工事。"

到了夜晚，月亮出来了，明晃晃得好像一个工地上的探照灯，曹操跑到沟边，对民工们喊："现在我决定，使用现钱。倘若明早竣工，一人 200 文现钱。全部战士也都出来，军民加油，明早不能竣工，谁耽误了时间，全部就地斩首！"然后说完，把一口百炼钢的大刀交到许褚手里，说："交给你用，这刀磨好了以后能砍多少人？"

许褚瞪着大眼说："砍上一两千人，也不会卷刃。不过我不太喜欢砍，我喜欢用手拧！"

诸将校民夫一听，"呀"地一缩脖子，赶紧猫着腰使劲挖起这围城沟。

第二天一早，太阳出来了，审配登上城头一看，马上倒吸一口冷气，就见城外一个深 2 丈、宽 2 丈，周长 20 千米的大沟堑，已经一夜之间挖成了。审配咬牙切齿，这个奸曹，欺负我们河北人傻啊。刚要挥动战士，出城去破坏沟堑。就见曹操喊："准备好了吗？开始！"

不知什么时候，曹操的民工们已经挖好了漳河到这条沟的坑。只见曹操一声令下漳河水带着河伯的虾兵蟹将，全灌到大沟堑里去了，再想出去毁沟堑，哪还有可能啊？从五月开始，邺城被关在这一圈水里，一直封到了七月。

于是城里的人饿死了一半，剩下的人则再次开启了人吃人模式。

到了深秋，已将袁谭击败的袁尚回归邺城，他不仅夺了大哥的平原城，还带了一万多得胜的疲惫思乡兵，哗哗地骑着马，回奔而来。

没到之前，袁尚想让审配知道自己已回，便要主簿巨鹿人李孚装成曹军武官进城。到了章门，他命令将围城的曹军士兵捆起来，然后由城上的士兵将他们带入了城内。在城内，审配见到李孚百感交集。与审配交代完，当晚李孚化妆成降兵，穿过曹营突围而出。

曹操的探马得到消息，一路风尘地把这个动向报告回来。曹军将士闻讯，无不大惊："坏了，我们劳师攻城，半年钝挫未下，反倒把袁尚的生力军等来了。兵法云，归师莫厄。这些人为了回家，人自为战，我们根本挡不住，不如赶紧渡河回河南吧。不然晚了，就交代在这里了。"

曹操也很慌张，袁尚得胜回来，士气正旺，我们恐难当其锋锐啊。曹操捻着胡子说："大家莫慌。如果袁尚从东方大道而来，我们就赶紧回师。如果他绕道从西山而来，那我们一定不回去，必把袁老三生擒活拿了！"

众将不明不白，曹操也不解释。赶紧派出一批批的侦察兵，上路查看袁尚军动向。最后，陆续都跑回来了，说："报，报，报告，袁尚现依西山而来，现已据重城邯郸！"这里说的西山就是太行山。

曹操大喜，大会众将文武，通报了情况，接着他说："各位，孤将不日得冀州，你等可知否？"

诸将糊里糊涂地。心想，估计这又是曹操在用望梅止渴的办法骗我们呢吧，都说："不知。"

所谓望梅止渴，就是有一次曹操行军，军兵越走越渴，派人前后左右乱跑都找不到水源。曹操传令三军说："传我的命令，前面有一大片梅林，梅子丰饶，甘酸可以解渴。"士卒们一听，都把嘴巴酸得哇哇地流着哈喇子，就凭着这股哈喇子，士卒们一直走到了一片绿洲，终于喝到了水。

不过这种术用多了不好，以后再说话，人家就不信了。诸将们皆不明如何破敌。曹操说："不出几日，诸君就能见我大胜。散会。"

会后，南阳人许攸要和颍川人荀攸比试一下谁更有智谋，就拦住荀攸问："请问，曹公说自己将不日大胜，原因何在，你知道否？"

荀攸固然知道，但就是不说，说："不知道。"

许攸露出得意和不屑的神色："这个很容易知道的嘛。如果袁尚取东方大道而来，说明不计安危，不惧阻截，有必死奋战之心。如今取道西山而来，说明他有依险自全之心，其斗志不强，惧怕曹公，暴露无遗啊。呵呵，荀公达善画奇策，却也有智者万一之失啊。"

荀攸笑了笑，心想："许子远喜欢显山露水，出名挂号，吾知其死不远矣。孰若我平生耻露囊中颖，垂老甘同爨下琴。"于是更加坚定了自己内智外愚的保身路子，坐等看许攸的好戏。

袁尚一万余河北兵绕着来到邺城以北 17 里，侧临着滏水下寨——这样，自己的侧翼就不会遭受攻击了。这哪像是"归师莫厄"啊？这样的归师，倒像是随时要逃走似的。然后，袁尚命令点起火把，让城中看见他们来了。审配大喜，赶紧也点着了火，表示赶紧择日里外夹攻，突围吧。

　　审配把所有能动弹的大兵都集中在城北（漳河在城南，所以这里的水势小些），同时袁尚也在北面全军动员，准备帮着审配突围而出。曹操分军两部，与南北两方袁军展开大夜战。战旗猎猎，战鼓隆隆。曹军以优势兵力，把审配的军队给堵了回去，令他们纷纷落在沟堑的大水里。接着又奋勇逆击犹犹豫豫的袁尚军，大破走之，一路把袁尚追到了滏水营外。袁尚果然心无斗志，见到自己在水边的大营将要被围了，遂派出阴夔、陈琳两个人去曹营请降。阴夔是从前袁绍任命的豫州刺史，陈琳则是个搞文学的，现在冀州的名臣猛将在官渡之战几乎都死光了，袁尚只能来回扒拉，找到这样两个没名气的"土豆"了。

　　两人到了曹营，曹操一听写檄文骂我的陈琳来了，马上微笑着接见。说："我这是奉王命讨逆，不敢以私废公。给我加紧了挖沟围困袁尚大营。"阴夔、陈琳回去报告了情况，袁尚心说不能被困死在这里，当夜率众突围遁去，跑到西山下扎营。不一会儿，曹操又来了，袁尚出兵决一死战，结果部将马延等临阵投降，河北之士锐气已尽，军众大崩。袁尚则骑着马被溃军裹着向北逃窜。

　　一路上袁尚几乎将所有的辎重都丢了，甚至连印绶、符节、斧钺都丢了。曹军挑着捡到的袁尚的衣服、节、大钺，还有一堆五花八门的大印，齐聚到邺城北门外，让邺城兵看他们的老大"遗物"。然后一起喧哗："你们的，老大已经死于乱军啦，找不到整块儿的了，你们就看看这些衣裳吧！"

　　城上袁军看了，立刻全部神经崩溃。一场战败对于士气的打击，远远大于对物质力量如城垣的伤害，审配赶紧让军士们下来别看，然后举着拳头，给将士们打气："各位只消坚守死战就好，曹军已经疲惫不堪。幽州刺史袁熙不久就会带着军队前来，你们何忧我们冀州无主？"

　　军士们一看审配这么刚硬，无奈之下只得继续摇摇晃晃地守城。审配说："把咱们的重弩都拿出来！"

弩是在弓的基础上又加了个垂直的木臂，可以拉开弦挂在弩臂上，需要时一扣扳机就可以发射。弩的好处是可以长时间举着瞄准而不射，但弓箭一旦拉成满月，瞄不瞄得准都得射出，否则胳膊就吃不消了，所以弩的命中率要比弓高，更适合于伏击和偷袭。而且弩的弓体的弯曲系数更高，需要用脚踩着弓干用双手拉弦上箭，射程超远，力道极大。

曹操这一日大举行围，准备把邺城一举拿下。曹操也亲自指挥，待在大石头够不着的位置，捏着一张纸做话筒使劲地喊。忽然就听城上一阵梆子响过，弩箭的声音呼呼裂空而来，曹家军校还没来得及反应呢，箭雨便铺天盖地而来，山呼海啸一般，大片大片的曹家士卒纷纷倒扑。曹操刚要扭头看个究竟，就见一只恶弩，野蛇一样摇摆着飞来，擦过曹操的眼角，正中曹操身后的副官，曹操吓得一下子扔了纸话筒，倒栽下马去。军校们都慌了，忽地扑上来，赶紧扶起曹操来一看，曹司空还没死，就是跌得鼻青脸肿。大家急忙将其抬走养伤。

这箭正是审配命人用强弩瞄准后发射过来的。

八月初，曹操下达了攻城的死命令。曹家军校组成东西两个突击集团，在抛石机炮火的掩护和如坦克般的冲车支援下，发起猛烈冲击。正在此时，负责守卫邺城东门的审配的侄子审荣，竟然打开城门，大放曹军进来。曹军迅速突入城内，展开激烈的巷战，打退邺城守军步兵、马兵的多次联合反扑，后续部队接着源源跟进，向邺城纵深发展进攻。

审配站在东南角楼上，一看形势逆转，跌足大叹。西方激战一直到黄昏，审配才击退曹操兵团数十次冲击，歼敌数百千人，终于弹尽粮绝，被曹兵生缚了过去。

曹军押着审配，经过一群群开始乱抢乱夺城内民户的曹兵身边，出了城，往曹操的城外大帐去走。辛毗这时候已经哭完回营了，听说抓住审配了，赶紧跟族人出营门迎着扑上来。他一边举起马鞭子照着审配搂头盖脸就猛抽了下来，一边骂道："奴才！你今天真的要死啦！哇！哇！"

审配扬着带血的脸，说："狗辈，汝曹破我冀州，恨不得杀汝也！且汝今日能杀生我邪？"在这里，杀生是一句俗语，意思是决定杀还是活之。

过了一会，能决定其杀生的又瘦又黑的曹操出来了。他升帐坐好，命人带进审配。审配进来，昂然不跪，凛然严峻，有不可犯之色，望之可知为正人君子也。曹操不禁为之讶异。

曹操说："知是谁开了卿的城门吗？"

审配说："我不知道。"

"自是卿的侄子审荣啊。"

审配说："小儿不足用，乃至于此！"

曹操沉吟了一会，没话找话说："前日孤行围，何以弩箭如此之多也？"

审配说："恨其少耳！"

曹操抿了抿嘴，又说："卿忠于袁氏父子，也是自不得不尔也。"是你身不由己啊。这话分明是有意要令审配活了。

结果审配根本不接这话茬，声气壮烈，始终没有一句软话。这时候，辛毗在旁边使劲地哭，要求曹操给他做主，他杀了我哥哥的全家啊，哇……曹操叹息了一下，终于见审配没有降意，只得命把审配推出去斩首了。旁观的曹家军将见了，无不叹息。

唯独敢笑话他的是一个降将。审配被捆着出了帐门，正遇上降将张子谦。张子谦素来跟审配不睦，这时候看审配被捆着往法场去，笑着对审配说道："审正南，卿终究竟比我如何？"

审配厉声说道："汝是降虏，我是忠臣。虽死，岂如汝这样苟生！"

张子谦讨了一大红脸。

审配来到法场之上，在临刑之前，张目戟髯叱声对刀斧手说道："我要朝北跪着，我君在北！"此时袁尚在中山国。

一代烈士，花落永恒，和河北关靖等人一样名扬青史，他们都立有皎洁的意志，不欺其志，在维护其精神上的东西这方面，他们是倔强的。

曹操杀完了审配，正在抑郁叹息。这时候，刀斧手把陈琳也给押上来了。曹操笑了，说："陈孔璋，卿从前为本初写进攻我的檄文，何以好像有那么大仇怨地骂我啊？"

陈琳在绳子里拱手说："我骂您，也没办法啊。既然要打你，就不得不先骂你。"

曹操说："只要骂我自己就可以了，恶恶止其身，何必上溯把我的老爸和老爷都给骂了啊！"

陈琳赶紧谢罪："这个确实过分了，我当时主要有些骂人的好词儿，不用上太可惜了。"

曹操笑而留下陈琳，爱其才，而不究其罪。

起初，袁绍和曹操一起举兵，袁绍问曹操："如果事情不能成功，那么哪个地方可以占据？"曹操说："您的意思如何？"袁绍说："我南据黄河，北倚燕代，招揽北方戎狄的民众，向南争天下，大概可以成功吧！"曹操说："我使用天下的智谋和力量，用道来驾驭他们，在什么地方都行。"邺城之战正是这段对话的最终实践结果。

第十一章

曹丕曹植争甄宓

在这里，我想问一下大家，为什么审配、沮授这些人，都如此忠烈？仅仅是因为河北人气质刚烈吗？

这就要从先秦时代说起了。那时的中国是一种分封制下的贵族政治，或者也可以说是一种弱专制社会。周天子分封诸侯，使诸侯国君向周天子效忠。而诸侯国内部，又把土地分封给卿和大夫，卿大夫作为臣子又要向诸侯国君效忠。他们都是贵族。同样，当时也没有后代意义上的郡县，只是由贵族掌握许多封邑，他的家臣来治理这些封邑。家臣们只向贵族卿大夫效忠，而不问国君是谁。这是一种二元化的君臣关系，国君与卿大夫贵族之间是君臣关系，卿大夫贵族与家臣士人之间也是君臣关系。虽然最后由秦始皇统一六国，改封邑为郡县，但是绝对的君临天下，一竿子捅到底的绝对的集权帝国并不是那么快就能形成的。譬如在西汉初期，就有大量的诸侯王国，他们在自己的领地内，实际上仍然是"君"。即便到了东汉末年，距离秦始皇已经 400 年了，仍旧带有很强的这种君臣关系二元化的色彩。当时的郡守，就是这个郡的"国君"，县令就是这个县的"国君"，所谓"郡朝""县廷"的意思，就是把郡县的衙门当作了"朝廷"。实际上，汉朝的郡守通常被比成诸侯，县令也被比作国君，县则常被称为国，县民称作国人。

可见这时的郡县，仍然带有很大的分封制诸侯王国色彩。郡守和县令可以自己任命下属官吏，官吏有很强的向主子（郡守县令）效忠的意识，称他们为"君"，犹如君臣一般。其关系，犹如贵族卿大夫和家臣之间，是一种私家的效忠。这也是历史惯性延续的必然。

这就是为什么审配这样的忠臣，要为自己的主子效死。这其实是很有先秦士人家臣向贵族卿大夫家效死的特色和历史遗传的。

基于对袁绍的背景认同，即都是豪强、名族士大夫的代言人，曹操就亲自到了袁绍的墓上，对他祭奠哭泣了一番。他和袁绍有着什么深仇大恨呢？没有。都是早年的玩伴，士大夫的翘楚，豪族的精英，所谓物伤其类，曹操对于袁绍的死，心中有着不可忽视的悲哀。袁绍与其说是他的敌人，不如说是他的战友，都是豪族崛起添补皇权软弱所留出的政治空间的踊跃参与者。而且从早期的经历来看，他其实一直是袁绍的部将。他所实现的，不过是袁绍未能实现的东西。而且，类似审配这种家臣忠于主子的当时的价值观，也使得曹操必须对从前的上级袁绍，表达自己的形式上的尊重和哀泣。

曹操摆上供品，对着袁绍的大墓哭泣，直到流出眼泪。然后，蒙住泪眼，发表了墓前讲话。

曹操哀哭长歌，最后站起来，握手慰问了旁边的袁绍遗孀刘氏。

曹操回去以后，命人把军士们从袁绍家里抢走的珍宝靡丽之物全部归还，还另外赐给刘氏和袁家杂缯絮（因为当时快秋天了，棉花还没有引进，这些东西是填充夹被的），并且发了粮票，可以从州里粮库领粮食吃饭。

在政治风浪中碰得头破血流的袁氏一家，从此算是解脱了，再也不必担惊受怕，只要踏踏实实去当老百姓就行了。

再说曹操的二儿子曹丕，时年 18 岁，出生的时候就不走寻常路。他妈妈卞太生他的时候，产床上有青色云气像车盖一样笼罩着，终日方散。8 岁的时候曹丕就能够写文章和小说，而且骑马舞剑的体育运动也是一流。曹操的诸儿皆秀发，比曹丕小 2 岁的三弟曹植更是少年作家，写的文章连他爸爸都怀疑是他抄袭的。至于背诵《诗》《书》《论语》等经典，在十几岁时就不在话下。

这一天，秋日的晴空万里。18 岁的曹丕，领着 16 岁的曹植，还有其他几个小弟弟，由大胡子凶神许褚拎着斧子在旁边保护着，在邺城的官寺区里逛游。小弟弟曹勤贪玩，一路闹哄嚷嚷着："大哥，带我们去玩吧，你看哪儿景色好？"

"我们去袁大大家里玩，袁大大家里都是奇花异草，你看看有多阔气！"

于是一干人就往袁绍的府里去了。

进了袁绍的家，大家才发现这里真是大啊。里面游廊美阁，目不暇接，在正中主房的堂室下面，正坐着两个人。所谓堂，你可以想见把一间大瓦房的前脸拆了，换成四根柱子，就是堂。当时的人喜欢坐在堂上，看云起云落，看累了，就到两旁的卧室里去休息。

这坐在堂上的两个人，其中一个老的，头发有些蓬乱，服饰上却讲究，像是个阔太太。可能是家里遭了丧，所以不注意梳头发，以示对逝者的哀思。此人正是曹丕认识的刘寡妇。在她的身后站着个女子，也没梳头发，甚至是披发垢面，脸上都是泥。一看有一帮小男人闯进来，身后的女子一下子慌了，吓得扑到刘寡妇的膝上，把头俯了进去。刘寡妇也慌乱不知怎么办才好，把两手相拊——这是东汉人表示无计可施时的习惯动作，类似我们挠脑袋，但东汉人不喜欢挠脑袋，因为头发太多，挠坏了还得重新梳，于是就互相拊手。

曹丕过去，说："刘大娘，您今天怎么不高兴？"

刘寡妇说："哎呀，是小公子啊，好哇，吓死我了。今天有几个像阎王一样的兵，进来乱抢，把他爸爸的金壶都给翻走了。"

"有这等事，待我禀告了我爹，给你们作主。咦，这个埋着头藏着的大姐是谁啊？"

刘氏说："呵，这，这是袁幽州的媳妇。阿甄啊，不要藏着了，不是坏人。"

阿甄埋着头说："不，不。"

曹丕说："阿甄姐何必这么藏着呢，把头抬起来吧。"

阿甄姐不肯，觉得这是男女之大别，死活不起来。刘氏就抱着她脑袋，像搬西瓜似的使劲往上抬。最后把脸硬给抬仰起来了。曹丕走到近前，一看，全是泥巴，好像刚从瓜地里摘出来的。曹丕从腰带上的小鞶囊里找出手巾，靠上去，把"西瓜"擦了擦，嗬！一下子艳光四射，星耀霞闪，光华夺目。曹植跟上一步忙问："神仙姐姐，你真好看，你多大了？"

甄氏对这个小弟弟倒感兴趣，说："23。"

曹丕气坏了，说："我先看见的，归我，不许你问，你这个破瓜（指16岁），还未成年。阿甄姐，他昨天还尿过炕。你懂不懂对大哥孝悌？"

曹植说："这刘太太也是你先看见的，也归你吗？"

曹丕气急败坏，不理他，说："阿甄姐姐，别理他，他女人多着呢。哎呀，姐姐，我今天才觉得脂粉没什么用，漂亮的人儿就是涂了泥巴也漂亮。"

甄姐姐笑了一下，又瞅了一下曹植，后者正急赤白脸地要哭了。

河北这地方，不但出义士，而且出美女，甄氏就是河北中山国人，属于从前战国时代赵国的地盘。古代赵姬多美丽，大约是因为赵地的北方居住了戎狄的异族，相互掠夺俘虏，于是就和赵人之间有了许多混血的美女，比如这甄氏。时人称她为国色，于是入选我们三国"四大美女"之第三。第一个是张绣的婶子张氏、第二是袁术的小妾冯小姐。

曹丕拦着众兄弟们说："今天的访问到此结束了，咱们都回去吧。"然后，急惶惶地就走了。找他父亲去了。

在随后几天发生的迎亲大典上，甄氏终于改嫁给了"爱意急躁"的曹丕，从此跟着曹丕伴寝随眠，并且未来生下了一个小皇帝，直到她人老珠黄后，被曹丕赐死。

第十三章

曹操与许攸二三事

曹操见袁家已大部分平定，便开始想改革的事情。决定后发了一道政府命令：

"有国有家者，不患寡而患不均。袁本初之治理冀州也，宽以治州，使豪强恣意，亲戚兼并。于是下民贫弱，没有路子可逃，只好替豪强显族代为交租子和赋税，把家产老婆和孩子都卖了，也交不净这租子。想让百姓亲附，替他卖命，炫兵于疆场，岂可得邪？"

这里，曹操把袁绍破败的根本原因给找到了。除了忌惮有能力的人、决策迟缓这些技术层面的问题，他宽以待士大夫（士大夫也就是豪强，都是从豪强家族中荐举、征辟出来的），这样固然使得士大夫豪族乐于为袁氏卖命，成为袁氏的粉丝。但是，士大夫豪强家族太凶猛了，往往无所顾忌地兼并百姓，叫被兼并的民众向他们缴很多租税，他们却不向国家缴税。还请托官府，叫官府把本该豪强缴的那一份，转摊派给其他尚未被兼并的小自耕农。结果把老百姓压榨蹂躏得生不如死。

但是，你把豪强士大夫给打击太狠了，这帮人也会反叛。所以，必须要掌握好一个度。正所谓"民能载舟，亦能覆舟"，这个民，其实是指豪族士大夫才对。其实在曹操统一北方后，也开始对豪族士大夫加以打压，最终酿成不小的事端，并造成了司马懿等人的崛起。这是后话不提。

但此时羽翼未丰的曹操对这些豪族怎么办呢？他随着这个政令一起下达了"重豪强兼并之法"，就是打击这些士大夫豪强。当然，这种打击是有限的，就是口头要求各郡县下去检察豪族名宗，不许他们隐匿人口和逃税。而对于"编户齐民"的老百姓的税，则尽量少一点，一亩地交4升，每家出绢2匹，绵2斤而已。其他杂税不许再收。

其中，一亩地交4升粮，是定额田租，似乎不如汉朝从前的按实际产量固定利率征收高级。其实不然。如果用固定利率收租子，增产就要增税，而定额收田租，增产不增税。农民便对改良土地、精耕细作和完善工具有了积极性。而且还减少了在厘定产量时被官吏敲诈的可能。另外曹操收的这4升，比汉朝固定利率田租制下按正常产量当每亩收取一斗左右少很多。

汉朝既有政策在固定利率田租之外还有人头税，即按人头收钱。于是老百姓为了少缴税，生了孩子就弄死不养。曹操改成按户收"税"，不仅鼓励了人们生孩子，且这个"户税"不像从前那样用钱来缴，而是绢2匹、绵2斤，这就少了被商人盘剥的机会，同时鼓励了农户发展桑蚕和手工业。总之是惠于编户小民的。

其实曹操这么转变也是必然的。他在兖州、豫州打天下的时候，需要依靠豪族士大夫；当他的地位开始上升，成为黄河南北的一个统治者，他的角色就慢慢和汉灵帝一样了。这些豪族士大夫是和"皇帝"抢资源（抢人口和抢税乃至抢地方政权控制力）的人，曹操自然要削弱这些人，而把天下尽可能变成皇帝可以直接控制的编户齐民，可以对之直接抽税征兵和管理的小单元网络。

还是有人希望帮着曹操成为皇帝的。这人名字是谁不知道，总之他跑来对曹操说："明公，您现在已经被皇帝诏封为冀州牧，不如趁机上表皇帝，请求恢复九州古制，按照九州古制，则冀州的地盘就能够扩大，这样您作为冀州牧直辖着广阔天地，则天下服矣！"

这里说的"九州古制"其实说的是《禹贡》中，冀州相当于东汉时期冀州、幽州和并州这三州的总和。

曹操听了很高兴。尚书令荀彧一直在后方主持朝廷，不怎么参与军机。这时候听说了，赶紧跑来劝阻曹操："你如果要恢复古制，那河东郡、冯翊郡、扶风郡、西河郡，以及幽州、并州，就都得并到冀州里，那同时也意味着得夺去很多人的地盘。如今您破了袁尚，杀了审配，海内震骇，人人自恐不能保住自己的地盘。您再宣布把刚才那些地方也纳入自己的直辖，这些人就会思变，联手抗衡您了。一旦其中有人生变，那首鼠其间的好人也得被裹挟着转向干坏事。您疲于应对，袁尚就趁机得以宽限死期，袁谭也必定对您生出二心，刘表也就得了机会把荆州坐稳，则天下就不平定了。所以，这事，还是先不办比较好吧。"

曹操听了，便只好把重新恢复大九州的事放到公文筐里"无限期延长搁置待办"那一栏里去了。

这里荀彧说的固然有些道理，打破均势后可能遭到别人的联手攻击，但我们有理由相信，他阻止曹操这么做，也是为汉献帝的利益考虑的。可见，荀彧渐渐和曹操在政治大方向上发生了偏离。不过荀彧是中原士大夫的士林领袖，曹操下面的文官重臣多是由他推荐的，曹操也不得不无法违逆他的意思。只是内心暗暗地且惊且闷。从此以后，除了在征刘表的事情上，荀彧就很少跟曹操筹谋策划，相与沟通了。是的，荀彧越来越右了。

这时候，许攸又来烦曹操了。曹操有了打压豪强以让老百姓舒服一点同时提高自己的独裁地位的意思，而许攸却还不知道这种转变呢。他还经常自恃是老朋友和功勋者，跟曹操开玩笑和搞乐子，经常乱摸已经开始越来越不可以乱摸的老虎屁股。比如，平时一班君臣吃饭或者开会的时候，许攸就开始相戏了："阿瞒，卿不得我相助，就得不到这冀州的啊！哈哈！"

曹操也只得笑着应道："哈哈，是啊，汝言极是。"然而曹操肚子里气得呐，你怎么又当众喊我小名啊。我都50多岁的人了，你不喊我曹司空，喊我小时候的小名，不把我当人了。你非要到我头上拉屎才好啊！

结果，许攸喊小名喊上了瘾，经常当众喊小名和曹操开玩笑。曹操心想，你平常也乱喊别人小名吗，没有人经常扁你吗？

俗话说：将军额上能跑马，宰相肚里能撑船。曹操暂时也不便发作。

这一日，曹操带着一群文武随从出邺城东门，许攸也在里面跟着。许攸走出东门，回头看了一下，对左右人说："此人非得我，则不得出入此门也。"意思是，全靠着我，他才有今天这么耀武扬威。

有人听到了许攸这句话，觉得很有创意，就报告给了曹操。曹操于是不犹豫了：这样的人留着有什么用！传我的命令，把他抓起来。许攸被收进监狱后，不久就被杀了。至于找的什么罪名，就不知道了。

当然，曹操也没忘记在南方的孙权。因此他下文要求孙权保举自己的子弟到朝廷做郎官。

消息传到江东，孙权立刻召集部下商议。张昭和秦松等人犹豫不决，不知如何是好。最后，孙权只得与周瑜一起去找母亲吴夫人，由吴夫人来定夺此事。

周瑜说："周初，楚国刚刚被册封时，只有不到 100 里的地盘。但楚国的子孙们贤明能干，广拓疆土，终于占有荆州、扬州等地，传承基业延续爵位，足有 900 多年。如今将军继承父兄的基业，拥有六郡的民众，兵精粮足、将士听命。正可开山采铜、煮水制盐，令境内富饶，人心安定，有什么必要去送人质呢？况且，人质一旦送去，就只能跟着曹操的脚步亦步亦趋。将来下令征召便不能不去。这样就等于被人控制，最多不过得一侯印，仆从十几人、车几辆、马几匹，怎比得上南面称孤呢？所以说，不如不送人质，静等时局变化。如果曹操是个遵循道义治天下的人，再与他相交不迟；如果他图谋暴乱，将军恰可举兵北上，以有道诛无道。"

吴夫人说："周瑜说得很有道理。他和你哥哥是兄弟，我都把他当成亲生儿子看，你应该多听听他的意见。"

最终，孙权拒绝了曹操送人质的要求。

大家可以看出，孙权的这一行为和当年曹操拒绝袁绍是何其相似！

　　无独有偶，在西南的刘璋也接到了通知。但通知他的不是要送出人质，而是直接将其益州牧职位革除，改为朝中当卿。他的益州牧之职由五官中郎将牛檀取代。

　　刘璋表示没收到朝廷命令，还继续当他的益州牧。

第十四章

南皮：曹操人生最重要一战

　　曹操在邺城待了一两个月之后，才想起往外瞅瞅。这时候，他的盟友袁谭，趁着曹操围邺和随后入邺整顿的空当，不但收复了平原城和平原国，还向西夺取了冀州的甘陵郡、安平国、渤海郡、河间国。之后又北上中山国，把袁尚又暴打了一顿，收吃了袁尚的残兵。后者被迫孤身向北逃往幽州，投奔二哥袁熙去了。冀州的一多半地盘遂都归了袁谭，郭图的计划看上去似乎已经落成。

　　这一天，袁谭收到了曹操的一封来信，随信还有袁谭的大闺女也被退回来了，脸上挂着泪。曹操信中说："去年你我联姻，说好一同打袁尚，可是口沫未干，你就挖我的墙脚。孤这就把你的大姑娘退给你，并提一支大军惩罚你！"

　　袁谭看了信，并不以为然，不过还是开始整理军队。不久，曹操来打袁谭了。曹操大兵向东开进，打到了平原城下，耀武扬威，屯扎东门。袁谭准备战略转移，带领大兵连夜往北边的渤海郡郡治南皮遁去，向更北的辽西郡的乌丸盟友靠拢。曹操一路追去，这时候已是隆冬十二月，天气正冷，大河冰冻。

　　曹操找了一些当地人，发给他们大锤子，去河上凿冰，以便通船运粮。结果这些老乡们凿了两天冰，手冻得比河还硬，纷纷撇下锤子逃跑了。

　　曹操气坏了："你们这些老百姓，怎么敢这样应付我们这些朝廷命官！传我的命令，地方官追捕逃亡，追着就杀，自首也不可以，不许接受他们自首！"意思是要赶尽杀绝，好给下一拨民工们立个威。从而让渤海郡远远近近的人都知道，不听我老曹的话，后果有多可怕。

　　过了两天，有一个逃亡者，实在没处躲，只好跑到营门自首来了。

本来曹操笃信法家，保护着自己的法令，就像鸟儿保护着自己的蛋，应当毫不犹豫地把他斩首。但是，对于这样一个破衣烂衫、走投无路的农人还要杀，任谁也下不了手。曹操也是有仁心的，赏赐功臣不吝千金，厚恤战士孤儿，经常对老百姓"念之断人肠"。但是，法也是取得胜利和求取对生民的大仁的保障啊。怎么才能把法和仁两全呢？曹操就把这个自首的农人叫进来，说："自首不可以，孤有令在前，收监了你就是违令。这样，你跑吧，远远地跑，把自己深藏起来，不要让官吏们抓到。"

这里曹操还是违法了，因为毕竟私放了这个人。

这个人听了曹操的话，垂泪而去。也不知他们流的是感激的泪，还是悲哀的泪。大约是感激的泪吧，虽然没有被赦免，但是暂时也没有死啊。结果，遗憾的是，地方官吏太喜欢捉人请赏了，还是把这个人在山窝里给捕回来了，结局大约就是杀了。

关于抓住这个人，史书上说"后竟捕得"，"竟"就是竟然的意思。这就表示，抓得有点不可思议。通常来讲，应该是可以跑掉的。其实，当时天下因为杀人避罪或者欠税而逃亡的人多了，只要依附到某个豪族的门下，就可以免于被抓。审配的宗族，就常藏匿罪人，是逃亡者的庇护所。所以，这个人逃掉的希望其实很大，所以曹操才说你回去深藏，不要被官吏所得，这是基本可行的。

大河开得差不多了。到了次年，即公元 205 年一月，曹军也汇集到了渤海郡治南皮城下。

曹操和袁谭，此前都已展开了对辽西郡以及辽东属国乌丸人的争夺和拉拢。乌丸是少数民族，分散在北方诸郡，他们实行的是原始共产主义，推举出来的领袖叫大人。这一天，辽东属国乌丸大人召集所有的名王，商议往哪边倒的事。乌丸大人说："我已经严整了精骑 5000，即将南下接受袁谭的求助，去助他攻打曹操。从前，大将军袁绍曾经承天子之命，封我做单于。可是，今天，曹操的使者送来口信，说要上言天子后，便可以封我为单于。辽东郡的太守公孙康，也派使者直接拿着单于印绶过来给我了。这么多人让我当单于，到底哪个是正宗的啊？"

曹操的使者牵招，当场发言："从前袁公确实曾秉承皇帝旨意拥有便宜行事授人以官职的特权，但是袁公后来犯了政治路线错误了，他的老窝都被曹操端了，天子已经让曹公取代他的地位了。所以曹公说的是真。至于辽东这个区区小郡能算老几，敢擅自拜谁为单于？"

辽东郡守公孙康派来的使者韩忠急了，叫道："我辽东在渤海之东，拥有兵百万。当今之势，强者为右，我们发谁当单于谁就是单于，曹操算个什么东西！"

牵招一下子怒了，厉言呵斥："曹公诚信、谦恭、开明、睿智，还一意拥戴天子，诛讨群雄，宁静四海。你们公孙康君臣顽固嚣张，恃远抗命，还想侮弄神器，擅自拜封，诛在旋即，还敢在这里叫嚣和连累乌丸大人吗？"说完，一步跳开来，直扑到韩忠的座前，揪住韩忠的脑袋，往案子上一磕，拔出佩刀，举起来就要把韩忠的脑袋给斫下来。

乌丸大人和众位名王吓得惊恐失色。赶紧光着脚跑过去，抱手的抱手，拖脚的拖脚，拉住牵招，哀求着嚷嚷："牵大人啊，您可别在这儿杀人啊。您在这儿杀了他，您舒服了，我们得跟着受罪啊，公孙康还不得举着100万大兵来打我们啊？给我们个面子吧！"

牵招方才弃了韩忠的脑袋，宝刀收入鞘中，昂然回到案后坐下。然后又跟乌丸大人说了一大通成败祸福的大道理，乌丸大人和各位名王全都走下席子，跪伏在地，敬受牵招的指令。然后，把韩忠也给劝退回去了，也不敢说派那5000精骑去救袁谭了。

袁谭一看自己的援兵来不了了。就只好硬着头皮，出南皮城，在城下和曹操大战一通。结果把曹军杀得落花流水，于是曹操在军帐里说："将士们，这样硬磕，伤亡太重了，我们还是采取老办法，挖沟吧，慢慢围死他。"

曹仁的弟弟虎豹骑骑督曹纯说："不行啊，我们大军悬师千里北上，离大本营太远了，难以持久，利在急战。这也是袁谭跑到这里的目的，您不能再有妇人之仁，磨蹭磨蹭就没粮食了!"

曹操说，咦，曹子和现在也有智谋了。好，众位将官，我决定，明晨急攻南皮，不拔不吃午饭，孤亲自督战，谁敢后退一步，军法从事。说完，把百炼钢刀一举。

第二天一早，大军向南皮城急攻而去，一直打了一上午。一般人挥舞自己的大兵器而对方格斗，挥 20 分钟就累了，所以一般战斗都是靠着有限的拼杀之后的阵势和气势一冲使得对方大溃而结束。但在这里足足打了一上午，没法形容这场战斗的惨烈了。袁谭的河北之军都是久经沙场，且最近频频得胜的悍将骁兵，城下陈尸累累，不管是袁谭军还是曹操军，都打得精疲力竭，过了极限。

曹操知道，用心理战术的时候到了。战场上就看谁能在极限时刻还能再坚持，胜负往往就再多坚持的一分钟中出现。打仗就是一场赌博，是肉体上的较量，也是心理上的比拼。看谁的战斗意志更持久。曹操紧催坐下马，一个弯腰，抢来鼓将手中的战鼓，提在马上，一边咚咚猛敲，一边骑着马在军阵前锋前横着往复奔驰。军士们都看见了，像打了兴奋剂，士卒咸奋，跳踉大喊，竟攻破了南皮城。小矬子五短身材的五虎上将乐进第一个登上东门城墙，挥刀猛砍，第一个进入城内。

袁谭之人疲敝惊愕之间纷纭败逃，从其他几个城门猛冲出去。

袁谭一看这可不行，赶紧把自己的插着鹖鸟翎的帅盔摘了，以免暴露自己的目标。不料他摘的时候太急了，簪子也给扯下来了，满头长发立刻披散下来，在马上狂奔。曹纯的虎豹骑一看，这一定不是普通人，赶紧从多个方向汇集趋奔他而来。

曹纯的虎豹骑都是骑马的好手，这一加快速度猛趋，袁谭被他们紧追，骑术比不了了，又没有马镫，一个跟头跌下马来。

一骑虎豹骑扑至近前，举起环首刀就要砍。袁谭正在地上跑呢，回过头来喊："咄! 尔放过我，我能富贵汝!"话没说完，脑袋已经被砍下去了。

他的脑袋本身就能给人带来富贵，何必还要等以后呢。

曹军大获全胜，郭图亦被斩杀。最后数点首级的时候，俘虏们一指认，这个首级正是以前长在袁谭脖子上的。拎着这个人头的虎豹骑，乐坏了。

曹操一战而取下袁谭的人头，自己都想不到。于是曹操也乐坏了，专门拉出了个叫鼓吹的乐队班子，钟铎铙鼓，笙笳笛箫，一齐轰鸣，吹着汉代乐府的歌曲。伴着鼓点，曹操骑在马上，大喊："我万岁！"好像得了金牌一样，同时在马上起舞。在这里，"万岁"只表示狂喜，类似"哇！"不是想自称皇帝。只见这么个小个儿的老头儿，在马上挥舞胳膊腿儿起舞，真有点像是抽羊癫疯了，这要说汉朝人本身就喜欢唱歌起舞，官僚者亦不例外。平时曹操就喜欢听现场真人版的倡优音乐，把他们布置在自己的两侧，由早到晚，好像放着几个大音响。现在遇上喜事了，更是跟着鼓吹舞起来了。曹操这么高兴，说明这是一次险胜。就像一个实力差对手一等的人，却意料之外地得到了金牌，才会这样狂喜。

因为袁谭是投降了自己又背叛，所以需要好好折磨一下袁谭的脑袋，以儆效尤。于是曹操把袁谭的脑袋挂在城门上，伴着袁谭的脑袋的还有他妻子和孩子们的脑袋。

曹操下令："谁敢到城门下面哭，便斩了谁！"

结果，青州副州长王修，从外面押着粮草跑来了，一看，主公的脑袋被挂在高处，当即带着嗓门大的几个人，一起跑到袁谭的人头下面哀哭："主公……主公！你死得好惨啊！"哭声之哀感动三军。旁边的军正过来了，说："这位大人，你跟我到曹公那边来一趟。"

王修抹着眼泪到了曹操的帐中。

曹操说："王别驾，我从前数听孔北海称颂你，又听说你规劝袁绍二子不要相争。可惜之前无异于明珠投暗。今日我有军令，奈何你还要违反？"

王修说："我深受袁氏之恩，哭都不足以报之。我之所愿，就是能够收敛了袁谭的尸首，然后就戮于您的有司，别无所恨了。"

曹操说："真义士也！可惜您这位义士，用非其主，以后还是与孤相从游吧。"于是听凭王修去给袁谭收尸。王修把袁谭的脑袋和身体，用线缝了起来，草草安葬。大约觉得这样也报答了袁氏，随后也就投了曹操，继续帮着押粮运草。

曹操和众将文武随后进了南皮城，开始计点城中府库和官僚家产。后者都是他们籍没的对象，前者则是接收的对象。袁绍、袁谭素来政宽，所以下面的文臣武将们都是捞钱捞得肥肥的，譬如审配等人的家产，被曹操籍没了的都以万数。可是，跑到王修家里一看，谷子不满十斛（只有 0.2 立方米），书倒是有数百卷。曹操看罢，叹息道："士的名声不是妄来的啊！"于是礼辟王修为司空府的府掾。这并不是一个好的工作，因为曹操对自己司空府里的工作人员非常严厉。而郭嘉也是司空府的军祭酒。

袁谭和袁尚的继承权之争，一直分不出胜负，最终随着袁谭的死灭，才在时间与风的劝解下安息了。

第十五章

曹操千里偷渡灭袁氏、乌丸

袁熙虽然比袁尚大，是袁尚的二哥，但他是妾生的，所以没有掺和争夺继承权的事儿。当时家族内是"立嫡以长不以贤，立子以贵不以长"。也就是母亲的地位决定儿子的地位，而不是儿子的智商决定地位，因为这样可以避免内讧。而母亲的地位又是由娘家的高贵度决定的，而不是进门的先后。袁熙的妈大约只是漂亮，没有袁绍后妻刘氏宗族的势力地位，所以就是妾了。作为妾生的儿子，一般来说是比较自卑的。

所以，袁熙前面看着大哥和三弟互相打，他没有参与，也没有去调解，而是坐在城头上看风景。却发现自己也成了风景里的人了——他的部将焦触、张南受到了曹操的拉拢，率大军进攻他和数月前逃奔到这里的袁尚。结果袁熙、袁尚又从城头被打跑，投奔辽西郡的乌丸去了。

乌丸和鲜卑一样，都是战国时的东胡被匈奴灭国后的余部，分布于幽州的右北平郡、辽西郡、辽东属国等郡。他们自西向东，号称三郡乌丸，其首领素来被袁绍拜封拉拢还赠闺女，他们则给袁绍提供乌丸骑兵。此时遂将二人收下，时刻准备反攻。

这一天，在袁熙逃走的州治蓟城城里，焦触、张南搞了个酒会。他们把幽州各郡县的长官都叫来，陈兵数万，杀白马为盟，把牛血抹在嘴唇上，说："曹操已拜我为幽州刺史，从此我们投奔曹公，长享富贵，各以次歃血，违令者斩！"

众长官们战战兢兢，都把牛血嗫了一口，一句二话也不敢说。但副州长韩珩不同意，他抗声说道："我不喝酒，也不歃血。我先前受袁公父子厚恩，如今袁家或破或亡，我作为臣子，智商不高，不能拯救之，勇气不强，不能为其徇死，我在义的这方面已经不合格了。你们又再让我北面事奉曹操，我死也不能！"

旁边的众长官诸将一听都大惊失色，韩副州长这是把脖子往刀口上撞啊。

焦触熟视了一下韩副州长，脸上的肌肉突然一松，说："今天是你的幸运日，我不能杀你。我们欲兴大事，就得立起大义，我们的大事成功与否，不在乎多了或者少了韩副州长一人。可以成全韩副州长忠于袁氏的本志，不杀他，以鼓励那些忠诚事君的人！"

于是，焦触给韩衍预备了个小车，让他坐着回老家去了，以成全他的本志。曹操后来闻之，敬佩韩衍的为人和气节，屡征不至，最终卒于老家。

韩衍未能为袁氏殉死，但也不投降曹操，其义甚至比王修之人还要高啊。

幽州刺史焦触刚要开始兴自己的大事。结果，忠于袁氏的两个幽州涿郡固安县官吏赵犊、霍奴起兵，将焦触攻杀。结果焦融立了半天大义，却是鼓励袁氏旧臣给主子报仇。趁这机会，袁尚、袁熙骑着自己的战马，两侧身后由三郡乌丸兵马保护着，骑兵队伍像一只含着珠子的长蛇，顺着潮白河蜿蜒向西而来，抵达渔阳郡的纩平，猛攻这里的一部降曹军队。

这时候已是 205 年秋天八月，曹操赶紧整兵北上，去给纩平解围。曹军和乌丸兵展开决战，将乌丸与袁尚、袁熙击打出塞，他们穿过右北平郡、辽西郡一直向西跑了 300 千米，跑出了山海关，退守至辽东属国的治城柳城。三郡乌丸所辖有的三个郡中的两个，一下子都败了。

这时候，袁绍的外甥并州刺史高干自降了曹操以来，如今见曹操大军在北方跟乌丸人缠斗，便立刻宣布反叛。同时，他还出兵守住邺城以东的太行山的要塞壶关口。曹操得到消息后，立派大将乐进、李典从邺城出来，东进攻击壶关口。但是曹军习惯在平原作战，山地打仗的经验几乎没有。因此李典在此打了许久也没打下来。

第二年，206 年春天一月，曹操从幽州回来了，亲自加兵围攻壶关口。见曹操势在必夺，高干赶紧留下别将守关，自己向西往河东郡的呼厨泉单于那里跑，向那些匈奴人求救兵。结果匈奴人不救，高干要哭了。曹操架起可登浮云的云梯，终于破关而入。高干只得向南逃去，欲投奔刘表，可是半路被上洛县都尉王琰捕斩。

曹操于第二年，即公元 207 年春天返回邺城，大封功臣 20 余人，皆为列侯。这些人从此算是得了正果，有了一块食邑，相当于不再是打工的职员，而是持股的股东了。自然这些人的积极性倍增。荀彧此前已封为万岁亭侯，此时更增邑至两千户；荀攸两年前被封为陵树亭侯，增邑至七百户。斩高干的王琰也被封了侯，其余文臣武将各以次受封。

不过，曹操的豪臣武将也都在曹操的要求下，纷纷把家属、子弟、徒属送到邺城居住。

不久，曹操聚焦属下大将说："我欲再举兵马，杀出塞外，直捣柳城，把袁尚、袁熙和乌丸单于蹋顿，全部干掉！"

诸将纷纷不愿意去，说："您别忘了物极必反啊。从前，智伯自大好胜，偏要并吞赵、魏、韩，结果自己反倒完蛋了。所谓弦紧则断，水满则溢，物状则老，过刚则折。如果您北上远出塞外，刘备必会说服刘表北上袭许。到时候出现这种情况，您前不能成功，后退则劳师，被乌丸追击，也许幽州就不复属于汉室了，后悔都来不及了。"

郭嘉在大封群侯的时候被封为洧阳亭侯，邑两百户，这时候也来积极说服曹操。他说："明公虽然威震天下，但胡人恃其辟远，必不加设备。您趁他无备，突然攻之，即可破灭。而且袁尚兄弟现在还活着，他爸爸又一贯在冀州有厚恩于民，而您在北方四州中还恩德未加。两人趁着您南下征刘表的功夫，凭着乌丸之力，收拾北方四州中的忠于袁绍的死臣，北方之民和胡人之军俱相响应，则您的冀、青、幽、并四州就全得重新丧失给他们了。春秋云，'无使滋蔓，蔓则难图'，意思是要斩草除根啊。袁尚、袁熙这两个草根不除，您终不能安全南下啊。至于刘景升这人，自知才能不能驾驭刘备，重用刘备则不能制之，轻用刘备则刘备不效死力，所以刘备无法组织起有力的北上进攻。那时明公即便空国之兵以远征，亦无忧矣！"

曹操大鼓掌："奉孝得之矣！传我的命令，车、步、骑并进，北出卢龙塞，东北直蹈柳城！"

于是曹军从邺城北上 300 千米，抵达幽州南线的易水。这时候，郭嘉又来了："明公，咱走得太磨磨蹭蹭了。兵贵神速，如今千里袭人，辎重车却这么多，难以直趋取胜啊。而且敌人听说我们来了，必然加强战备。不如把辎重车都留在这里，然后轻兵兼道而行，掩其不意，必有大功。"

曹操说，这个主意好，于是留下辎重车，轻装向东北方向前进。夏天五月，抵达右北平郡的无终，天上就下起了大雨。曹操听着这搅林的风雨声时，向导跑来汇报："整个往东沿着渤海的大路，全都被洪水浸了，现在谁都走不了了！中间虽有高阜之处，但都被乌丸兵占了。"这条大路，就是现在的京沈高速，沿着渤海湾，直到沈阳，全程 600 千米。

这时，有个叫田畴的人说自己有办法。田畴本是东汉末年的一名隐士，曾在刘虞手下做事。刘虞死后，他便归隐山林，不再出仕。袁绍曾多次请他出山，但他一直不同意。后曹操平定冀州，也来请田畴，田畴却一反常态，立刻同意出山相助。史书认为，这是他认为曹操是做大事之人，便跟随之。其实，真正的事实很可能是由于乌丸人经常攻击他隐居所在的徐无山，为了报仇，田畴才同意随曹操远征。

只听田畴说："明公，我知道有一条小路：往东出卢龙塞，再往北到白檀，再往北到白冈，然后再东行经过鲜卑人的地盘，就到了柳城了。这条小路 200 年没人走了，到处都是塌方和滑坡，因此乌丸一定想不到您走这条路的。"

曹操说："好，你头前带路。"于是，曹操在古代京沈高速的口子上插了个大木牌："大路不通，且待秋冬，再复进攻。"

乌丸的骑兵探子看到这个假广告，高高兴兴回去摸鱼了。

七月，曹军抵达卢龙塞，然后再往北走。卢龙塞就是汉朝到塞外的边口了。

曹操第一次来到北方的极致处远征，天空很蓝，山脉峻直，动物比人多。丛林中出没虎豹豺狼。在这些野兽的一路追逐下，曹军发现前面的路全是塌方险坡，怎么办呢？只好抡着锤子开始凿山填谷了。动物们看着这些忙碌的奇怪的人们，这些人们则埋怨着郭嘉，你把辎重车都丢了，我们现在怎么施工啊。

这两年的天气偏冷，虽然是秋天，天气已寒冷摄人（汉朝气温一直是下降趋势，东汉末年的气温平均比现在低两三度，这也是导致游牧民族大量内附的原因，乌丸匈奴都跑到幽州并州来了），而且 200 里内找不到水源。

军士们早已冷得浑身颤抖不停，军粮也没有了——因为辎重都被丢了。只好杀了战马吃，一路足足杀了数千匹马。军士们在冻地上凿井，直凿下 30 余丈，方才得到了一点寒水。烈烈悲风起，冷冷寒水流；浮云为我结，归鸟为我旅。汉朝人作诗的主打调子是悲情之歌，长歌当哭，即便搞大聚会的婚宴，喝多了也是唱挽歌。曹操在酒宴上招待豪杰士人，也是唱"譬如朝露，去日苦多"，意思是人生像露水那么短啊，就像现在流行缠绵的情歌，当时即便情歌也是悲调。当此之时，曹操坐在一块冷风石崖下，拿起一根毛笔，搜肠刮肚地，一边甩墨汁儿，一边写，然后找来陈琳，念道：

> 水深桥梁绝，中路正徘徊。
>
> 迷惑失故路，薄暮无宿栖。
>
> 行行日已远，人马同时饥。
>
> 担囊行取薪，斧冰持作糜。
>
> 悲彼《东山》诗，悠悠使我哀。

陈琳说："很好，我也和了一个：饮马长城窟，水寒伤马骨……"

曹操说："行了行了，你别念了，你这第一句就超过我的了。以后你往写奏章方面发展吧，不许再写诗了！你和孔融他们老写诗，我怎么办啊？"的确，这几位都是建安七子。于是，陈琳从此努力写奏章，有一次陈琳写完一份檄文，给曹操看。曹操正在养他头风的老病，卧在床上听完，欣然而起，说："我的天呢，我的病全好了！"立刻给陈琳颁了赏。

就这样一路哀着，一路写着诗，一路喝着冰水。曹军堑山堙谷、束马悬车。就是上山的时候把马蹄子用布缠上，以免打滑，绳子拴住马腿，以免这马害怕了跳崖，用绳子钩子把车钩住，往山上拉而行 300 千米，经白檀，历平冈，涉鲜卑庭，向东直指柳城。

当曹军近在柳城 100 千米以内时，乌丸王蹋顿方才得到消息。蹋顿大惊，赶紧把袁尚、袁熙以及残余的袁氏将官还有三郡乌丸大人都找来。三郡乌丸大人，即右北平郡乌丸单于乌延、辽西郡乌丸单于楼班、辽东属国乌丸单于苏仆延。这些人因为上次幽州纩平战败，现在都跑到塞外辽东属国的柳城来了。他们都曾被袁绍封为单于，所以现在都得叫他们单于。

蹋顿是辽西郡乌丸单于楼班的堂兄，出身虽没有楼班正宗，但是聪明本事大，所以实际上已成为三郡乌丸单于上面的主宰者，号为乌丸王。所以他说话非常管用。只见蹋顿说："大家先不要叫，先听听袁大将军的意见。"

袁尚说："乌丸王、各位单于、各位名王，冀州、幽州的吏民因为不愿意给新来的曹操当走狗，思念我们袁氏旧恩，就跟着我陆续跑到辽东来的有 10 万多户——当然这个事，曹操一方的解释是这些人是乌丸和袁尚掳到辽东去的。凭着他们从中动员，再加上我的旧部，还有你们天下知名的乌丸铁骑，曹军虽然空国而来，我们一战也可以毙灭此贼！

洗雪我爸爸的遗恨！"

袁熙比他冷静，人也消极，肚子里则说："现在曹操突然掩至我们家门口，哪来得及动员这些军队啊。乌丸人都布置在南方呢，能这么快退回来吗？曹操这种大迂回的战术，直掏了我们老窝，现在恐怕只有舍了柳城，保存主力，向东回避，待曹军主力军撤回我们再作计议才好。"

袁尚这时候又喊："保家卫国，匡正汉室，锄君之侧，不论华夷，责无旁贷，垂名青史，在此一战，怕曹贼的不是英雄！"

听了袁尚这话，乌丸王蹋顿立刻像打了鸡血一样，当即带着三郡乌丸数万骑兵和袁尚、袁熙的部队一起逆击曹操军队。双方遭遇于白狼山下。曹操登在白狼山上一望，乌丸军甚盛，遮布山野，而自己的辎重车都在后面呢，辎重车里除了装粮食，也装衣甲，都扔在易县了。所以曹操的战士甲胄也少，众将都害怕了，纷纷要求不要短兵相接。

曹操拎着马鞭，爬到一个更高处，下望乌丸军。结果发现乌丸军的军阵不整。其实，打仗并不是单兵之间厮打那么简单，而是整体团队协作。乌丸军不善于排兵布阵，反倒像一帮部落在迁徙一样，有的马儿还在撒尿，有的大马正给小马喂奶。

曹操从高处爬下来，带着自己的想法，这时候荡寇将军关内侯张辽走上前来。张辽在此次远征之前，也是持反对意见的。之前张辽说："许都，是天下的中心。如今天子在许，明公向北远征，一旦刘表遣刘备袭击许都，抢了皇帝去，以号令四方，明公您的大势去矣！"不过现在到了前敌，则一心思战。他走向曹操面前，嚷嚷着："虏众虽多，但两军相逢，不在人数。狭路相逢，勇者胜！"曹操当即壮之："我见虏众不整，我们当按住军阵不动。待敌人前进小动，敌阵便会更加纷乱，然后再纵兵严整击之，则一击可破。我这就把大将旗帜给你，你为先锋，勿负我望！"

张辽在前段时间攻打完袁谭以后，曾经攻破渤海湾的袁谭盟友辽东贼柳毅。得胜回来的时候，曹操与他同车而载。见状他当即接了大旗，持在手中，一手持短柄刀，呼唤部下，集结在山下，等待最佳的进攻时机。这时候，乌丸步骑兵在蹋顿的指挥下开始进攻了。当时没有步话机，乌丸有的部分开始胡乱进攻，有的还在继续喂奶，军阵更加纷乱不堪。张辽大喝一声："呀——呔！雁门张文远在此！"一催坐骑马，率领先锋骑兵队，单手持旗，纵马挥刀，白刃拼杀，一路直插中央。所到之处，虏阵当即漩涡一样大崩，越崩漩涡越大。乌丸兵阵形更加混乱，而一旦阵形混乱，人相纷扰，只能等着挨收拾了。后面的曹军主力大队和虎豹骑也分路出击，一场鏖战，乌丸兵马被曹军打散。曹军追着乌丸军猛杀，乌丸军随即奋起反抗，虽然单兵作战能力了得，但还是被杀得死尸盈野，班马哀鸣。曹纯的虎豹骑又在乌丸败军之中穿梭寻找，果然寻找到一个官大的。这人脑袋上狐狸尾巴最多，挥刀围上去就猛剁，直把这人剁下马来，砍成烂泥，几个人各抢了一块儿，后来拼起来一看，正是乌丸王蹋顿。

袁尚、袁熙和三郡乌丸大人见势不好，拼命杀开一条血路，撒开马猛跑，只带着数千胡汉骑兵（其中汉兵是袁尚、袁熙自己带来的），望东投奔辽东郡的公孙康而去。

曹操一战，斩蹋顿及其下属能叫出名字的首领数十人，斩乌丸军和袁氏军无数。随后，乌丸部落和幽州冀州逃奔到这里的汉民降者 20 余万口。

曹操随后攻下柳城，在里面安顿一番，赶紧找了一堆狐狸皮貂子皮大衣披上，然后留下别将戍守柳城，自己跺着脚还军南归。临走的时候，诸将有的还拦着呢："主公，我们不如一鼓作气再往辽东郡打，则袁尚兄弟可擒也！"

曹操跺着脚说："你们说的这个不着急，我已经让公孙康很快斩送了袁尚、袁熙的脑袋送来，不用再劳烦大兵了！赶紧回去吧，撤军！"

旁边诸将听得糊里糊涂的，公孙康素来恃远不服，他能听您的把他的老盟友袁氏二子送来吗？这事情岂不就功亏一篑了？只好鼓着嘴，抱着被子，卷着皮子，还有人参、貂皮、鹿茸角这些东北特产往回走。心想以后还得再来这里受一趟冻。

曹操这回往回走，不走老路了，顺着离家最近的渤海湾往回走。

却说公孙康的辽东郡这里，位于辽东属国（治城柳城）以东。这里也属于幽州，地含整个辽东半岛和部分朝鲜，郡治城的襄平就是沈阳以南50千米太子河畔的辽阳市。从前，燕太子丹刺杀秦王政未果，被秦兵报复打破了都城易县，然后率领残余燕军一路东逃跑到这里，并且把脑袋掉在了那里。现在，不幸的是，惶惶而逃的袁尚、袁熙面临的也是这种境地。

辽东郡守公孙康是地方实力派。他是襄平本地人，他老爸公孙度从前跟董卓部下的名将徐荣是同郡老乡，被徐荣推荐给董卓，因而董卓让他做了辽东郡守。因为出身不高，所以心狠手辣，把本地豪强大姓杀了几百家后，终于坐稳了辽东郡。接了老爸班儿的公孙康，如今趁着天下大乱，拥兵自重，直想把自己升为辽东王。

袁尚、袁熙到了辽东郡这里，袁尚瞪着两个大眼，摸着满是窟窿的皮质胸甲，凭着自己素来有勇力，对二哥袁熙说："二哥，如今我们到了襄平城下，公孙康必然请我们进城相见。到时候，我想跟兄长你并手搏击他，给他来个摔跤，拧断他的脖子，抢了他的印绶，这样辽东就是我们的了。有了辽东，我们犹可以自守，进而跟曹贼再拼个高下！"

袁尚把这个接近于荆轲刺秦王之绝望，又心存侥幸之想的惊人计划对二哥讲完，令袁熙大惊失色。再加上天冷，嘴唇发紫，差点小便失禁。袁尚说："您身体哪儿不舒服吗？"

"不是，你想虎口里拔牙，这是自己找死啊。以公孙康东道主之强，我们穷困来投，只有数千兵马，就算侥幸杀了公孙康，他下面还有诸亲戚部将，仇杀相攻起来，别说你我，这数千血战沙场九死一生的老兵，也要噍类无遗。我们想倚借辽东，恢复幽冀，重振父业的计划，也全完蛋了。你这想法万万不可再说。"

袁尚说："难道你要让我屈居公孙康之下吗？我在什么地方都必须

当老大，公孙康这个偏安小丑凭什么当我的领导。你不要怕这怕那的，这就派人进城求见公孙康。"

袁熙望着使者进去的背影，心说："我本来好好的有个幽州，被这个魔王弄得，竟要客死在这个荒蛮之地了，真是天杀人啊！"

公孙康得报以后，赶紧叫来部将，说："我们在这里割据辽东，国家一直耿耿于怀，但是也不知如何是好。如今不取了袁尚、袁熙，就无以取悦于国家，缓迟他们来打，反倒给自己一个速祸的恶因。我传令，马厩里布置刀斧手，不，武器容易泄漏刀剑之影，叫几个最擅长角力的，在马厩里埋伏！见人就扑，死死按住！"

角力就是想办法把对方绊倒，压制在地上。于是手下人找了几个擅长摔跤的大胖子，都蹲到马厩里去了。

袁尚、袁熙二人被使者引着，进了府寺。他们走到了庭上，两旁正有一侧是马厩。此时袁尚手心里出了汗，紧紧把两只大手攥紧，准备待会见了公孙康就出招。

这时候，几个大胖子忽扇着就从马厩里出来了。袁尚、袁熙觉得势头不对，赶忙快走两步，奔着远处迎接他们的公孙康而来。但他们还未接近，就被这些大胖子按倒在地。然后又上来了几个人把他们捆好，并扔到了地上。袁尚寒冷得不行，就抬起头，对拎着绳子头的人说："你们给孤拿个席子来，普通的簟席就行，貂席、熊席更好。谢谢！"

袁熙白了他一眼，睿智而恨恨地坐在地上说了句千古伤心的话："头颅方行万里，屁股还铺什么席子？"

袁尚立马就低头无话了。

于是兄弟俩就默默地坐在冻地上，慢慢地熬着等待，等着头颅去行万里无身之路。

堂堂威震半个中国，威慑力比皇帝还要大的袁绍的儿子们，竟落得这个地步，着实令人感伤。公孙康随后命人砍了袁尚、袁熙的首级，装在匣子里，一人一个，开始去行万里之路。

随后外面的三位乌丸大人，也被捕杀，数千胡汉残兵，也或降或死，消失在塞外的秋风中了。

这时候，曹操已经进了边塞，回到了熟悉的中土。曹操进了边塞之后，当即论功行赏，又封了一批侯，曹操也真够大度的了，该赶上刘邦了，刘邦把天下的一半都封出去了。田畴带着自己的部众几百人，因为为曹操带路功劳甚大，曹操封他为畴亭侯。

田畴死活不愿意接受，说："我是刘虞的旧部，刘虞从前备礼请与我相见，辟我为从事，当即命我出使长安，回来的时候，刘虞却已被公孙瓒所害，我前去为刘虞痛哭，把天子给他的报章在他墓前对着馒头给他念了一遍。公孙瓒把我抓起来，问我报章里念的是什么，我说恐怕没有对你的好话，刘公忠于朝廷，你杀了无罪之君，又要杀我这守义之臣，恐怕燕赵之士都将去跳海，没有一个肯侍奉你！公孙瓒甚壮我之言，只好不杀我，把我囚起来，随后放了我。我带着宗族部曲，归隐徐无山中，在那里隐居，后人越聚越多，乌丸、鲜卑都来相请，袁绍父子闻之屡次征辟任命我，还把将军印直接送来给我，我终不行。我常愤恨于乌丸贼虏多杀我幽州冠盖士家，有意讨之而力不能逮，而明公这次远征乌丸经过我处，派遣使者招我，故许明公驱驰。如今，我为刘公守难的志义已经不立，心中惭愧万千，反倒以此为利，这岂是我的本意，绝对不能封我。"

曹操听罢，甚义之，感慨再三，于是取消封侯，不夺其志。后来，田畴随着曹操征荆州回来，曹操后悔了："我当时接受了田畴的辞封请求，顺了他一个人的意思，而坏了王法大制啊。"于是，又按着脑袋要封田畴为畴亭侯，田畴上书以死相拒。于是曹操硬是搞仪式拜他为侯，但田畴就是不接受。最后把刑罚官气坏了，上书弹劾田畴，要求把田畴以"狷介"罪免官处刑。曹操久之沉吟不决，最后下世子和大臣议论，曹丕、荀彧都说可以听从田畴要求，不封他为侯。曹操还是想封他侯，又派跟他关系好的夏侯惇过去说服他，田畴一句话也不说，夏侯惇临走的时候，用手拊着他的后背说："曹公用意殷勤，你就不能照顾一下吗？"田畴慷慨激昂地说道："我是负义逃窜之人，蒙了天恩活下来，已经幸运得够多了。我岂可靠着出卖了卢龙塞，来换取赏爵呢，就算国家不指责我，我独不愧于心吗？你如果再逼我，我当下就自刎死给你看！"说完涕泣横流。夏侯惇回去报告曹操，曹操喟然叹息，这是一点办法没有了，只好把田畴拜为议郎了事。最后田畴死后，曹丕还是硬把他儿子拜为关内侯，以表心愿。

这件事情，真是令人感慨啊。原来三国时代，并不都是逐臭贪赏之人！

曹操行封已毕，高兴的事也来了，外面小卒来报："报！报到司空大人，辽东郡太守公孙康赍使者提着两个木匣子前来！"

众将皆不知何事，曹操则脸色大喜，赶紧命请进来。使者诚惶诚恐地进来，赶紧送上两个匣子。匣子传到侍者手中，侍者把它放在案上。

待曹操准备好，侍者打开两个匣盖，曹操向前探看，就见里边躺着袁尚、袁熙的人头，他们明显很愁闷，被迫离他们讨厌的曹操这么近。曹操高兴坏了，当即命人把匣子向诸将文武传递。大家一看，纷纷山呼万岁！

诸将都欢呼：神了，这真是神了！

诸将之中有求知欲很强的，就举起手来说："提问，可以问吗？明公，明公日前说不必劳烦大军远征，公孙康自会把二袁首级送来，我等甚是不解其意。如今我们大军已撤，对公孙康并无威慑，何以他今日竟斩了袁尚、袁熙二人首级送来，这个世界的逻辑在哪里？"

曹操微微抬手把干瘦的脸上的胡子一捻，说："呵呵，公孙康素来惧怕袁尚等人，我如果急攻之，则二人并力，缓攻之，则二人必自相图，其势然也！这个道理很不好明白吗？哈哈！"

诸将皆心悦诚服。曹公的心理学研发和实践真是到了登峰造极的程度啦。

曹操斩灭了袁谭势力，又除杀了袁尚、袁熙，除去心头大患，摘掉了头上悬挂已久的三柄宝剑，真正成为北方之主。

牵招，就是那个拔刀吓唬辽东郡派到辽东属国的使者的，原本也是袁绍属下，后来也跑到袁尚的人头下设祭。曹操也以其为有义，察举其为茂才。

接下来，大军起行，在朔方的繁霜霏霏中，向南而归。这时候，郭嘉的病越来越严重了，咳嗽声比他卧的车的木轱辘撞击石头还响。

曹操大军向西南滚滚而下。入塞几十里之后，因为是傍海而行，就到了濒海的碣石山。从这里，不再傍着渤海湾南下了，而是向西奔内地。于是曹操止住大军，只带着亲卫人员，登上碣石山，登台赋诗：

> 东临碣石，以观沧海。
> 水何澹澹，山岛竦峙。
> 树木丛生，百草丰茂。
> 秋风萧瑟，洪波涌起。
> 日月之行，若出其中；
> 星汉灿烂，若出其里。
> 幸甚至哉，歌以咏志。

这诗中所体现的无以言表的快乐，是他 19 年奋斗的回报。这时候的曹操，可能是当时世界上，包括罗马帝国君主在内，最幸福也最孤独的人。

曹操观海已罢，挥鞭轻语："南归！"

大军旋即续行。

第十六章

吴国是如何做大做强的

北方的曹操正与袁氏兄弟鏖战时，南方的孙权也一直没闲着。

起初，曹操听到孙策死讯，曾想趁着孙权刚刚即位去征讨他。但侍御史张纮劝阻说："乘人之危，特别是居丧时候去打，太不道义。而且如果打败了，自己还结了仇，就更不好。当今之际，不如给他个官做，结好他。"

曹操欣然同意，然后便上表推举孙权做了讨虏将军，兼任会稽太守。然后又派张纮南下去辅佐孙权，意欲让孙权归附自己。张纮到了吴郡，表明自己是朝廷的官员，并非曹操的属下，让大家安心。孙权的母亲吴夫人认为孙权年纪小，便同意让张纮和张昭一起理政，辅佐孙权。

事后，吴夫人询问扬武都尉董袭，张纮的到来是不是预示着江东也要归曹操所有？董袭说："江东有山川的险固，而且讨逆将军孙策在民间广播恩德，讨虏将军孙权今继承基业，大小百官听命，张昭主持军政事务，我等作为辅佐之臣，这正是地利人和的时候，万事可不用担忧。"

吴夫人将董袭的话带给孙权，孙权也就对张纮不再生疑，随即派张纮到会稽郡上任。

见张纮到来，原本只是因为对袁术不满而南下的鲁肃，觉得江东不日将重新归于中央，自己也没必要再待在江东了。所以他欲投奔在北方的好友刘晔。在离开之前，他去找好友周瑜辞别。

周瑜一听鲁肃要走，坚决不同意，不仅制止了他，还将他推荐给了孙权。周瑜对孙权说："鲁肃的才干应当受到重用，您应该广泛地招揽像他这样的人才来成就功业。"孙权听后，马上召见鲁肃，与他长时间畅谈，对鲁肃话里话外大为赞赏。当宾客走后，孙权单独留下鲁肃，将自己的坐榻挪到鲁肃旁边，举杯对饮。孙权说："如今汉室摇摇欲坠，我想建立如齐桓公、晋文公那样的功业，你能怎么来辅佐我？"鲁肃说：
"从前汉高祖想尊义帝未能成功，是由于项羽从中作梗。今天的曹操正
如当年的项羽。将军如何效仿齐桓公、晋文公呢？依我来看，汉室已经
不可能复兴，曹操也不可能被一下拔出。为今之计只有保守江东，观察
天下大势。如果北方继续骚乱，就先剿灭黄祖，然后西向进击刘表。由
此，将长江据为己有，便可成霸王之业。"当时，人们认为长江的源头
在岷江，所以据有荆州、扬州就相当于整个长江流域了。孙权听后非常
高兴，不过还是谦虚地说："如今我尽力经营好这一方，只是希望以此
辅助汉室罢了。你说的这些都不是我能做到的。"

　　之后，虽然张昭等人诋毁鲁肃年纪太小，办事毛躁，但孙权还是很
看重他，一再赏赐他各类财物。不几年，鲁肃家就与之前一样富有，而
鲁肃的人生也由此改变。

　　见孙权能够如此礼贤下士，功曹骆统便劝孙权在礼贤下士的基础
上，还要不算征求为政的得失；在犒赏宴饮的时候，还要分别接待每个
人并嘘寒问暖。如此，再加上亲近的态度、善于鼓励他人发表意见，自
然能令江东富强。

　　正是骆统的建议，令孙权很快发现了能人吕蒙。当时吕蒙正做别部
司马，因为军容整齐、士兵训练有素，被孙权大加赞赏，同时还极力地
宠爱并重用他。

　　不久，孙权的姐夫、曲阿的弘咨又向孙权推荐了诸葛瑾，认为他是
一个人才。没错，就是诸葛亮的哥哥。孙权在多次咨询后也发现诸葛瑾颇
能从自己的角度想问题，是个难得的人才，便将其与鲁肃等人同样视之。

　　庐陵太守孙辅见孙权四处招揽能人，认为孙权有独霸一方的企图，
便暗中派人捎信，要求曹操南下。可是因为孙权与群众打成一片，送信
人竟然直接把密信交给了孙权。孙权见到信后，立刻杀了孙辅的全部亲
信，同时还把孙辅流放到吴郡东部海边。

　　见内部已经摆平，公元203年孙权开始着手实现他的霸主计划。

首先就是向西讨伐黄祖。可是，就在他整军出发之时，豫章的山越人再次发动叛乱。他只好派征虏中郎将吕范平定鄱阳、会稽；荡寇中郎将程普讨伐乐安。然后又派太史慈、黄盖、韩当、周泰、吕蒙等掌管有山越居住的县，很快便荡平了山越。

就在孙权及其部众荡平山越之时，丹阳郡竟然发生了叛乱。

当初，会稽郡有个名士叫盛宪，他是被孔融称为"不胫而走"之贤臣。可是，正当曹操想招此人时，此人却被孙权迫害致死。可见，虽然孙权并未像其兄长孙策那样实行恐怖统治，但也会迫害那些不愿意跟随自己的人，从而起到杀鸡儆猴的作用。

同时，与之前的许贡三客一样，盛宪曾经的门客（现在的丹阳郡大都督）妫览，纠结郡丞戴员，买通了太守孙翊（即孙权的三弟）的家将边鸿杀死了孙翊。由于孙权正在荡平山越，事发突然，无法回身，所以命令族弟孙河去征讨这几人。结果，孙河刚到丹阳，就被妫览和戴员所杀。后来，两人怕孙权带大兵来剿，便派人北上，想让之前曹操任命的扬州刺史刘馥来接管此地。但刘馥还未同意，事情就发生了新的变化。

自从杀了孙翊，妫览就自封丹阳太守，并住进了孙翊的太守府。由于太守的遗孀徐氏长得貌美，妫览便对她起了歹意，但数次求欢都未成。一天，妫览突然宣布将娶徐氏为妻，而且不许任何人反对。徐氏见木已成舟，便骗妫览说："请您等到月底，让我祭奠完丈夫，脱去丧服，就可听命。"妫览觉得也不差这一两天，便同意了。

徐氏回去后，马上写了一封密信，秘密派亲信找到孙翊的亲随孙高、傅婴等，要求他们一起协助铲除妫览。两人看完徐氏那声情并茂的信件后，纷纷落下了眼泪，当场就答应了这个请求。之后，他们又秘密找到 20 余位孙翊手下的将领，一起盟誓铲除恶贼。

到了月底，徐氏命令摆上桌案设置祭台。然后在丈夫的灵位前痛哭流涕，表达哀思之情。等祭奠完毕，便沐浴更衣，开始假装与侍女们谈笑风生。妫览见无异样，心想自己的事情一定能办成了。

过了一会，徐氏派侍女邀请妫览进屋。妫览一听，立刻乐开了花，跟着侍女就迈步进了屋。只见徐氏正立在屋子的最中央。见妫览进来，便对他拜了起来。可是，徐氏刚站起身，就大喊："两位此时不动手，更待何时？"只听大门咣当一声就关上了，从门后闪出了孙高、傅婴二人。妫览还没反应过来，两人就手起刀落，将妫览的头砍了下来。

这时，在门口还想闹洞房的戴员和其他几人，突然听到房内有打斗声，心想不好，立刻转头要跑。这时，身边窜出 20 多个黑影，先将戴员砍了脑袋，然后又将其他人捆了起来。

随后，徐氏打开门出来，后面跟着提着妫览头的孙高、傅婴二人。只见徐氏走下台阶便扑倒在地，大声地对天上说："夫君，我为你报仇了！"接着，徐氏重新换上丧服，将妫览、戴员的首级放在供桌上，祭奠孙翊的亡灵。

等孙权镇压山越完毕回来，发现妫览和戴员早已被杀死，当即嘉奖了徐氏，并提拔孙高、傅婴二人为牙门，其他众人也各有赏赐。然后，孙权又将妫览、戴员的余党全部灭族，算是对弟弟们的一个交代。

有趣的是，当孙权回军吴郡时，发现京城（吴郡郡治丹徒，号京城）竟然无法进入。后来才发现，原来孙河的儿子孙韶（17 岁）已经收拢了军队，正严密防范除孙权外的其他军队进入。孙权见状，便想试试侄子的能力。因此，假装叛乱军，于夜间扎营，并使用偷袭战术，想趁夜爬上城墙。不料，孙韶早已预料到夜间会有人偷袭，不仅在城墙上布置了人马，还增加了弓箭手，只待偷袭者爬上墙便射之。一时间，杀声动地，箭如雨下。

孙权见目的已达到，便举起帅旗，要求停战。第二天，孙权召见了孙韶，任命他为承烈校尉，统领孙河的部众。

到公元 204 年，孙权基本平定了内部的所有叛乱。很快，他又发动了第二次讨伐黄祖的战争。

第十七章

从新野到博望坡

曹操的大军从柳城凯旋，暂到易县休整。等回到邺城时，已是208年正月了。这一天，曹操把文臣武将都叫来总结表彰。曹操突然问道："我这次出兵征乌丸前，都是谁谏阻来着？张辽你是一个，还有谁呢？都报上名来！"

诸将文武都吓坏了，这是要秋后算账了，当初我们反对他伐乌丸，现在他得胜成功了，便要折磨这些反对者了。于是战战兢兢，心怀恐惧。

最终，只有一些胆小或者刚正的人，是一边再三谢罪一边报上名来。曹操问："还有别的人吗？没有了，很好。拿来，给这些人重赏！"

这些人迷糊了，捧着重赏，不知这是不是遣散费。曹操说："这次孤远伐乌丸，实属行危险之途以求侥幸。虽然成功，也是上天格外照顾我，这种行为不能常做。诸君给我的谏议，是万安之计，是以孤厚相赏赐，以后不要因为我可能不同意而不敢提谏议！"

众人方才大相喜悦。那些畏惧未报名的，都拍着大腿懊悔浪费了一次机会。其实，曹操伐乌丸前，阻谏者甚众，都是建议攻刘表的，曹操也曾在伐刘表还是征乌丸间犹豫不决。这次违了众人的意愿打乌丸，回去总得安抚一下那些伐刘表派。不然这些人未来伐刘表不出力，仗就没法打了。

这时的郭嘉，病得更厉害了，他躺在床上，两腮通红，生命垂危。曹司空真心地希望他能转危为安，派来问病送药的大夫和使人来往交错。但是郭嘉还是没有挺过去，死了。

郭嘉死时年方38岁，是曹操老中青三代智囊中的中青智囊之首。在郭嘉的追悼会上，曹操甚是哀痛，他对中年智囊谋士长荀攸等人说："奉孝看事情通达，不像别人那么迂腐。唯独奉孝最能知道孤的心意。

诸位都跟我年纪相仿，唯独奉孝最年少。天下大事完成之后，孤本打算把后事托付给他，如今中年夭折，难道这也是命吗？"

顿了顿，曹操又说："人都说，我去南方必死，唯独奉孝替我谋划南伐，丝毫不在意。"

可见，曹操本来是将郭嘉当作自己儿孙的辅政大臣的。因为郭嘉具备辅政大臣之两个要点：有本事，有忠诚。智谋之士容易有，有智谋还忠心耿耿的则是违逆天性。所以郭嘉的去世，令曹操格外神伤。

于是曹操上表朝廷，追赠郭嘉封邑八百户，合前面的二百户，总计千户，洧阳亭侯之爵并封邑转袭郭嘉之子。结果这儿子也是家族性短命，转瞬之间又死了，爵位便只能袭给孙子辈。

如今已是建安十三年。想起来建安是汉献帝的年号，汉献帝已经当了十三年的窗边皇帝了。从建安元年以来，曹操几乎每年都处于战争中，他深知成为独裁者的唯一办法只有掌握军队。于是曹操埋葬了郭嘉后，就在邺城外开凿玄武池，训练水军，以备南伐荆州刘表。

曹操又给自己升了官，不叫司空了，改作了丞相和御史大夫。甚至他还把司徒、太尉、司空这个所谓三公都取消了。从此，曹操就叫曹丞相了。西汉初年的丞相们都是跟随汉高祖打天下的功臣，位高权重，但是随着皇权的加强，丞相慢慢被废，外戚和宦官们逐渐成了皇帝倚重的对象。现在，曹操又把丞相恢复了过来，自己就跟李斯、萧何、田蚡一干人一样了，手中握有实权。

却说江汉地区的荆州地盘上的荆州牧刘表，就像袁绍经营北方四州经营着荆州。他的经营模式跟袁绍差不多，也是以宽治民，仁和儒雅。6年前，刘备受曹操征讨也从汝南跑到荆州，刘表对他待若上宾。

刘备在刘表给他的新野县待了数年，天天无事可做。他想向北总是被曹操压着，向南则是人家刘表的地盘，只好守着自己数年来连连败走，越来越偏离中原主战场的小摊子，心灰意懒地过日子。有时他也去襄阳城里的刘表那里做客，喝着小酒，聊以解忧。

　　这一天，刘备又和刘表一干人坐着聊天，其中有一个叫许汜的大名士——曾经侍奉过吕布，当初吕布极度困难时曾向袁术求救，就是派的他当说客，如今也流落到刘表这个失意之人的避难所和俱乐部来了。刘表、刘备两人一起议论着天下的名人，说着就说到了陈登。陈登就是从前害吕布的，吕布派他出使曹操去要官儿，结果他没要来，倒给自己要来了个广陵太守的官，还跟曹操说对待吕布要如养虎什么的，后来还打先锋帮着曹操打吕布。许汜是喜欢吕布的，于是说："陈登这个人，本是个湖海之士，只是骄狂之气也太大了。"刘备就问刘表："许先生说的，您觉得对吗？"

　　刘表说："要说不对吧，许先生是善士，不会虚言。可是要说对吧，陈元龙又实际名重天下。"这里的陈元龙就是陈登。

　　刘备于是转脸问许汜："老许，你说陈元龙骄狂，能举个例子吗？"

　　许汜说："从前我先流落到了陈登那里。他毫不知待客之礼，好长时间不跟我说话。后来好不容易见面了，又独自在大床上卧着，让我这客人在下床卧着。"——当时的床特别大，是多媒体家具，可以坐，可以卧，来了客人，都上床，在床上座谈，结果陈登叫客人坐卧下床，不跟自己的高级大床同榻，以示轻蔑和洁癖。

　　刘备于是将了将没有胡子的下巴，终于开始发难了："您有国士之风，如今天下大乱，皇帝流离，大家指望你忧国忘家，有救世之意，可是你却求田问舍，说些没用的话，陈元龙自是轻视你，怎么会想要和你说话。若是我，就卧在百尺楼上，让你趴在地上，岂止是大床和下床的差距呢！"

　　刘表听到这里，哈哈大笑。这就是刘备发明的一个成语："求田问舍"，原是出于战国末期宿将王翦为了避免秦王政疑忌他，而整天跟大秦要房子要地。许汜整天跟别人说楼盘的事儿，难怪陈登不理他，大约此事刘备当时在徐州也知道。后来辛弃疾写词"求田问舍，怕应羞见，刘郎才气"，说的就是这个典故，赞叹刘备有大气象。"刘郎"就是刘备。

刘表笑罢，倘若他足够老奸巨猾，一定可以从刘备对陈登的绝对正面评价里，物以类聚地，想到刘备的为人。这老刘大耳翁，会不会跟陈登一样，对自己的主子有胆有志地背后下刀子啊。

待刘备走后，刘表便派人去新野打探消息，结果那派往新野的人越多，得到了的消息就越多。人都说，刘备这人善于得人，荆州豪杰慕了刘备之名，不少跑去归依刘备了。刘表听了，更加闷闷不乐。于是和手下人合计了个主意，派刘备从新野北上70千米到叶县，给曹军的夏侯惇去当炮灰。

刘备听了刘表这命令，无可奈何，只好哭丧着脸带着关、张、赵云等人，拔营离开新野，领着数千人北上到了叶县，和夏侯惇的部队对峙。

夏侯惇带着裨将李典和自己的弟弟夏侯兰前来御敌。刘备知道，夏侯惇不想把战争升级，不愿开辟南方战场使曹操南北两线作战，便向南后退到了博望。

到了博望以后，刘备站在军屯里，整天爬上坡看风景。见双方一仗不打，想撤兵算了。刘备把关、张、赵云三人叫来，命他们各去准备。

次日天明，刘备命令把柴草和营帐都给点起来。

夏侯惇站在壁垒上，看见刘备的营屯烧起来了，便转头说："这意味着什么，意味着刘备已经带着虾兵蟹将，往其老窝新野退回去了。因为不想资粮于敌，所以把营寨烧了。我命令，现在全力追击。趁着他们逃跑，追上去一举吃掉他！"

旁边的李典忍不住拱手发言："不要啊，将军。我看也许不是这么简单。既然刘备是想逃跑，如何还要放火暴露自己的逃跑意图。所谓示退者进，示进者退，刘玄德必是设有伏兵，引诱我们前去追赶。"

"咦，李裨将军，分明敌人是逃遁。现在正有利可图，妄自纵敌，不好交代。我命令，诸将随我尽出，李裨将军在这里避着吧，守营。"

于是，夏侯惇瞪着一只眼，领着十数将官，从着几千军校，大开壁垒，绕过火烧的刘家营寨，奔着南方就追去了。他们逐渐到了博望乱山杂坡之下，队伍受到山形野路的限制，开始变得细长纠结。待走到深一点的地方，就见三面山坡之侧，斜冲出大量关、张、赵云的人马，趁夏侯惇兵团主力正在运动中和兵力分散之机，对其实施分割包围，飞箭、槊矛乱举。夏侯惇之人被打得乱七八糟，有力气没地方使，每一小撮人马都觉得四面全是刘备的军卒，而根本望不到自己的友军，立刻绝望感觉落了单，勉强保命而战，自相践踏，曹家军校损伤大半。

夏侯惇带着自己的亲近卫兵，怎么吆喝都不管用，只好到处乱闯。看看败势已定，正急惶无药可救，就见后面留守营围李典带着兵来救他了。刘备望见救兵来到，也就不再死战，命令各军撤退。夏侯惇方才被亲卒保着，丢下无数残伤兵马，原路逃回。半路听说弟弟夏侯兰被敌将赵云生擒了去。

而在南边这一仗使得刘备在荆州名声雀跃，荆州中国的豪杰士人更加慕名跑到新野投奔他来了。刘备跟这些豪杰一打听，听说司马徽先生是当时荆州地面上的大儒，于是跑去拜访他。司马徽号水镜，也是善于品鉴人物之人。刘备到了他家里，施礼毕，问他：“先生，听说您是荆州学派的掌门大儒，交游广泛，认识儒生名士无数，不知，可否推荐几个帮我来匡扶天下啊。”

司马徽说：“儒生俗士，岂识时务，对您都没有用。识时务者在乎俊杰。此地自有卧龙、凤雏，真乃俊杰。”可见卧龙凤雏都不是纯儒生。

刘备忙问：“不知卧龙、凤雏是谁？”

司马徽说：“卧龙，就是诸葛亮先生，字孔明，他如同真龙暂且没有腾飞；凤雏就是庞统先生，字士元，将来叫鸣起来，比老凤还要凄厉。”

刘备慌忙记下，又闲说些其他人物，随后告别而出。

这个司马徽，也是从颍川流落过来的。作为外来户，他知道刘表度量有限，遇上好人就想杀掉，所以就尽量不评议人物。有人向他征询某某是好是坏，他就不论三七二十一都说“好”。他媳妇实在看不过去了，就进谏说："人家搞不清是好是坏，所以问你，你却一概都说好，这不辜负人家咨询你的诚意了吗？"司马徽说："像你所说的这个，也好。"于是，后来他就混了个"好好先生"的诨号。据说，"好好先生"就是从他这儿来的。

好好先生司马徽跟凤雏庞统先生关系甚密。他俩的相识是在若干年前，庞统那时慕了他的大名，跑了 2000 里路到河南颍川来找他，遇见他正在树上采桑。凤雏先生庞统因而说："我听说丈夫处世，当带金佩紫，焉有干这种采桑活计的！"意思是你应该混个官当当。

司马徽从树上下来，说："你这种思想不可取。从前伯成子高是尧的诸侯，大禹接班当了天子后，他看不惯大禹，就把诸侯的位子辞了，回家种地当老农，被后代万人敬仰。吕不韦勉强偷了个秦国的高爵，私家财产可装一千辆车子，最后落得一杯毒酒下肚。所以华屋大厦，高官千驷，不足贵也。你倒想想，是我这样看淡天下事好，还是你整天琢磨着带金印、最后迷失自我好呢？"

庞统赶紧翻身施礼："我这个人出生在鄙陋的南方，从来没听过大义，您说得可太好了！"

于是两人坐在树下，从白天一直谈到了半夜。

自此后，两人交往密切。后来，由于诸葛亮的二姐嫁给了庞统的堂兄庞山民，所以司马徽先生也颇晓得诸葛亮。这次就这样把两人都推荐了。

刘备回去之后，就想着怎么找卧龙凤雏，暂且不提。

第十八章

刘关张两寻诸葛亮

"处世须存心上刃，修身切记寸边而。"这是《西游记》中说的。"小人固当远，然断不可显为仇敌；君子固当亲，然亦不可曲为附和。"这是《荆园小语》里说的。

相比于后世如明朝的人当官是为了上保险，避免家族的人被人欺负，而不是真为天下做点儿什么事；秦汉时代的仕宦家族子弟，当官一定是很想做出点"三不朽"（立德、立功、立言）事业的。

诸葛亮和当时的仕宦家族、豪强家族子弟一样，也是骨子里有着世代相传的主人意识。因为生长在这样的家族氛围中，他们少时就有参与政务的抱负。所以他与当地的一些名人后代才能成为好友。这些人在一起闲聊时，经常研究朝廷大事，评议天下时势。在这些人中有诸葛孔明，还有从前太尉崔烈的儿子崔州平，汝南孟公威，颍川石广元，这些应该都是些贵族子弟。诸葛亮的爷爷辈曾经做过司隶校尉，这是很大的官，跟副宰相差不多一个级别。早死的老爸和后死的叔叔也都做过郡守级的大官，前者是泰山郡郡丞，后者是豫章郡太守。不过，当孙策在江东扩地打到豫章郡的时候，他叔叔作为豫章太守顺降，随后在乱民暴动中被杀。但是，诸葛玄叔叔事先安排了诸葛亮和一帮弟弟妹妹们出国读书——到相对太平的荆州这里游学生活。

在闲谈中，诸葛亮常自比"管仲、乐毅"，让很多人都感到不爽。唯独崔州平，还有徐庶（字元直）跟诸葛亮交心甚多。说："诸葛孔明兄自比管乐，我们哥俩看，那是一点问题没有啊！将来的霸王之师友，卿相之美姿，非他莫属啊！"

后来，汝南人孟公威打算北归，要投曹操去，他觉得荆州这里太偏僻，不是施展抱负的好地方。而诸葛亮自比的成功人物管仲和乐毅，所服务的都是原本软弱落后的国家，因此诸葛亮就偏喜欢荆州这里。诸葛亮说："中国（指中原）有的是士大夫，能人太多了。君子遨游何必故乡呢！我偏要在荆州这种落后没人才的地方等着发展！"

于是，受诸葛亮影响，徐庶和石广元也在荆州这里等着。等了一阵儿，徐庶听说驻扎在新野的左将军刘备在叶城打了大胜仗，把"盲夏侯"打得屁滚尿流。于是徐庶说："我觉得刘备是个人物，我投奔他去好了。"

石广元说："我觉得还是曹操好。曹操大业已成，投奔他没有风险。你去找刘备，跟着他是不会好的，再离开，反倒不能善始善终，为事不美。"

徐庶不管这些，索性裹了行李，北上奔新野去了。到刘备这里，徐庶与刘备一番交谈，后者发现原来徐庶这么有才华啊，于是大加器重。刘备说："你们那边还有什么人才，都跟你这样吗？"

徐庶说："有一位好友叫诸葛亮，表字孔明，号称卧龙，将军有意向见见他吗？"

刘备说："嗯，诸葛孔明是你的好友？"

"怎么，将军也知道？"

"是啊，我近来遍访荆州豪杰，前些日慕名找到大名士司马德操先生，他就说本地有卧龙、凤雏二人，乃是俊杰。不料今天你正好是诸葛孔明的好友，那你快把他叫来吧。"

徐庶一笑，说："此人只能过去找他，不能屈尊过来找别人。您只能枉驾去拜访请他了。"

刘备说："既然如此，那我择日就访他。"

诸葛亮生于公元181年，跟生于公元180年的孙权一样，是当时的"80后"，时年20多岁。这时候刘备40多岁了。让一个40多岁的人去拜访一个20多岁的，着实难得。刘备问明了诸葛亮的家庭地址，择日便动身了。

这一天，刘备带着自己的两个铁杆下属关羽和张飞，还有一些随从，骑着快马，从新野南下，到了襄阳城西 20 里邓县的一块号称隆中的地方。

刘备等人询问了一番，就往一栋乡村别墅去了。

刘备立刻敲门，不一时，一个小童出来，取了门闩，移开了半扇门。刘备忙说："打扰小哥，请问这是孔明先生的私人住处吗？"

小童说："是的。"

刘备说："哦，那烦请禀报，当朝左将军，领豫州牧，封宜城亭侯，表字玄德，汉室宗亲刘氏，权督新野军事，前来望名求见。"

小童说："哦，这么多人。"

刘备说："不是，就只是我，你就说我是刘备便可以了。"说完递上名策和拜帖。

小童接了后说："您找家主有什么事？"

刘备说："特来拜会。"

小童说："他出去了，现在不在。"

刘备问："那估计多久回来，是去哪儿了？"

小童扭捏了一下，终于说："去襄阳，不知多久能回来。"

刘备见状，便对小童说："小哥，那就不打扰了，这里有一点小小的礼物，是一只古董犀杯，权且留下，改日我们再来。"

小童接了，朝着这个好像牛犄角的东西看了一下，道谢，于是阖门回去。

刘备对其他人说："我们今日白来了，就先回去吧。"

就这样过了 10 多天，刘备对关、张二人说："今天我们没事，你们跟我走百十里路，去一趟隆中吧。"

张飞说："这么一个破落户，还要我们去请，想是请来也没有什么用。"

刘备忙止住他说："我听水镜先生说了，识时务者在乎俊杰。既然水镜先生和元直先后推荐，想来终不会有差。从前齐桓公访东郭野人，5 次往返方才见上一面。古人说，千金买马骨，即便不是大贤，我们这事情传开去了，大贤也会不胫而走的。"

关羽说："我听说，这诸葛孔明的大姐嫁给了蒯祺，这蒯祺和蒯越是同族的，现为荆州房龄太守，蒯氏是荆州第一大姓。孔明的二姐嫁给了庞德公的儿子庞山民，庞德公是本地的大名士，隐居在岘山之下，刘表多次请他不来，以至亲去请才行。这诸葛孔明娶的是黄承彦的女儿，据说是个丑女。但是黄承彦娶的是荆州本地第二大豪门的蔡姓，这蔡姓中蔡讽的姐姐嫁的是从前的太尉张温。蔡讽的大女儿嫁给了这黄承彦，二女儿嫁给了刘表，而蔡讽的儿子就是蔡瑁，刘表手下的水军都督。上次跟蒯越要暗害我们主公的便是他。我想说的是，这诸葛孔明的夫人按理要管刘表叫姨父，孔明也要管刘表叫姨父。总之，他家跟荆州本地的豪门望族，无论在官还是在野的，都结有联姻。那庞德公说，诸葛孔明是卧龙，他侄子庞统是凤雏，他的干弟弟司马徽是水镜。那水镜先生说的话，其实是从庞德公那里来的。总之，此人我们请到了，也算跟蒯、蔡两家和庞德公这士林领袖都结上了关系，即使再跑上百十里路，也是值得的。"

刘备说："如此说来，我们还是要去再找找诸葛孔明。估计认识了他，庞德公一家，蒯、蔡两家，都不疏远了，岂止一个庞德公的干弟水镜先生。"

于是，刘备再次打马，带领二人和一些随从，南下奔襄阳地界而来。到了邓县的隆中，但见川原幽旷，景物鲜澄，与上次来时又别有不同。张飞说："诸葛亮不会这次又玩失踪吧？赶紧找到他吧。"

敲门之后，小童又来开门。一见刘备诸人，赶紧一笑，忙说道："列公可好，我家家主日前已经回来了。"

刘备当即大喜，忙问："不知此刻是否方便进去拜会？"

小童狡黠地一笑，说："只是不巧，因为我家家主回来后立刻就带着我家主妇外出游玩儿去了。"

关羽一听问说："你们家主妇，是不是就是黄承彦老丈的女儿黄小姐？"

"是啊。"小童说，"黄主妇和我们家主一起玩'云深不知处'去了，不知这次要去几天。"

刘备一听忙说道："既是如此，我们也就不便打扰了。这是一点薄礼，是个玉鹅，表示企望的意思，还望转达。"

小童接了礼物，拎着这个白绿色的小鹅，要阖门进去。

众人也转身要走，就听院屋里边，有人大声吟唱。听上去，啸歌玄远，飘然神爽。刘备忙问："怎么里边有人吟哦诗赋之声啊？不会是你们家主偷偷跑回家了吧。"

小童一笑说："不是，这是我们家主的弟弟，三先生诸葛均，在里边学习功课呢。"

"哦。原来如此。"

关羽问："你们三先生？那你们大先生是何许人呢？"

小童说："大先生诸葛讳名谨，现在东吴孙讨虏将军驾下官任中司马。多年没来了。"

很快，一干人等回到新野，预备下次再访孔明。

第十九章

卧龙出山

　　夏天清晨来得很早，诸葛亮这个斜杠青年，也慢慢地醒了。

　　诸葛亮见自己的好友纷纷找到了自己的去处：有投曹操的，有奔自己的大姨父刘表的，还有徐庶这样奔了刘备的，只有自己还在待价而沽。虽然稳坐钓鱼台并不着急，但天下混世已过 18 年。再拖下去，怕是要宇宙澄清，没有机会了。

　　诸葛亮吃了早饭，便到村边水塘处开始读书。

　　这时，只见冷清的阳光下，有十余人，或骑马或步行而来。诸葛亮心想，这怕又是刘豫州一干人第三回来访了吧。

　　不错，来的正是刘备。刘备诸人走得近了，但见一人，身高九尺（190 厘米），葛巾深衣，清新儒雅，容貌甚伟，令人惊异。刘备见山野之中有这般人物，不是孔明又能是何人？连忙滚鞍下马，命关羽前去打听。

　　关羽眯着眼睛过来，抱拳拱手道："敢问这位小哥，可是南阳郡隆中孔明先生吗？"

　　诸葛亮连忙站起，施礼说："正是在下，不知列位可是刘豫州一行人。"

　　关羽说："某不才，正是本朝偏将军，汉寿亭侯，姓关字云长。先生稍等，我这就回报给刘将军过来。"

　　关羽连忙转身奔到刘备身前，汇报情况。刘备一听，连忙带着关、张二人过来。诸葛亮一看，前面这个人白面大耳，身长七尺五寸，外柔内刚，英姿勃发。后面跟着一位，长得跟黑炭一样，想来便是幽州涿郡少年中的翘楚张飞。

　　四人互相施礼完毕，诸葛亮连忙就上两次没在家之事道歉。然后，他将三人让入院中，进堂上落座。刘备跪坐在客位上，见案上摆着犀角杯和小鹅，不禁莞尔一笑。诸葛亮命令自己的夫人也从后室出来相见。

刘备很懂礼仪，低头不看对方，相互施礼。抬身之后，略略一瞟，但见黄夫人黄发黑脸，跟张飞倒是很有一配。心想这个黄小姐长得真可谓飞沙走石、鬼斧神工。

诸葛亮命仆人摆上茶饭来，大家分宾主落座。然后，大家先畅谈了一些细枝末节之事，接着慢慢转到天下大势之上。不过因为是初次见面，诸葛亮并未多说，只是提了几个点而已，但这几个点对刘备来说，也足矣醍醐灌顶了。

见天色稍晚，刘备道："孔明先生，我如今驻兵新野，正是求贤若渴，水镜先生和元直兄弟，多次引荐先生豪俊多才。不知先生能否随我出山，以周旋天下之事，保荆州一方平安。"

诸葛亮说："我本是野逸之人，不应出山。但感激将军三次往顾，又询问当今天下世事，亮愿追随将军，以报将军知遇之恩。"

刘备一看诸葛亮答应了，就瞧了下旁边的关、张二人。关、张一看诸葛亮没有作态懒散地不去，也就把他倘若说不去自己就将冒出的怒气化掉了。于是刘、关、张三人就一起举杯，庆贺致谢诸葛亮同意不辞劳苦，不贪图山林之逸，愿许刘豫州贡命献力于前敌。

于是，当日刘、关、张三人在诸葛亮家住下休息。次日黎明，诸葛亮欢天喜地地辞别了家人，收拾了行李，嘱咐好了弟弟诸葛均认真读书。随后与刘备等人，直奔新野而去。

到了新野，诸葛亮住下，也没有委任什么职务，不过是跟着刘备作为宾客参谋议事。每次议事，诸葛亮都能说些什么，刘备觉得他确是有些独到见地。同时，对一些事情的观点诸葛亮也往往从刘备的立场出发，刘备感觉诸葛亮对自己也是忠心耿耿。这样过了不久，两人关系越发不错。这一日，刘备把诸葛亮叫到自己屋里，让杂役和亲信都出去，他要和诸葛亮谈些深刻的事情。

刘备望着人都出去了，门也关上了，就咳嗽了一声说："孔明，坐。

今日叫你来，是想谈谈天下大事。从几十年起，汉室即已势微无权，奸臣相继篡夺国柄。如今皇上亦被人挟持，孤自然德性不高，力量有限，但是有意伸张大义于天下，只是智慧短少，法术尚浅。所以这些年来东奔西跑，一无所成，直到如今，不知你有什么好的办法，可以说说。”

诸葛亮早有准备，于是摸了摸自己嘴上的小黑胡，亮了一亮英伟的脸，整了整身上不算太高级太华丽的衣服，说：“将军，自董卓以来，天下豪杰并起，均据有州郡，不可胜数。曹操比起他的旧主子袁绍，兵微将寡，然而几年前克败袁绍，反弱为强，全是曹操任用贤能而为。如今曹操仁力并举，战败袁绍，欲混一天下，拥众百万，挟天子以令诸侯，此今情况，确实不能与之争锋。”

刘备觉得自己有了些面子，说：“是啊，孤早就料想袁绍不能降服曹操，所以早做绸缪，撤到荆州楚地，以求异日再举。而今曹操确实不能与之争锋啊。”

诸葛亮说：“不过，欲与曹操争锋，乃是大义所趋，只是将军需要结得援手。孙权如今据有江东，已有十数年，有长江之险，庶民依附，贤能为用，可以作为将军的东援。荆州这里，北有汉水屏障，南通南海，西连巴蜀，可以作为用武之基地，而刘表势不能守住荆州，此正是上天所以给了将军。不知将军对它是否有意？再有，益州四面险山，中间沃野千里，乃是天府之国，汉高祖借着它创成帝业。而益州牧刘璋为人暗弱，下面贤能之士思想着换得明君。将军乃是汉室遗胄，信义传于四海，总揽英雄，求贤若渴，如果能够跨有荆、益二州之地，依其高山大水为险阻屏障，再西和诸戎族，南抚众百越，东结好孙权，内修定政治，等待时机。未来天下形势有机可乘，将军派一上将以荆州之兵北伐中原，将军身率益州之众北攻关中，两股并力，则曹操可破，霸业可成，汉室可兴啊。”

刘备听了，多年积累的抑郁和愁闷一扫而空，仿佛暗夜行路之人望见了北极星，立刻明晰了自己的未来大战略出路和方向。他当即拍案称道："善！你之所言，真是振聋发聩，孤第一次听到有人给我画出了这样正确的前进路线图啊。"

于是刘备与诸葛亮情好日密，有形影不离之势。关羽、张飞等人见了，都不乐意了。关羽觉得虽然诸葛亮社会关系多，是要请来，但主公也不必对他如此亲密抬举啊。关羽这人骄傲，素来善待士卒但是骄于士大夫，看诸葛亮后来居上，闷闷不乐。张飞虽然是敬爱君子但不宽恤小人，但这诸葛亮也尺寸之功皆无，也没有什么能征服张飞之心的。于是两人到处说诸葛亮的坏话。

终于，话传到刘备耳朵里，便把关羽和张飞叫来，教导说："听说你们在外面不断诽谤诸葛孔明先生。你们是不知道，孔明先生给我分析天下大势，和未来战争走向，是如此云云。"于是把诸葛亮的这般战略对话对关、张二人说了，然后说："你们听听，这计划比起张良、韩信有何逊色？孤家有了孔明，犹如鱼儿有了水。希望你们两个回去，好好学习领会孔明的话，不要再乱说乱嘟囔了。"于是两人方才作罢，但是肚子里还是咕咕唧唧。

第二十章

赤壁前哨战：孙权打黄祖

公元 207 年，也就是建安十二年，如前文所说，曹操在得了冀州等北方四州之后，便听从郭嘉建议，力排众议，举兵出塞，北伐辽东乌丸所麇聚的辽东郡治柳城，以绝后患。

消息传来，刘备自觉这是个龙腾的机会，终于可以不再受屈于刘表。他慌忙骑着快马，跑到襄阳城刘表那里，见到刘表说："使君，现在曹操空国出塞以征柳城，他的邺城空虚，许都更是空虚。如果使君命我与诸将北上袭许，可一战进入许都，到时候您也大驾北移，皇上也就在许都和您一起共事，您匡扶汉室的夙愿也就一朝得申了。"

刘表觉得这确实是个好主意，可操作起来不容易。刘表这人不懂兵事，要想打仗，还得依靠刘备。他想：如果给了刘备的兵太多了，刘备出去，就自己保着皇上，在许都过好日子了，根本不理我了；如果给刘备的太少了，则北上一趟也是劳而无功。

因此刘表说："刘使君，如今孙权蠢蠢欲动，总盯着我的江夏。如果我们北上，孙权必定出击。你的主意确实极好，只是当下分身乏术啊。"

刘备看着他那样子，知道他是万不肯武装自己北上偷袭许都了，于是只好说道："明使君所讲，确实为刘备所考虑不及。那当下之计，还是严防孙权吧。"

说完刘备便告辞了，垂头丧气地回到新野。

话说到了年底，曹操从柳城大捷而还的消息传到荆州，刘表既惧又悔，这下曹操已经坐定了北方，连最北边的后顾之忧都没有了，那接下来就是该瞄准自己了。于是他连忙叫来刘备议事，说："刘使君，我悔不听使君之言，把这样一个南北钳击曹操的大好机会给丢了。哎呀！"

刘备只好安慰刘表："如今天下分裂，日起干戈，未来机会还有很多。只要以后的机会抓住了，这次也不足为恨。"

说是这么说，但大家都知道以后就是别人抓他刘表和曹操相打时的机会了。刘表闷闷不乐，自去看书不提。

转眼到了 208 年的春天，回到邺城的曹操开凿玄武池训练水军，准备南下。训练水军需要一段时间，而孙权那边早就训练好的水军，此刻已急不可待地再次攻伐江夏了。

荆州这个地方，古称楚，辖区大约是现在的湖南北部和整个湖北，地势平坦、物产丰饶。其东部有一郡，是荆州七郡之一，大号江夏郡，郡守正是曾经把祢衡给宰了的黄祖。黄祖今年 61 岁，从前杀过孙策，跟江东孙家有杀兄之仇，待的地方也是交通要道，即在扬州与荆州间。于是他挨打，是不可避免的。他的手下有一个叫甘宁的人，字兴霸，是益州巴郡人，从小大有力气，召集了不少少年，建立起一个地方武装组织，后来为了找个靠山，便带着家奴与少年 800 人去见刘表。刘表是个文人，不喜欢甘宁这种天天舞枪弄棒之人，因此也就没有重用他。甘宁也觉得在刘表不会有出头之日，所以便想向东去投奔孙权。但他的人马不愿远行，便只好先依附在夏口的黄祖那里。孙权第二次征讨黄祖时，差一点抓住黄祖，后来还是甘宁暗中射死追赶的凌操，才解救了黄祖。但黄祖回来后，只字不提。而后，黄祖的都督苏飞曾多次在黄祖面前提及甘宁的功绩，但黄祖就是不为甘宁加官晋爵。甘宁于是说服下属，共同逃往吴郡。后经周瑜、吕蒙推荐，到了孙权身边。而孙权很把他当个人物，把他和自己的老人儿并看，于是甘宁总算心"甘"情愿地"宁"了。甘宁感觉到知遇之恩，也开始有了积极性。这一天，他跑去对孙权献计说："如今汉室倾微，曹操骄纵，早晚要篡权。荆州这个地方，江川流通，山河便利，确实是您西边的一块好地方啊——前提是您把它拿过来。我看刘表没有长谋远虑，儿子又蠢，迟早要丢了这荆州。如果您不早下手，恐怕就被曹操抢了去。占荆州的第一步，应该先取黄祖。黄祖如今年老，昏聩已甚，缺粮缺钱，只能跟官吏将士们要。下边人被要惨了，都恨他。您如今急去攻击，战胜可保百分百。然后再击鼓西行，占据荆州，越扩越广，可达巴蜀。"

确实，一番话说到了孙权心里。旁边长史张昭正好在座，却不乐意了。责难他说："东吴内部形势危惧，若再出去打仗，必然会再次闹出内部叛乱。"

孙权这个"80后"，自从掌权以来，已经越来越耐不住张昭这个老头子了。孙权好玩，喜欢手搏猛兽，张昭就劝他，孙权笑嘻嘻认错敷衍但就是不改。后来张昭索性把他比作桀纣。

张昭说完，甘宁回嘴道："国家把如萧何一样的职位给了你，让你负责搞内政。结果你搞得现在担心要反乱，你这样拿什么去希慕古人。"

这一句，气得张昭说不出话来。

孙权不等张昭说话，就举起酒杯递给甘宁："兴霸，我今年就听你的，再讨黄祖。如同此酒，交给你就是决定了。你就勉励替我们谋划，务必克杀黄祖，就是你的大功，何必嫌张长史有些为难你的话呢？"

这话既鼓励了甘宁，又维护了张昭的面子。意思是张昭作为内政管家，从内政角度说些责难你的话，也是他的职责，你不用介意。同时，这也是对张昭进行了肯定。孙权善于维持各方面力量和山头的平和，作为外乡人跑在东吴混，他有许多外来诸将与本地山头、豪族巨姓，以及新老臣吏的关系需要弥平，孙权擅长这个。

于是，为了赶在曹操南下之前，孙权即亲督兵马，以周瑜为前部大督，以吕蒙、董袭、凌统为大小先锋官，以甘宁负责谋建方略，逆江而上，水陆并进，向荆州的腰腹地带——也就是湖南和湖北交界处的江夏郡攻去。

这一天，黄祖正在郡治办事，忽然高级副官来报："报，大帅，东吴水陆军万余，再次进攻我们江夏来了，目前已逼近夏口。"夏口就是今天的武汉汉口。

黄祖马上亲自带兵增援前线。夏口城依汉水和长江的交叉口，傍着小山，在交叉口的西北侧。而在夏口城的长江对面，则是今武汉之主区武昌；夏口城西南侧的汉水对岸，便是今武汉之汉阳区，这两处在当时还都是一片绿色。黄祖自己守夏口城，他的舟军司令陈就在江面排开战船，用两艘艨艟大战船横着一左一右挟住江面，用一根长长的棕榈大绳系在船头，另一端系在对岸上的巨石上，另一只船也是如此，从而使两艘艨艟大船横着列于江面，从而起到封锁江面的作用。这种艨艟大船以生牛皮蒙住船的覆棚，使它外观更像一艘潜水艇。船的两厢开有一溜船桨击水孔，每个船桨击水孔左右又开有弩窗，以及长矛窗口，靠着弩箭和长矛，令敌船不得靠近，即便巨石檑木也砸不垮它。活像江面上的一座移动的城堡。同时，陈就还在每只船上布置了上千弩兵。

弩这东西厉害得很，曾经淘汰了战车。战车在先秦时代，特别是春秋战国颇为流行，战车上面通常是 3 名战车兵，他们身穿牛皮甲，头戴牛皮胄，或者青铜胄。由于当时的箭力道尚不甚大，这些牛皮的防护用具，可以抵挡得住箭，被射上几箭也不怕。而弩却是凶猛的，它是双脚踩着弓背，或者双膝压着弓背，双手拉弦，挂在弩臂（木制）的钩上，因为是双手双脚操作拉弦，所以其材料的韧性极高，可以做得比弓更大。且射出的弩箭，射程远，力道大，穿皮甲能力强，一旦被射中，就小命难保了，穿着甲胄也不顶事。战车兵的皮甲扛不住力道很大的弩箭，个体庞大、队形密集，不善于避箭的战车无疑成了众矢之的。于是，战车的地位就滑坡，后被拥有更强的机动性而相对能够克制弩的骑兵所取代。

弩唯一的缺点是装添的速度慢，不仅需要双手操作上箭，而且在冲锋突击时也不如弯弓放箭来得快。所以弩主要用于设伏和要塞防御——比如在这江上守御的船上，用密集火力疯狂扫射，在开战初始压制敌人。于是在两船上各布了 1000 名弩兵，排成前后三四排，轮番上箭和射击。为了便于从弩窗有效地射击，这两艘艨艟大战船都必须以侧面正对着下游而来的东吴军，而船在水流里是无法侧起来的，它一定是要竖着顺着水待着的，所以就用两条棕榈大绳把船系在对岸巨石上，从而两船横了起来，一左一右列在江上。

战斗刚一打响，艨艟大船上的弩箭便像雨点一样从这水面城墙上交叉密集地射下来了。东吴舟军在船上绝命嘶叫，战士纷纷倒伏于乱箭之下。

东吴舟军又逆着水，被乱箭射得无法穿过这个死亡封锁线。一看伤亡太大了，偏将军董袭、破贼都尉凌统这两个二级先锋官，各自挑出100人组成敢死队，敢死队员每人披两层甲。然后乘两艘大舸船，向两艘艨艟大船突去。船上人硬被射死数十，付出极大牺牲后才终于靠在艨艟船下。董袭举起大砍刀，冒死连劈，可算把左边这只艨艟大战船船头的棕榈大绳砍断。这船失去了维系，顺着水流就往吴军那面斜去了。那船马上就顺着江流打了竖了，只能侧着勉强射几下东吴舟军的侧翼了。随即董袭又往右边的那只艨艟大船驶去。那凌统一直都未突进到艨艟的绳前，董袭奋力超过了他，靠近大绳，一刀将其砍断。这只大船终于也斜横着顺江下去了。

望着这两只大怪物，慢悠悠地斜下去，就好像横江的两扇闸门一样打开了。东吴船只赶紧速划跟上，与后续江夏舟船鏖战。先锋官吕蒙手持长槊，顺着搭上去的船板，一纵跳到江夏舟船司令陈就的船上，一槊将其捅死。

然后，东吴军打烂这批江夏舟船，向夏口城靠去。吕蒙、董袭、凌统领着各部水军纷纷上岸。后面主力也登岸跟上，猛攻夏口城门。虽然凌统没有完成水上任务，但第一个上岸杀到城门口。吕蒙则拎着陈就的人头，朝着城墙上的江夏兵连叫再嚷嚷。

黄祖岁数大了，但是还想多活几年，一看下边自己最依赖的水军司令已经阵亡了，顿时万念俱灰，开了北城门，自己率先逃跑了。

城上守军找不到主将，无心恋战，任凭凌统、吕蒙等人遂攻入城中。这时候，黄祖正往北跑至襄阳城，却见东吴一支骑兵队在紧追不舍地追他。

黄祖的腿被后面的骑兵一箭射中，扑通倒地，后面骑兵全追上来了。黄祖拔下腿上的箭，举着当作武器顽强搏杀，最后被东吴骑兵冯则砍下了脑袋。

胜利的喜报和黄祖的脑袋一起传送到了孙权的营帐里，孙权不禁想起自己的爸爸孙坚当年被黄祖射杀，至今已有 15 年了吧。孙权随即重赏各个战斗英雄，升吕蒙为横野中郎将，赐钱千万，然后上表朝廷，汇报自己的作战经过。

起初，孙权做了两个盒子，自称要装黄祖和苏飞的首级。如今，黄祖已死，苏飞也被逮住。就在孙权要杀苏飞时，甘宁突然下跪叩头，声泪俱下。他说：“我甘宁不遇上苏飞，肯定早已弃尸荒生了，也不能在您手下效命。如今苏飞罪该被杀，但请将军看在我的面上，不要杀他。”孙权被甘宁感动了，不过又转念一想，对甘宁说：“现在为你放了他，他跑了怎么办？”甘宁说：“他感念您的恩德还来不及呢，怎么可能跑掉呢？如果跑了，就拿我的人头顶替他的。”于是，孙权赦免了苏飞。

就这样，经过三次征讨，孙权最终打败了黄祖。

第二十一章

拿曹操开涮的下场

曹操见了孙权的喜报和奏章，好不恼怒。心想，竟然被这个貉子抢了先。不过，既然说刘表不给皇上上贡、行为僭越已成割据势力，我伐刘表算是正义的，那为什么不许孙权替君效命伐黄祖呢。于是，曹操命太中大夫孔融（字文举）去接待孙权使者。

孔融这人很能说。每次汉献帝召集群臣议事，皇帝发问完了，旁边的诸卿大夫只是列席摆个样子而已，只有孔融在各种讨论。的确，有学问的人常犯的毛病，就是管不住自己的舌头。多说倒不算什么坏事，就怕说错。4 年前，曹操引漳河水围邺城，擒杀了审配，得了邺城，进城之后，他儿子曹丕就把三国四大美女之一的甄氏给抢了。不但如此，袁氏的媳妇姬妾和闺女们，也被曹军将掠走。

于是，孔融就从许都给曹操写信，谈古论今时冒出一句话："周武王伐纣的时候，把妲己赐给了自己的四弟周公。"曹操认为孔融博学，必是有什么典故。所以回到许都之后，曹操就很有求知欲地去问孔融："孤家也年来看书，我印象里《尚书》《左传》都没有武王把妲己赐给他四弟的事儿啊？不知文举是在哪个细节里看到的？"孔融说："以今例推测古人，想其应当是这样吧！"一句话说得曹操一愣。随后一想，明白了，这孔老二是说自己答应曹丕的请求，让她娶了阿甄，犹如周武王答应把敌人的老婆嫁给自己的四弟一样啊！周武王当然不会这么做的，这不是在埋汰孤家吗！

曹操嘿嘿一乐，他自己也是喜欢开玩笑的，这回却被人开了玩笑。虽说敬佩孔融说得妙，但是挖苦得太狠，也只好苦笑吧。

之前说过，曹操力排众议要去讨伐乌丸和袁尚。临走时，孔融嘲曹操道："大将军远征，在海外吃苦。从前肃慎人不给周天子上贡楛矢，苏武在北海牧羊的时候丁零人偷他的牛羊，这两件公案也可以一并处理了。"

这是把曹操伟大事业庸俗化，暗讽曹操吹毛求疵、小题大做。即他这远征乌丸，就跟给苏武的羊被人偷了而去报仇一样，是小题大做。而肃慎族从前一贯不通中原，但周成王的时候竟然送来了楛矢，是因为周成王有明德，现在曹操用打的办法去逼肃慎就范，也是境界低下了。

孔融态度上对曹操征乌丸、袁尚不热心，不知是因为他喜欢北方袁尚那些残余势力，不喜欢曹操去讨他们，还是怕曹操讨平了幽州乌丸和袁尚，志得意满，功高无限，就更得欺负汉献帝了。

等曹操秋天回来之后，孔融见曹操平定乌丸以及整个北方之后其独裁渐渐显著。曹操自从征得冀州之后，就有加强独裁专制的意思，表现为在冀州下达了打击豪强兼并的法令，这有打压豪强的同时提高自己独裁地位的意思。

孔融对曹操的转变和做法不堪接受，于是多次发言。但发言的时候他又不正经地说，总是贬损曹操，以至于多次忤逆曹操。从前，汉献帝初到许都不久，孔融还曾经上表要按照古制，在王畿千里之内，不许封建诸侯。这显然是要防着曹操、袁绍这些人，怕他们分汉献帝的地盘。看得出，孔融显然是个"保皇派"。

此时，曹操感觉到孔融的批评议论越来越过了。已经不是像从前似的说个妲己的事，而是有点儿人身攻击了。但是孔融名重天下，曹操只能外在做出不在意的容忍态度，但是心里越来越忌惮他发表议论，鲠扼自己的大业。

御史大夫郗虑，本是孔融的老乡，是经孔融察举走向仕途的。但如今跟孔融关系相恶，甚至在汉献帝面前互相对揭老底儿。他看出了曹丞相的心焦，于是就为曹丞相当马前卒，主动献殷勤，揪了孔融一些小辫子，他上奏朝廷把孔融的将作大匠的官衔给免去了。

曹操却装不明白，自称这是郗虑跟孔融之间的私人不和，导致郗虑奏免孔融的。于是他写了一封信，中间反复劝告孔融要和郗虑和好，以大局为重，学习蔺相如和廉颇。孔融也回信敷衍说，虽是我推荐的他，但他能秉公把我这个不称职的人给免了，我应该高兴啊，我根本不与他计较。

不久之后，孔融又被恢复了官职，当太中大夫。但是这官儿却小了许多，是个闲官。孔融因为官儿小了，也懒得上朝了，就在家里耗着，整天招待亲朋高友。因而也号称"座上客恒满，樽中饮不空，吾无忧矣"。孔融素来喜欢提携后人，对别人的错误，就当面告诉他，但是在人的背后则专门说优点。所以，海内俊杰都信服他。

孔融现在似乎不再攻击曹操、讲些歪理了，但曹操心中已经积下了对他的怨忌，为了给孔融创造更多犯错的机会，他又让孔融接待孙权使者。

果然，孔融跟孙权使者说了很多"讪谤"曹操的话。具体内容是什么不知道，但可以从过去的做法推测一二。从前曹操北上与袁绍相拒时，孔融就跟尚书令荀彧说过怀疑曹操能否成功的话，似乎不太看好曹操北上。曹操伐乌丸时，孔融就干脆嘲弄他，主张对荆州不要动武。看得出他是个非攻主义者，至少是不希望曹操老出去打仗。于是，可以想见他对曹操要打刘表的行动进行了嘲讪。

这次，御史大夫郗虑又出来了，抓住了孔融"讪谤"曹操的话，并用奏章上报。其中说：孔融从前在北海国，看到王室不安宁，而召集部众，欲图谋不轨。与孙权的使者谈话时，诽谤讥讽朝廷。而且，以前和贱人祢衡聊天时言语放肆，互相标榜。祢衡说孔融是：孔子不死。孔融说祢衡是：颜回再生。真是大逆不道，应当处以极刑。该奏章经曹操批准，上报朝廷，随后宣判就来了：孔融与孙权使者交谈时，讪谤朝廷，论处以弃市，妻子儿女全家抄斩。

孔融时年56岁（长曹操3岁），他就这样因与曹操政见不合且多次挖苦曹操，而付出了自己的性命。

孔融的死确实引发了一大片思考和议论。曹操颇为害怕，于是下了一道命令，把孔融的罪状正式再下发一遍，以正视听。

　　与此同时，孔融的好友京北人脂习特意到悬挂孔融尸体示众的地方。他抚摸着孔融的尸体，说："你弃我而死，我为什么还要活着？"官差当即把其扭送给曹操。不过，曹操害怕引发更多问题，于是将脂习释放了。

　　总之，孔融的死，对曹操很不利。人们似乎真的开始怀疑曹丞相南伐对汉室不利的说法了。于是有人到处嚷嚷："南方到处都是瘴气，如去了南方，就不能生还了。"

　　曹操就在这样内部不和、甚至相互猜忌的背景下，准备着南下伐刘表乃至东吴了。

第二十二章

刘琦逃离在外真的对他好吗？

　　刘表确实遇上了大麻烦，那就是他的两个儿子正在为继承权互掐。这是因为刘表自从黄祖被杀之后，自己的病也在这打击下加重了。

　　刘表生有两个儿子，一个叫刘琦，一个叫刘琮，琦和琮都是美玉的意思。刘表本人长得姿貌如仙，犹如润玉。老大刘琦长得像刘表，爷俩在一块儿一待，好像双月辉照。而老二刘琮长得不怎么像玉。刘表的夫人死后，就续娶了荆州豪族蔡家的二女儿。也许是为了进一步加强跟蔡家的联姻，刘表就让二儿子刘琮娶了蔡后妻的侄女。

　　蔡后妻是个很有家族意识的人，因为侄女嫁给刘琮了，于是就甚爱刘琮，而不喜欢没有娶她们家孩子的刘琦。因此，蔡后妻就整天对着刘表吹枕头风，说刘琦如何无耻。蔡后妻是个美人，一笑起来，媚态娇羞。刘表爱着她，于是每多信受她的话。这么美丽的人怎么会说不真实、不美丽的话呢？而且，刘表妻子的弟弟、外甥张允也在每天诋毁刘琦而称赞刘琮。于是刘表开始对刘琦有些不好的想法。

　　看见刘琮那边越来越有根有枝，自己则叶枯势单，刘琦每日彷徨斗室，心情甚苦。

　　这一日，忽然听说刘豫州将军带着新请来的诸葛孔明先生和关、张二人，来襄阳谈事。刘琦忙跑来，见到刘备，施礼毕，互相坐下。刘备说："大公子啊，我最近得了个能人，就是诸葛孔明先生。"

　　刘琦说："恭喜刘使君啊。我也正有事要问您一句，如今我爹越发听我后母之言，疑我的为人，我弟弟跟蔡瑁、张允，又非常相睦。如今我如何挽回慈父之心，和弟弟又恢复敬悌相爱啊？请好好教我一下。"说完，就要给孔明施礼。

　　孔明和刘琦原本就是认识的。这时候孔明拿着一把羽扇，说："欸，刘使君，我们还是谈谈昨天看的一个百戏吧。想起来那个小孩用肚子顶在铁叉子上，被举起了一丈高，在上面翻腾做动作，甚是精彩。但我看那孩子的爸爸，吓得急得在下面仰着脖子，团团地围着转。唉，也蛮残忍的啊。"

刘备说："是啊，百戏这东西，还有斗兽什么的，孤家都觉得少来点好，君子欲远庖厨也，何必做这样图害生灵的事情……"

刘琦一看人家根本不接自己的话茬，气得下巴发亮。但是自己辈分在那里，只能忍着，就装作自己没说。

兄弟一干人和孔明闲聊已罢，辞了刘琦，回去休息了。

刘琦心想，那孔明必是因为人多，不肯说我们家的事。也罢，我明天就找个没人的地方跟他说。

次日，刘琦又把诸葛亮请来了，一起跟自己游逛后花园，然后就到高楼上吃饭。在三层楼的最高一层，孔明向外眺望，这里真是好高啊。

诸葛亮说："现在襄阳也真是繁庶了。荆州沃野千里，士民殷富，本是从前不怎么开化的楚国地盘，但是随着这些年中原士人避乱南下，名流麇聚以千数。你看你这里房子都住不开，被迫要修楼了。在我们隆中，土地不值钱，有哪家修楼的？"

刘琦也无心跟他闲扯，忙指挥着仆人把饭菜端上来摆好。于是诸葛亮和刘琦二人，隔着案子对饮。刘琦令下人下去："你们都下去，下去之后，把梯子撤了。快点！然后你们都出楼！"

只见下人们下去之后，把二楼通到三楼的梯子给撤了，然后又下去，把二楼的梯子也撤了，随即退出。

刘琦笑了一下，然后又哭丧了脸，说："今日上不着天，下不着地，话出于您的口而入于我的耳，先生可以说了吗？"

孔明说："说什么呀，还是百戏的事儿吗？"

刘琦哭丧着说："现在我爹越来越不喜欢我了，我该怎么办啊，还请先生赐教啊！"

说完，便跪下砰砰磕头。

诸葛亮放下扇子，说："这个倒也好办。你不见申生在内而危，重耳在外而安吗？"

这一句话点醒了刘琦。却说那先秦春秋时期，晋献公宠爱美妾骊姬，让她做正夫人。骊姬为了让自己的小儿子奚齐当上接班人，就劝说晋献公把大公子申生、二公子重耳、三公子夷吾，分别派到边境上的曲沃、蒲城、屈城去驻守。三个公子到了外地之后，离得晋献公远了，距离产生了可挑拨的空间，骊姬及其一党就拼命说太子申生的坏话，并劝晋献公让申生领兵到外面打仗。按理说，太子应当以孝取君位，而不是以功劳取君位。功高的大将尚且要被杀，功高的太子可以想象了。

结果随着申生打仗越来越有功，骊姬就进一步诬陷申生有了本事现在想提前抢班夺权，杀老爹造反。随后，又在申生送来的祭肉里下了毒，说他要毒死晋献公。于是晋献公怒了，派人到曲沃，命令申生自杀。同时骊姬说二公子重耳、三公子夷吾也知道下毒的事情不报。于是，也一并派兵去捉拿他俩。申生出于对老爹的孝，拒绝下属给他的逃跑的建议，奉命自杀。而二公子与三公子比较能变通，都举兵守城抗拒老爹，然后各自逃奔列国。随后，这哥俩相继在老爹死后，又在外国势力保护下，轮番回国当国君。其中，重耳就是春秋赫赫有名的第二霸主——晋文公。而第一霸主就是孔明总自比的管仲所侍奉的齐桓公。

可见，根据这个故事我们能推出，孔明说的"申生在内而危，重耳在外而安"，根本是站不住脚的。二人都是在边境城邑上（在外），离得老爹远，由着在老爹身边的骊姬和她儿子奚齐来潜害他们。尽管重耳后来逃跑到诸侯列国是安全了，但申生只是因为在曲沃接受自杀指令，不肯往外国跑罢了。

其实同孔明所讲的恰恰相反，越是在内，越安；越在外，越危险。申生驻扎在曲沃，重耳居住蒲城，俩人都远离国都，任由骊姬随便说他们的坏话，都是危的。而留在国都内的骊姬的儿子则是安全得很。再看袁氏，袁绍让大儿子袁谭出任青州刺史，而自己喜欢的三儿子袁尚留在身边，最后接班的也是近水楼台先得月的袁尚。

刘琦一听诸葛孔明所说，觉得很有道理，于是当即大谢孔明。

孔明说："日前，江夏郡大帅黄祖，被孙权东吴兵杀死，我和刘使君这次来，就是帮忙研究对策来了。我听说，北边曹操也刚刚杀了孔融，大约曹军不久也会有举动。你不如乞求出任江夏太守，接替黄祖。这样你在外，就安了啊！我和刘使君，也都会帮着你说话的。"

于是，刘琦命人搭上梯子，千恩万谢送孔明出去。孔明这一计，真算是断送了刘琦的前程了。

不久，刘琦恳求父亲，乞求出任江夏太守。刘表正巴不得他远离自己呢，蔡瑁、张允也觉得他走开、离远点儿更好，都同意让他去。

刘琦随即去了夏口——之前孙权攻破夏口城，屠了城。大约因为这里立足未稳，就退去了。然后，命前部大都督周瑜为东吴的江夏太守，驻夏口城以东60里江边的湖北鄂县，东西对峙。

过了两三个月，到了七月，曹操大批人马终于从北方压过来了。随着曹操进军的步伐，刘表的病也越来越重，一直疼得后背上长出了个大包。到了八月，刘表眼看没救了。刘琦闻得消息，急忙北上来看刘表。

进到刘表的住处时，他正在病榻上迷迷糊糊地趴着。从董卓初乱他被派到荆州接替被孙坚杀死的王睿做荆州刺史以来，已经18年过去了。当初的匹马只身入荆州的儒雅英武的刘表，终于也被时间的尘风吹得老弊如豹了。

蔡瑁、张允正好也在此处，听仆人说外面刘琦求见，吓了一跳，蔡瑁赶紧小声对张允说："刘琦这人，装得特别孝顺。就怕他们父子一见，那老家伙病中一感动一软弱，就改口把接班人的位子交给他了。"于是两人赶紧压下消息，急忙跑到户门外，拦住刘琦。刘琦说："蔡舅，张表兄，我爹的病怎样了？我来探望。"

蔡瑁说："使君现在挺好的。使君命公子抚守江夏，以为国家东方藩篱，任务甚重。现在公子把大军都丢在那儿，自己卷着行李卷来了，你爸知道了，必然轰你回去，还要怒责你。你把使君气坏了，伤了慈父之心又加重了他的病，这可不是孝顺啊。在你的岗位上坚守好每一个班，就是对你爹最大的孝顺。快回去吧，快回去吧，真不能进去！"

刘琦无奈，反复恳求，俩人连忽悠再强挟，就是不让他进去。没办法，这里是蔡、张的地盘，刘琦到了门口，想想这就要永别父亲了，进又进不去，不禁大哭，流泪而去。

旁人听到刘琦跑到襄阳来，却被人从老爹门前赶了回去，无不伤感。

蔡瑁、张允回到病房，刘表问："我怎么……听说琦……儿来啦？"蔡、张二人说："没有，是使君出现幻觉了。我们有个罪该万死的请求，现在您该把遗嘱立一立了。曹操已经杀到南阳郡了，现在赶紧立下琮儿，以定人心吧。"

刘表说："拿来笔……你们……写我来……签字啊。"

蔡瑁说："不懂，您慢点说。"

刘表努了努嘴，尽力说话："拿来笔墨……你们来写……我来签字。"

蔡、张赶紧取来笔墨，这时外面仆人又跑进来了："报——报新野刘将军闻听主公染病，前来探问，门外等候。"

蔡瑁、张允一咬牙，赶紧又跑出去了，就见外面刘备、关羽、张飞三人。其中老大低着头，后面两个"青黑瘟神"怒瞪双眼，叉腰吐气，正瞅着蔡、张呢。张允刚要去喊仆从，蔡瑁说："不要喊啦！你不见这两个万人敌吗，多少人才能够用啊？"

赶紧疾走两步与刘备见礼，随后带着刘备进了房间。

刘表在床上说："怎么我……又出现……幻觉了？"

蔡瑁说："不是，这次是真的，玄德将军前来看你，现在就在这里呢。"

刘备忙说："听说使君贵体违和，一贯公务烦身，今日才得空前来探看，不胜惶疚。"

刘表说："贤弟来……得正好，我正有……要事相……托，我的儿……

子不才，诸将也……也不行。我死后，卿便可……摄荆州……帮着他。"

刘备一听，大吃了一惊，忙说："使君，您的几个儿子，都自是贤人。您不要想那么多了，就专心养好自己的病就好了。"

旁边关羽、张飞均是忠义的人，也都微微点头。

于是，刘备放下礼盒，不再打扰。告辞而出。

却说刘表送走了刘备，蔡瑁已经把起草好的遗诏拟好了。刘表仔细看了，确定上边是"琮"字，然后趴着签了名，盖了荆州刺史的大印。不久后背疽疮剧痛，刘表大叫一声，气喘不上，登时气绝人亡。

襄阳城里随后大忙了一通，到处穿白戴孝，二公子刘琮择日祭了父亲的灵和列祖列宗，登位接任荆州刺史。然后刻了个侯印，给刘琦送去了。

刘琦在夏口城，接到印盒子，打开一看，看不明白，找了个纸，在上面一扣，一看字，不过就是区区一个侯。刘琦当即大骂："这都是蔡瑁、张允搞的鬼，硬把我撵了出来，使我们父子临终不得一见！这是谁送来的？刘琮？他算什么荆州刺史？"说完，把大印扔在地上。

于是，刘琦精选数百野战军，都化装成打幡奔丧的去襄阳，以奔丧为名跟刘琮拼命。之后，又叫江夏郡一万兵众，跟在后面，遥相呼应。刘琦哭着，刚走出夏口往北不远，忽听前面有探马来报："报——曹操大军目今已经趋至新野，距离襄阳不过百里之遥。"

刘琦一听，勒住马，思虑再三后对副官说："我们还是回去吧。传我的命令，回到夏口，准备船只，运送辎重粮草战械，一万大军，全部渡江转移江南。在江南择地深沟高垒，待我命令。"

于是刘琦一万人，轰隆隆水陆并进，都逃到江夏郡的长江以南的部分去了，以为靠着长江天险，先保住性命再说。

第二十三章

刘琮开成降曹

刘琮在襄阳也收到曹操率数十万大军逼近新野的消息了，遂召集文武心腹商议对策。刘琮说："曹操现在拥众无数，距离我们北边 100 里。列位有何高见，现在都可以说出来。"

级别最高的蒯越说："曹操已经训练了半年水军，步骑兵无数。这次是带着志在必得的架势。观今形势，我们不如归附了他吧。"

刘琮说："我刚刚掌管荆州，就要投降啊？"

从事中郎将韩嵩是个亲曹派，忙说："以曹公之明哲，天下豪杰都归了他，我们……"

刘琮气得打断说："如今我和各位据有全楚之地，守护先君之基业。今有兵马十数万，舟船蔽江河，江北三郡、江南四郡，中有长江天险，足可与曹操周旋。我想，以孤之大兵，和荆州的亲附，凭先君之遗威，以观天下，都未为不可！"

东曹掾傅巽从众人里闪出来说："逆顺这个东西，是个大体；强弱这个东西，是个定势。如今我们以人臣而抗拒人主，这是逆啊，我们以刚刚不过十年的楚国来抗御国家，这势也是弱的啊；以刘备为将，而敌曹操，又是不能跟他对当的啊。三个方面我们都不行，却偏要打，这是必然亡国之道啊。使君，我且问你，你自料比刘备如何？"

刘琮沉吟了一下，鼓着嘴说："我岁数小，自然不如他。"

傅巽说："如果说刘备不足以抵御曹公，您又不如刘备，那您就是有全楚之地，也打不过他了，更保不住自己。如果说刘备足以抵御曹公，则刘备必不肯俯首在使君下面，您也不行啊。您想想是不是这个道理，使君不要再犹豫啦！"

刘琮想了很久，最终还是叹了口气，说："那把我的印绶拿来。谁愿意出使把归附降表送到新野？对了，这事千万不能对刘备讲。"

众人都说："那是那是，他要捣起乱来，就麻烦了，我们荆州就生灵涂炭了。主公这个决策最好，傅巽说得没有错。"

傅巽便捧着荆州的印绶兵符地图，北上奔新野去了。到了之后，曹操非常怀疑，问下面的诸臣武将："真是天助我也，但是刘景升的儿子，会这样无能吗？"

下面诸臣多说："确实不可能啊。这一定有诈。"

唯有南阳人娄圭说："如今天下扰乱，这些当官的都想顺应皇帝之命以自重身价，如今他们都把印绶兵符拿来了，还有什么可怀疑的。"

曹操于是相信，说："很好，哈哈哈。刘景升竟有这样能识大体的儿子。"当即厚待使者，并打听都是谁力主归降的啊。打听完了之后，当即封傅巽为关内侯，其他蒯越等人，都议好了封侯，就等着到了襄阳时兑现。

刘备这时候还不知道曹操已经到新野，也不知道刘琮已经偷偷派人请降去了。还在糊里糊涂地待着时，慢慢地才发现情况不对，派人跑去问刘琮："听谣言说你们要降曹？"

刘琮实在没办法了，只好派宋忠——这人是荆州学派的掌门大儒，和司马徽齐名——向刘备宣布这个决定。

宋忠说："刘将军，现在曹操大军已到新野，我州人议论已经无法仓促组织抵抗了。"

刘备大惊："不可能，曹操是要南来，但怎么会这么快就跑到我们家门口了？你这是从哪里听来的消息？"

宋忠说："使君，我们也方才知道。这次曹操是听了他的尚书令荀彧的计策，明着摆出旗号在宛城、叶县一道慢慢地走，但是主力轻锐走小路疾行，出乎意料地跑到咱们家门口了。令本州仓促无备，兵民皆惊乱，我们使君无法组织战略抵抗和部署，所以就派人前去新野献表归附了。"

刘备又惊又骇，嚷道："这么说，曹操已经在百里之外了？你！你！

你！你们这些人做事也太不思量，不早告诉我，现在大祸临头了方才对我说实话，这不太过分了吗?!"

说完，便命人推了宋忠出去。宋忠一走，刘备赶忙把关羽、张飞、赵云和诸葛亮、徐庶、糜竺、孙乾一干文武找来，商量对策。

众人也没想到曹操来得这么快，现在布防也来不及了，刘琮那边又降了，众人议定咱们赶紧往南边跑吧。

于是，刘备命令关羽率数百艘战船，上面装满了兵和够他们吃的粮食，以及细软等各种硬通货，顺着门口的汉水南下。

刘备随后带着诸葛亮、张飞、赵云等所有部曲，弃了樊城，南下襄阳来。汉水在这一小段是平行流的，从西向东，樊城在汉水北，襄阳在汉水南。

过了汉水，欲往南奔，先经过襄阳。诸葛亮望着襄阳城这个自己待过十几年的第二故乡；又望了望身后这帮无家可归的异乡人，于是对刘备说："将军，亮有一言，不知将军能否采纳。"

刘备说："但说无妨。"

诸葛亮说："如今，刘琮已是惊弓之鸟，襄阳城内的吏民，不晓得曹操，却晓得将军。如果将军现在引人马，猛攻襄阳，可以劫杀刘琮，其中吏民必应，将军可以顿得全楚之地。然后再以荆州与曹操相拒。"

诸葛亮自从出山以来，净出一些颇有争议的主意。如今曹操来荆州，荆州人心惶惶，再窝里反一下，能挡住曹操数十万雄兵吗？恐怕只有为渊驱鱼，加速曹操破荆州的速度吧。

刘备并不傻，也不全对诸葛亮言听计从。他摸了一下下巴，说："刘荆州临死的时候，让我摄荆州之政，帮着他的儿子，这算是托孤给我了。死人托给我遗孤，我背信弃义，反倒自己抢了荆州，我不干这样的事！将来死了，以何面目于地下见刘荆州？"

孔明当即脸色发红。好在本来一路跑来，大家都气喘吁吁，脸色都红彤彤的。孔明一句话也说不出来了。

刘备还想再争取一下刘琮，让他出来跟着自己一起跑，往南退到重镇江陵一带再去拒守，以求能抗住曹操，跟远来的曹操打持久战。

这倒是比孔明的主意更加可行的办法。

于是刘备就在马上，冲着城头喊："刘使君！刘使君！出来……某有一言相告！"

此时，早有人报告给了刘琮，刘备正在城外，可刘琮则吓得瘫软在席上，根本不敢出来。

刘备看刘琮不敢出来，就只好跑到刘表的墓上，对着刘坟哭泣一番，然后洒泪南行。

刘备刚走不远，就见大批刘琮左右的官吏，还有士民，拖家带口，或者带着自己的部曲，出了南城门，追着刘备上来了。要跟着刘备一起到南方去。刘备大喜，想不到我还这么得人心呢。越往南走（沿着汉水西侧），加入其中的士民就越来越多。

随着人越来越多，部队走得越来越慢。刘备的军民往南走了150千米，到了当阳（湖北省中部）的时候，已经有十余万军民了。这十几万人，带着家产辎重数千辆车子，每天只能走十几里。

有部将就对刘备说："主公，咱们应该往南加速跑，再跑60千米就是目的地江陵了。据我所知，江陵是从前楚国的都城，刘表经营的重镇。那里的军资器械粮草甚多，城高池深，您挑的正是个好地方。但是咱得加速啊。现在虽然人多得铺天盖地，但士兵没几个。如果曹操急速追来，咱这无城无地怎么打啊？就是拿老百姓当人肉掩体，曹操也不畏惧啊。"

刘备一手勒着马缰，一手拿着手戟，迟疑了一会儿说："做大事必须以人为本。有地而没有人，有什么用呢？而且这些人都是奔着我来的，我怎么能丢了他们而去呢？"

部将说："可是这些人只能拖累我们啊。"

刘备说："事已至此，姑且走一步看一步吧。"

这时曹操闻听刘备逃跑，已经把辎重都弃在新野，带着轻锐步骑兵，迅速南下，开进了襄阳。曹操把刘琮好言劝慰了一番，封他做青州刺史，爵列侯。然后又说："你没有跟着刘备这个大耳翁跑，说明你已经明白了顺逆的道理，政治立场非常坚定。你看，孤家这就选派精骑兵五千，日夜追击刘备。这次孤没有粮草，你赶紧连夜准备干粮马草，一切恣这五千骑兵所需。另外，刘景升的灵柩停在哪儿了？等明早他们走了，我就去看他。"

刘琮唯唯诺诺："丞相使命，琮……琮立刻照办。父亲，素来为官清廉，身殁之后，家无余财，本来说送回原籍，也觉得破费，就简单葬在城外了。"

曹操说："好，孤一贯反对厚葬。刘景升做了个好榜样啊。"

说完，自去营屯中休息。

刘琮的部将王威，到了半夜，就跑来找刘琮。聊了几句话之后，就拉着刘琮到外边。王威边走边趁着两边无人，对刘琮说："主公，我跟随先君出生入死多年，荆州百战经营，岂可一朝舍去。现在正有机会，曹操既以得主公归降，刘备又弃城逃跑，对他均构不成威胁，必然松懈无备。他的五千精骑兵明早走了以后，曹操为了夺江陵的军资战械，势必也随后领军南下以疾取江陵。这次曹操来，没带辎重，回去时肯定也是轻兵疾进。不如主公给我奇兵数千，我在南下的险隘道路上设下埋伏，趁着曹操松懈无备，又轻兵疾行，一下子把他绊倒，则曹操可擒。捉了曹操，则天下不愁为使君所得。如此难遇之机，机不可失啊！"

刘琮听得，当即就站在路上不动了。王威说："使君，你是怎么想的。"

刘琮说："王将军，你的心意我领了，但是曹操雄奸，你这样冒险，倘有个万一，孤的性命和全家人口，就全亡了。我老家本是青州，就算不是衣锦归故乡，也胜过在异乡被族掉吧。你这话，千万不可再说了。"

说完，王威再不回头，恨恨地与刘琮分手而去。

第二十四章

长坂坡赵云一战成名

次日，曹操的五千精骑兵已经选出，其中以虎豹骑为核心。

曹仁、曹纯两兄弟都擅长骑马射箭。由于曹仁要随同曹操行动，便由虎豹骑骑督曹纯带着虎豹骑，以及五千精骑南下追赶刘备。只见，矫健英姿的骏马、风度翩翩的骑士、富丽华美的马具，在众人羡慕的目光中，作别曹操诸人，先行南下了。

150 千米的江汉路程，五千精骑兵，一日一夜就搞定了，正好在当阳地区的一块山路长坂上追到刘备。

刘备的十数万人乱哄哄地被挤在这一狭小区域。他们驾着牲口车，背着包袱皮，士兵有的帮着一起努力，往山坡上走。坂上一道细路，两边都是乱石杂草。曹纯见刘氏众人一半已经上了坂了，于是命令："蒙了虎皮的，四人一排，前后集结；蒙了豹皮的，五骑一排，前后集结，作为主突击力量。某某，某某，分兵两支，从左翼右翼，攀山坡攻击坂上刘备军兵。文聘，随我作为机动兵力，待命等候。"

"将军，我们从前面，也就是坂顶向他们正面压击。"

"不行！如果对刘备四面围攻，我们兵力势必稀释，而刘备亦有可能作困兽斗。而绕到前去，也很容易被其斥候发现。我决定，还是用四面攻击围三阙一的部署。虎骑兵、豹骑兵，出发！"

此时，刘备等人在长坂上正往山坡上爬呢，就听后面大队骑兵急驰的声音，随即就见后边一座小山的背后，转出一彪骑兵。这些骑兵腾踏而来，马匹的身上，都蒙着虎皮、豹皮。

刘备军的马匹都不瞎，一看虎来了，纷纷拧着脖子，往后转车子。驾驶者慌忙跳下车，拼命拉着马头，哪里拉得动？马儿们拖着车子，没命地跑，转眼山坡上跑得满野都是。马儿乱跑同时，还没忘把老百姓和刘备的部队撞得东倒西歪。随即左右两侧山坡，都有大量曹军骑兵直驱杀来。

刘备爬上一块石头，从人群头上往下面眺望，然后蹦下来，说："上马！"

随即刘备、诸葛亮、张飞、赵云、糜竺、孙乾等数十人，骑了快马，跟着刘备就往山坡上跑。此时长坂上的路已经堵死了，从两边野坡上迂回，往山顶上跑。到了山顶，立刻往背后山下冲去。

刘备等人跑了，后面的军兵群龙无主，各自为战，或打或降或逃，老百姓则拼命猛跑，辎重车和百姓的家当丢弃无数。

所谓"下坂而走丸"，可见坂这东西就是一个板子状的，斜放着，两侧都是山面山坡。因此下坂就快了，刘备一行人到了山顶，接下来可能是一段比较平的坂面。但走走也总有下来的时候，一行数十骑下到山底，又往前跑。这里因为是山谷，所以就有一条河，河上有一个木板桥，刘备等人冲过桥去。刘备扭头一看，张飞正在身边，就说："唉，贾兵又来了，你截住他们，你断后，你带上20个人。"说着，继续向前冲去。

张飞连忙放慢速度，在队伍里喊："你，你，你，你们几个。"随后便带着这20人往回跑去。

张飞带着人往回疾跑到了桥处，上桥并过了桥，接着在桥头停下。张飞举目一看，现在还没有追兵。于是便和旁边的人聊起天来。

张飞正在这儿闲聊，等着追兵来到；那边曹纯也在山下观瞧。他发现刘备队伍全无有效指挥，想来是那主将已经弃军逃跑，随后又见山顶似乎有人。于是，发出自己和文聘的机动部队，抄小道上山，直冲山顶，然后顺着山背面（南面）的坂面，好像走丸一样，冲下山来，在深秋乱草和两旁树林里顺道疾行，就见前面一条大河，河上一桥，桥头有十几个人，都握着武器，稳坐马鞍之上。

待冲到一箭之远，曹纯等人全部停下。就见那对面领头的一个黑脸大汉，燕颔上胡须好像黑板擦，背依桥头，手挺丈八蛇矛枪，圆睁二目，横矛高叫。只听他高喊："某是张益德也，可来共与我决死！"

这一喊好像晴天霹雳一样，曹纯被这一嗓子吓得，虚汗盗出，小便失禁，手上摸着刀矛，都觉得上面着了电。

当即曹纯之人无不双腿战战，胆战心惊。对方据桥立马，哪个敢上去？迟疑了半天。张飞不耐了，又一声怒吼："哪个敢来决战！"

曹纯之人被长崎的这一枚也彻底击中，马儿都不由得倒退，半天才缓过神智来。曹纯心里想，这桥是冲不过去啦。于是拨转马头，引着一帮人，哗哗地去了。

张飞吐了口唾沫，然后又和这 20 人扎根立了小半晌，方才慢慢拨转马头，走上桥去。然后打马扬鞭，追赶刘备。

却说在那山那边的长坂上，甘夫人正抱着 1 岁的阿斗也正逃跑呢。

甘夫人是刘备最初在小沛的时候娶的一个小妾。她是当地人，身材浓淡得度，四肢发达，而且皮肤极白。她曾经被刘备放在白绡帐中，从门外一看，如月下聚雪。但她不是正夫人。随后刘备的三次被人抓住。第一次是在下邳时被吕布偷袭抓住，随后和好了，吕布把他们还给刘备。第二次是吕布派高顺、张辽打小沛，抓了刘备的妻子和儿女，待曹操战胜吕布后，又还给了刘备。第三次是曹操攻击反了自己的刘备，在小沛刘备望风而逃，把老婆孩子又丢给了曹操。这次老婆孩子们怎么样，就没有下文了。经过这三次被抓，刘备的正妻已经死了两三个，而甘小妾百抓而犹活，竟然就成了正妻。因为前面没有挡着她的人了，刘备叫她主持家内。在荆州新野的时候他还给刘备生了个胖小子。

这时候甘夫人撒开了脚丫子，从车上跳下来，抱着阿斗。她管着的那几个刘备的小妾和闺女，其中有两个刘备的女儿已经被抓住了。不过，甘夫人一眼就看见东张西望的骑都督赵云了。

赵云长得仪表堂堂，向来就被女孩们喜爱，这次本来刘备命"上马"他就跟着"上马"跑。跑到半路上，看见刘备不是想抵抗，而是望南弃了军队和老婆孩子先跑。于是赵云就拨转马头，重新往山顶跑回来了，然后下到坂山，又满山坡地乱找。赵云看见军民如丧爹娘，纷纷投降，那些不想投降的，就被追上一枪戳死。赵云正在穿梭寻找，就听一人喊他："子龙将军，我在这儿呢。"

子龙一看，正是浑身收拾得干净利落的甘夫人。她身姿纤美，抱着个东西，站在一帮群众里边。帅哥和美女本来就有吸引力，子龙本来找的也是她，当即纵马扑到跟前。

子龙连忙下马，接过甘夫人怀里的东西一看，正是阿斗。他连忙单手抱住，又为甘夫人找了一匹马。只见他一手抱着阿斗，另一只手扶着甘夫人上了马。然后子龙也翻身上马，一手擎枪，一手抱着孩子并拉着甘夫人的缰绳，穿山腰往南而逃。一路见将杀将，见兵杀兵，从有五千敌兵的半包围中往外跑，最后敌骑见这里颇有扰动，一撮敌乌丸骑兵就蹿上来把他围住了。子龙无所畏惧，硬是杀出了一条血路。

子龙拉着甘夫人，趁着这帮号称天下名骑的乌丸骑兵一愣一惊的工夫，催马就走。就这样又经过了千难万险，最后连子龙中的长枪都杀没了，这才冲出重围。

只见赵子龙拉着甘夫人的马，抱着阿斗，正往前冲，突见前面一条大河，河上一座木桥。他们二话不说，直冲上桥，往前蹿去。

却说这时刘备已经率着数十骑逃兵，逃到安全地方了。大家下马休息，就在路边清点左右，刘备这才发现子龙不在了，忙问："刚才叫着上马的时候，我看见子龙跟着我们跑的啊。中间还有呢，怎么现在没有了？"

一个随将说："我看见了，他跑到半道，回身往北去了。想是投奔曹兵去了。"

刘备气得脸上横肉胀出，手上正拿着把手戟，一下子就向他掷出去了，骂道："子龙不会弃我而走的！我戳死你！"

那人慌忙一躲身，手戟擦着他脖子就过去了。

旁人连忙解劝。

刘备怒火灼灼地又坐了一会儿。忽然就见一匹马跟着一匹马，飞驰而来。待跑近了，不是子龙还能是何人？刘备连忙迎上，子龙把孩子递下来，翻身下马。后边甘夫人衣带飘曳，钗簪佩饰毫发无乱。

刘备说："子龙，你怎么身上的箭一支都没发啊？"他看见子龙兵器和手戟什么的全没了，但箭壶里的箭还是满满的。

子龙说："这不是单手抱着幼主，无法射击吗。"

刘备说："我看看我儿子。"说着接过阿斗，揭开点襁褓皮，就见里边这孩子咬着俩手指还在睡呢。

刘备说："你们都记着，不论我是否死了，等孩子大了，一定要把这事告诉他！"

说完眼含热泪。旁边文武都忍不住且惊且感。惊的是赵子龙居然带着幼儿弱妇，从五千追兵中全身而退，感的是刘备和子龙相知，真可谓患难不离，死生不弃。旁边徐庶看了，擦了擦眼泪，走过来，深施一礼。

刘备说："怎么了，元直。"

徐庶说："刚才有些散卒相追过来，中间正好有我的老家人。他们说我母亲和媳妇，都被曹军抓了。唉，某不才，本来要随将军共图王霸之业，匡扶汉室，博个生前身后之名。做这件事，全靠的是心中的这块方寸之地啊。"说着一指心脏。

"无奈，如今老母已被曹兵掠去，方寸已乱，无益于主公的大事了。某就请从此别去。主公啊……"

说完，又哭了。

刘备也非常感动，拉着元直的手说："本欲与元直共相游，人生无憾，但是孝道人伦是第一的。所谓君父如天，我所做的，和你所做的，有什么区别呢。元直不必心疚，到曹操那里，还望忠心事主，赡养老母，不负今日备的殷勤之意。"

于是徐庶也不再言，扑倒在地，给刘备连拜两次，流着眼泪，上了马，一催马身，望北而去。一时那马还不肯离了众人，徐庶再催战马，这马才嘶出马鸣，孤零零蹄踏而去了。

刘备一时心中五味翻腾，直望着徐庶远去的背影，过了树林，再也不见了。刘备长叹一声，旁边诸葛亮和张飞连忙上来解劝。刘备和众人重新又搬鞍上马，望南择地而去。

在《三国演义》中，为了凸显赵云的英勇，将这一事件描绘成赵云七进七出，艺术加工是颇为成功的。

走不多远，就见前面有一彪人马，踏尘急急而来。刘备一看，不是自己的番号，连忙众人手握武器，就地摆开战斗队形，警戒欲战。

却见那彪人马随即扑腾腾地来到，头前一人，面目奇特，神情俊朗，神色阔大，到一箭地时，停住战马，用东吴话喊道："前面可是刘豫州一行吗？"

张飞喊道："正是我们。"

这人就说："哦，某是东城鲁子敬，现为东吴讨虏将军孙讨虏幕下宾客，刘豫州可在？"

说完，翻身下马，昂然而来。这鲁肃虽年少粗疏，对人傲慢，一副大财主的公子的意气洋洋劲，但如今两国相见，稍加修葺，仍是坦阔自信。

刘备等人不知鲁子敬有何见教，连忙收拢相见。

第二十五章

夏口城鲁肃会刘备

　　原来，自从听说刘表死了，鲁肃便马上去找孙权："将军，荆州与江东相连，沃野千里，士民贼富，如果占了这个地方，是帝王的根基啊。刘备是天下枭雄，暂居刘表处，为后者忌惮。如果二人同心协力，那我们只能安抚结好之。如果二人离心离德，那我们可以趁机下手。现在既然刘表死了，我请以吊孝为命，前去查看个究竟。"

　　于是，孙权派鲁肃到荆州吊孝，顺便窥伺。到了夏口城，他就听说曹操已杀过来了，于是马上昼夜兼程。而到了当阳这里，又听说刘备早已弃了樊城，正带着老百姓呼呼地南下呢。于是当即向北，往当阳进发，不想刚接近当阳长坂，就撞见大败而逃的刘备了。

　　于是两人相见了，鲁肃当即把孙权的意思说了："我们孙讨虏将军，本希望你与刘表的同心一意，共抗曹操，不想那刘琮居然献城投降了。不知豫州如今还要往哪里去啊？"

　　刘备说："南方广大，总可以与曹操周旋。我本是想向南据有江陵，如今刚刚战场失利，也暂时去不了哪里了。我倒是与交州的苍梧太守关巨本是老朋友，想去投奔他好了。"没错，要去广西。

　　鲁肃说："苍梧这个地方，实在偏远，古书里除了说流放谁的时候，都很少提到这里。我们孙讨虏将军聪明仁义，礼贤下士，江东英豪，无不归附，如今已经据有江东六郡，兵精粮多，足以做成大事。我替使君考虑，不如派出心腹，代表您去相结于江东，崇建连合之好，共安天下。不知将军想来如何。"

　　刘备听了，且喜且忧，喜的是江东有力，可以因为臂膀；忧的是曹操势大如日，自己去了江东，孙权惧怕，没准会杀了自己讨好曹操。而且自己跟孙权素无交往，不晓得这人是好是坏，是够朋友还是极阴险。

虽然鲁肃说他礼贤下士，但根据我长期寄人篱下的经验，世上没有能容我的人啊！好在鲁肃说的是派个人去连好孙权就是了，不需冒着掉脑袋的风险自己前去。

鲁肃似乎看出了刘备的忧虑，于是说："我们江夏太守周瑜，自从今春破了黄祖，便驻在夏口城以东的鄂县。我回头修书给他，请他安排出鄂县的樊口城给你。这里面江靠山，将军的人马也可以修整。"

看到对方肯让自己去周瑜的地盘，而且这里离刘琦的夏口也近，这是很有诚意的了。刘备当即大喜，就与鲁肃说定。

鲁肃问："不知将军到时会以哪位心腹出使东吴，以相结好啊。"

刘备问了问，部将皆曰不能去。突然想起这诸葛孔明倒是能说，于是说："孔明先生，不如你走上一趟。"

诸葛亮在旁边，躬身说："在下遵命。"

鲁肃担心诸葛亮害怕，就拉住诸葛亮的手说："你哥哥是不是就是现在孙将军幕下的长史诸葛子瑜先生啊？"

诸葛亮说："不错，正是家兄。呵呵。"

鲁肃说："我是子瑜的好朋友啊。哈哈。"

这话的意思是，你放心到我们这儿来吧，我不会害你的，我跟你哥关系非常好。

诸葛亮说："那就更不是外人啦。哈哈。"

于是，一帮人打马转朝东侧而去。他们跟着鲁肃，跑着跑着就到了汉水西岸了。大家很想过了河去，到河对岸，跟曹操军以河隔绝着，能安全些，可是没有船，更要命的是，后面有文聘和徐晃的追兵杀来。张飞、赵云引兵前去阻挡，刘备等人先往下游走，正在惶急，忽然就见后面河上浮出大量兵船。只见船头傲站一人，扎着青巾，身穿青袍金甲，胸前撒满黑髯，手拄着一把大刀，刀光上泛着深秋淡淡的夕阳。不是别人，正是关羽关云长。

众人大喜，关羽带着数百艘船的兵丁粮草，赶紧靠了岸。关羽挥军向前迎战，徐晃看是老朋友关羽，也就不再逼杀。

随即，关羽命令士卒，带着士卒上船，从水上和刘备等人继续南下。

第二十六章

周瑜一词定胜负

众人随即南下到了夏口，这里是汉水与横行的长江交汇之处。但见浩浩荡荡，正是楚天千里清秋、水天一色之时。这时候，刘琦领着自己的江夏郡 1 万兵马，已经弃了夏口，奔江南设防自守。他听说刘备从北边来了，也慌忙折腾到江北来，在夏口城外与刘备水陆军相会。然后共同进驻夏口城。

夏口城里养不了这么多兵，而且堆在这里也是浪费，于是鲁肃告辞，返回柴桑。随后刘备也派诸葛亮奔赴柴桑，与孙权谈论结好的事情。刘备经过夏口时曾短暂修整，就自己开拔去了周瑜的地盘鄂县之樊口城（在夏口以东）驻下。但是这时周瑜也不在鄂县，据说已去了鄱阳，不提。

却说这一日诸葛亮到了柴桑（就是今江西九江市，也是沿江城市），终于见到孙权。两个"80 后"坐了下来（诸葛亮公元 181 年出生、孙权公元 182 年出生）。诸葛亮时年 27 岁，孙权但见诸葛亮丰神俊逸，容貌甚伟；诸葛亮一看孙权，方面大口，目有精光，形貌奇伟，唇上两撇紫色短髭，外柔内刚，面色阴沉。虽然是淮南人，但不知孙权站起来多高，坐着的时候，跟身高九尺的诸葛亮等高。

孙权一看这诸葛亮，本是故豫章太守诸葛玄的侄子。诸葛玄也是曾降了我哥哥的，所以也不甚是外人，于是两人颜色颇为和缓。

诸葛亮已经知道孙权待在柴桑这里，是在观望成败。于是拱手说道："现今海内大乱，将军据有江东；刘豫州也在夏口收拾散卒，欲与曹操相争天下。如今曹操芟夷北方，大略已平，遂已破得荆州，威震四海。将军不如量力而行：如果您的吴越之兵，可以与中原抗衡，不如早跟曹操相决；如果不能抵挡中原，何不早日放下兵器，卷了战甲，北面而侍奉曹操。如今将军外在名义上服从，而内怀犹豫之心，事情紧急而不绝断，则大祸不日而至啦。"

总体意思就是要孙权投降。人家孙权现在是经常向曹操汇报，你过来就挑拨他反曹操，这不落得个挑拨君臣的罪名吗，所以上来顺着形势说。

孙权说："既然如君所言，为什么刘豫州不干脆侍奉曹操呢？"

诸葛亮说："田横，不过是齐国的一个壮士而已，犹知守义而不受辱，况且刘豫州乃是汉室之胄，英才盖世，众士人豪杰仰慕，如同江河之归于大海。如果抗曹之事不成功，此乃天意，岂能再随后居于曹操之下乎？"

孙权听罢，生气了，你这是说我既不如刘备这个小贵族，也不如田横这个大匹夫了，于是勃然大怒道："我不能让全东吴之地，10万之兵士，受制于他人。我意已决！"

诸葛亮看他这意思，是要决断反曹了。反而心态放轻松了。也不再说话，等着孙权先说。

孙权又说："当下刘豫州新败之后，还能抗住曹操吗？"

诸葛亮一听，这是暗示孙刘联合呢。等的就是这句话，让你们先说，于是孔明说："豫州虽然败于长坂，但收拾的散卒以及关羽水军的精甲，合计还有万人，刘琮的江夏郡兵马，也有一万人。曹操虽然人多，但远来疲敝，我听说，这次他追刘豫州，轻骑五千，一日一夜行300余里，此所谓'强弩之末，势不能穿鲁缟也'。我想说的是，曹操已经疲惫。而且北方之人，不习水战。荆州之民虽然已降曹操，但只是迫于兵威，并不心服。如今将军若能命一猛将，统领大兵数万，与刘豫州协规同力，则破曹军，是百无一失的了。曹军败，必然北还，则荆州、东吴之势强大，鼎足之势可以成矣。成败之机，在于今日。"

孙权听了，大为高兴。心想，这绝对是个没什么漏洞的计划啊。于是就把联合抗曹的事说定了。

这时曹操已经坐镇江陵。荆州在长江以北有三个郡，呈品字形排列。最北边是南阳郡，位于今湖北北部与河南南部交接部，州治襄阳，包括襄阳和襄阳以北的樊城、新野、宛城等地；东南部分是江夏郡，郡治夏口，这里有刘琦、周瑜两个江夏太守（一个驻夏口，一个驻鄂县）；西南部分是南郡，郡治江陵，本是以前楚国的古都，楚成王、楚庄王经营过的地方，"千里江陵一日还"说的正是此地。

曹操得了江陵的军实（就是器械粮草），同时收治荆州水军，蓄势待发，预备东下。

贾诩是个有知时鉴远的人，跑去找曹操："听说主公打算顺流东下，以攻东吴，我看其实舍此还有一个更好的办法。主公昔日破灭袁绍，今又收取荆州，威名远播，军势甚大。如果能够凭借荆楚之丰饶，以养将士，安抚百姓，让大家安居乐业，则可不劳众发兵而江东叩首而服啊。"这是所谓前声后实。

曹操不听。

贾诩正为曹公得了急躁症而忧心忡忡，谁知此时的曹操还添了个自大症。这曹操送走贾诩，不久就闻报说，益州刘璋派人来了。原来，自从曹操南下讨刘表，益州牧刘璋就开始观望，当看到曹操形势不错，就派人来到曹操军中，向曹操致敬，表示自己坚决拥护南讨决策。曹操很高兴，于是当即上表朝廷，加刘璋为振威将军。刘璋更来积极性了，又派自己的别驾张肃带着300名蜀兵和一些珍玩杂物，送到曹操那里。所谓珍玩杂物，不外乎就是纯银参带台砚、漆画韦枕、纯金香炉、纯金唾壶什么的，当时大官之间送礼都时兴送这些。曹操自己本不喜欢金银，而喜欢雅一点的东西比如鸡舌香什么的。但一看刘璋这么积极，自己现在又是出兵需要有人犄角相助的时候，便接受了礼物。之后，再看张肃长得又高又大，容貌威严，更是喜欢。便当即上表给张肃升官，命他做益州的广汉郡太守。张肃高高兴兴地放下兵马，回去了。曹操这么做，也是为了拉拢张肃。令对方感恩戴德。当未来曹操攻击他主子的时候，便能够里应外合。

　　现在，曹操听说刘璋又派人来了，忙问是什么人。主簿杨修说："此人乃益州别驾姓张名松，字永年。"曹操忙唤了进来。这张松是张肃的弟弟，张肃因为升了官，就把别驾的位子腾出来了，然后由张松坐了。从《三国志》和《资治通鉴》中可知，张松这人是个士林败类，而且在后来的历史进程中，他一再瞎推车、换主意。他知道曹操势大，而曹操迟早要讨益州，所以自己也像哥哥似的，跑曹操这里来一趟，心想曹操也会给自己升官。光凭一张嘴巴说，就一飞冲天，得到高官厚禄，这样的事其实是不可能的，总得先立功证明自己有本事才行。而现在正有这样的机会，张松知道曹操为了给未来攻刘璋做准备，必然厚待刘璋派来的使者，给他升官，从而与之互相结为内应。

　　张松高高兴兴地也跟着来了。曹操一见此人，大感诧异，他发现张松跟他哥哥完全不一样，长得身材矮小，大约只有 150 厘米，而且还梳了一个大麻花辫子，朝天耸着，不伦不类，十分夸张。

　　张松会生得如此，且打扮怪异，估计是因为他哥自小高大威严，而他生得很矮，于是从小就自卑。出于自卑，于是只好作怪以博人关注，他不仅行为放荡，不在乎节操，而且还净干违逆世俗和主流价值观的事。曹操一见此人，又矮小，又不正经，就颇不耐烦。于是他敷衍几句，也不甚好礼看待他，更没有封他做个什么蜀郡太守之类的官儿的意思。

　　张松垂头丧气地出来，主簿杨修按照礼仪招待张松吃饭。酒席之间，杨修说："张别驾，你也不要自损，这次不是你不行，实在是赶得不是时候。时乎时乎，即便是个俊杰也要趁上个时候啊。"

　　张松转了转眼睛说："怎么了，主簿所言何意？"

　　杨修说："日前令兄到营中，正是曹公挥鞭南下，胜负未卜之时。是时方须收揽各方豪侠，以为爪牙羽翼，所以谦录下士。如今，我们已经定了荆州，到了江陵。曹公现在颇有矜傲之意，以为荆、扬、益州，不过挥鞭可定，永年兄此来，本是天所以授曹公，但曹公自诩没有益州本地豪杰相助，也能臣服刘璋。所以，时乎时乎。还望永年兄不要自弃，未来回得益州，报效朝廷，曹公终不会负先生所为的。"

之后，两人又把酒言欢，说了些有的没的，张松就回去了。

杨修送走张松回来，这时就听说曹操亲笔给孙权写了一封邀战的檄文，就见曹操这样写道：

"曹白：近者奉辞伐罪，旌旗南指，刘琮束手。今治水军八十万众，方与将军会猎于吴。"

杨修看后心想，打仗是件很严肃的事儿，如今却被我们曹丞相说得这样儿戏。杨修忙把原件赍使者发出。

不多日，孙权就接到了这封信。他拿着这封信，大会文武，交给诸文武传阅，大家看后，个个无不大惊失色。

就听下面窃窃有声，最后说来说去，每人的发言结尾，都是："愚臣以为，应该遣使修表以迎归曹操。"

唯独鲁肃，不仅撇着嘴，还左顾右看，好像这帮人的话都跟野风吹过似的，根本没有进他的耳朵。

孙权看大家意见很统一，都盼着自己投降，且发言群情激昂，甚嚣尘上，就想上趟厕所，顺便在厕所里思考一下。于是孙权拎着袍子站起来，袖着手走出去。这时候鲁肃也追出去了。

到了殿的檐宇下，孙权看见了鲁肃，就问："你有什么观点啊，一直也没说。"

鲁肃抿了抿嘴唇，说："刚才所有这些人的话，都是专门想贻害将军的，可见不足与他们谈论大事。"

孙权说："咦，怎么是害我？"

鲁肃说："像我鲁肃这样的人，是可以归迎曹操；但是像将军，就不可以。为什么呢？假如我鲁肃归了曹操，曹操不过是把我免职，回到家乡。到了家乡，有乡党名族评点我的名气和地位，犹不失做个地方的小官。每日可坐着牛车，领着几个吏卒，与豪杰士林交好。资历积累几年，依旧熬升到州郡府里去，乃至郡守别驾都不是不可能。但是将军归降了曹操，除了去高级监狱，还有地方去吗？愿将军早定大计，不要再听这帮人胡说八道了。"

孙权叹息一声："诸人所持的意见，确实很让我失望。子敬此时所说，正和孤的心念相同。做惯鹅了，再做鸭，怎么行？看来，真是上天把你赐给了孤啊。"

鲁肃说："是啊。现今周公瑾还在鄱阳，您应该急呼他回来，委以他重任，交他统兵，以迎击曹操。"

于是孙权散会之后，便发使命周瑜从鄱阳前来柴桑受命。周瑜旋即赶来。

周瑜这人，器量广大，有胆有识，个子长得又高又壮，有姿有貌。因为是淮南江北人，所以个子也不矮，时年 32 岁。从前很多人不服周瑜，如程普老将军就是一例。他是右北平人，跟随孙坚南来，而且武将中排名第一，所以经常倚老卖老，不服周瑜。而周瑜都折节相容，不与计较。后来随着程普对周瑜越来越了解，渐渐跟他相敬服相亲重。后来还把这个不由自主的转变过程对别人讲说："与周公瑾交往，如同饮醇酒，不觉之间自己就醉了。"周公瑾大约有黏性，让人不知不觉就被他的风采所吸引折服。而周瑜谦让服人，也一贯如此。

周瑜跟曹操也是有一段交往的。周瑜 24 岁时，他刚娶了小桥（即后世误传的小乔），且新领了江夏太守的职位。曹操听说周瑜年轻而且有美才，觉得可以拿来己用，便希望通过游说让他归顺，于是派了一个美男子去游说他。这人就是九江郡人蒋干。蒋干长得仪容俏丽，口才极佳，独步江淮之间。

蒋干戴着葛巾，穿着布衣，以私人游玩的名义到了江东。周瑜出营寨相迎，刚见面就堵了他一句："子翼，远涉江湖是为曹操做说客吗？"

蒋干笑说："不是不是，我与足下都是同州故友，中间数年别离相隔，如今遥闻足下芳烈，所以特来叙叙阔情。如今只为看足下的高雅风范，你却说我是说客，这不是存心猜忌嘛！哈哈。"

　　周瑜说："子翼此言差矣，我虽然不是夔老乐师和师旷大爷，但我闻弦歌赏音调，也足能知道其中的雅意和暗曲了。"周瑜所说的夔和师旷，分别是和春秋晋国的乐师，而且两人都是盲人。

　　蒋干说："不是不是，你说话太不厚道。"

　　周瑜宴请蒋干入营就座，摆上酒食。吃完了，周瑜就说："我这会儿正忙，您先去馆驿休息，等我完事了就来找你。"

　　于是，不由分说便把蒋干撵了出去。蒋干在馆驿住了3天，憋得锐气都没了。这时候，周瑜竟然亲自来请他了。两人同乘一车，进到营里。不过先不吃饭，周瑜想带蒋干转一圈。周瑜说："我得先把事情办完。"于是带着蒋干，挨个儿检查仓库、军资、器械，一个个看遍了，方才说："好啦，咱们吃饭吧。"

　　他们一边喝酒吃饭，周瑜一边把穿着阔气的男女仆人们指给蒋干看，又给蒋干看各种服饰珍玩，说："这都是孙将军赐给我的啊。你看，还赐给我了一个鼓吹乐队呢。"

　　蒋干明白了："原来为孙家工作这么废寝忘食，因为有这些好东西啊。"

　　最后，周瑜对蒋干说："足下看看我说得对不对？大丈夫在世上，遇到知己的主公，表面上是君臣关系，实际结的是骨肉亲恩。必要时言听计从，福祸与共。这种情况，纵然苏秦张仪再生，郦食其老头复出，犹能摧折其游说之辞，岂是足下幼生所能摇移得了的？"

　　蒋干听了，只能干笑，自始至终，一句能游移周瑜的话也没有机会说出。

　　蒋干回到中州以后，到处称说周瑜雅量高致，不是言辞所能离间的。

　　周瑜不但有雅量，而且极其自信和有胆略——到了比自大仅仅小百分之一的地步。也就是说，历史上根本没有周瑜难为诸葛亮和诸葛亮气周瑜的故事。

　　再说周瑜得到孙权命令，急忙赶路，到达孙权朝堂时，正赶上群臣再次开会，研究应对曹操檄文的事情。大家把上次嚷嚷的心得体会总结成了这样的结论，由张昭、芮玄等人带头，向孙权陈词："曹操，是豺狼猛虎。他挟天子以征四方，动不动就拿朝廷的名义说话。如今我们与他相搏，就是逆，而非顺。顺逆倒只是个名义的事，但将军能够仗势以拒曹操的，就是这万里长江，如今曹操已经得了荆州，驻军江陵，刘表所装备的水军，艨艟斗舰已有千只，兼有北方步兵，水陆俱下，这就是长江天险已经与我们共有了。且兵力的对比悬殊又更是不对等。所以，愚等以为，当下大计不如归附之。"

周瑜这人说话，言谈议论很是英发，不仅有胆有识，还带有莽撞人的狂骄。周瑜厉声道："各位说得不对。曹操托名汉室丞相，实际是汉室之贼。孙将军有神武雄才，兼仗父兄之余烈，割据江东。今江东地方折长补短，有数千里之阔。兵精粮足，英雄乐于为之效力，以此为基，应当横行天下，为汉室除去残丑，消去污秽。况且我认为，这次曹贼明明是自己送死，岂可迎归于他？为什么我这么认为呢？我可以列出几个原因：如今北方并未安定，外加上还有马超、韩遂在关西狐跳狗窜，实乃曹操的后患；而且他舍弃鞍马，改仗舟船，与我们这些吴越水上之人相争高下，这本就不是中原人之所长；况且现在入冬盛寒，马无蒿草；还有就是曹操驱中原士卒远涉江湖之间，不习水土，必然得病。如此几个原因，都是用兵之大忌，而曹操都犯忌冒险行之。我们擒曹操，正在今日。我请统得精兵数万人，挺进夏口，保证为主公破此贼！"

孙权当即不再犹豫，说道："老贼打算篡汉自立颇有年头了，之所以这么一直拖着，就是因为忌惮袁本初、袁公路、吕布、刘表以及孤几人耳。如今群雄既灭，只有孤家尚存，孤家与老贼，势不两立。公瑾言说应当迎击，甚与孤意相合！"

说完，孙权拔出佩刀，照着案子就猛劈下去（孙权跟曹丕一样，都喜欢跟猛兽搏斗，曾经打残了一只老虎），只见案子一下子断为两截。孙权喝道："诸将文武，以后再有说应当迎归曹操的，就与此案相同！"

众臣见状，战战兢兢，再不敢发言。

到了晚上，周瑜又单独请求孙权接见。孙权忙把周瑜传进来。周瑜与孙策年岁相同，所以孙权有时把他当大哥看。孙权说："公瑾，你来得正好，这事咱们还得细谈谈。你觉得战曹操之事，我们实际军力如何啊？"

周瑜说："我来也特为此事。其实诸文武只是看见了曹操的书信，被信中的水陆军80万吓坏了。根据我的分析计算，曹操所带的久历戎行的基本部队不过十五六万，而且这些人数年南征北战，久已疲倦。他所收得的刘表之士卒，最多只有七八万人，而且都怀着狼顾狐疑。曹操以这些疲病的老兵，驾驭着狐疑的刘表兵，人数虽多，但根本不足畏。倘使我得精兵5万，就足以制之，愿将军不必疑虑。"

孙权想了想，用手抚在周瑜的后背上，说："公瑾，你话说到我心里去了。张昭、秦松这些人，各自只顾及自己的老婆孩子，挟想的都是自己的私家考虑，甚是让孤失望。唯独你和子敬所主之议与孤相同。这是上天派你们二人辅佐我啊。不过，5万兵一时难以凑成，我已选出3万人，相应船粮战具都是配备齐了的，你和子敬还有程普，现在就可以带着他们走。我当续发人马，多载粮草，作为后援。你能用这3万人在前方把曹贼搞定了，诚是快事，如若不太如意，你们就回来，找我。我当与曹孟德决一死战。"

周瑜说："我受先兄特殊之恩遇，委为腹心，统御兵马，志在疆场，今又得将军专信，敢不生死效命。您就等我的好消息吧。"

于是君臣二人执手相别。

笔者深以为，赤壁之战之所以孙权能打赢，就是因为周瑜悄悄改动了一个词。那就是周瑜对孙权的第一句发言："曹操托名汉相，实为汉贼。"

正是这句话，注定了曹操的失败，鼓舞了整个江东六郡的士气。

本来大家觉得，自己在一方割据，曹丞相来打，既没有抵抗的实力，也没有抵抗的理由，向皇权政府投降，是最光荣的出路。但周瑜告诉大家了，我们再没实力，也要打，因为我们打赤壁之战不是抗曹，而是匡汉。

"匡挟汉室"，这是多么有号召力的一个口号啊。

周瑜是在中国历史上第一个提出曹操是"汉贼"之人，正是他巧妙地把这场战争变成对扬州六郡来说是正义的战争。难怪孙权当即拔剑砍断书案，痛下击曹的决心。

其实，孙权早就有称帝的心思。他并不想匡扶汉室，也从来没去干过帮助汉献帝的事，现在他明白了，原来自己要匡扶汉室啊。周瑜这一句话，立时就碾压了孙权下面的所有投降派官员。

第二十七章

为什么周瑜必须打黄盖

　　且说刘备这时候正待在樊口（鄂县境内），他也听说曹操已从江陵顺江而下了。江陵东到樊口顺江不过200千米，刘备异常恐惧。更不幸的是，诸葛亮迟迟没有回信，也不知联结东吴的事情谈得怎么样了。刘备派巡逻队每天在江边望候，等着孙权军或者诸葛亮赶紧回来。

　　这一天，巡逻队长官望见东吴左都督周瑜的战船了。该船沿江逆行而来。巡逻队长官赶紧蹿上马，飞跑进入樊口城报道："报，东吴左都督周公瑾战船遮江，大小有数百艘，已逆江而来，正欲停泊下寨呢。"

　　刘备吓了一跳，连忙站起来："你，你，你看清楚啦，你确定那不是曹操的战船？"

　　长官说："那船的型号和旗帜我太熟了，我深知是江东的。"

　　"哦。"刘备方才坐下。扑通扑通跳着的心也安稳了许多。他心想，既然周瑜来了，想是孔明先生的结吴之任已经完成，那人家远来辛苦，我也赶紧派人前去劳军慰问吧。

　　于是刘备派人拿着各种慰问品到周瑜舟军中去慰问。不想周瑜见了刘备的使臣，竟然说道："我有军务在身，不能离开岗位，倘使刘豫州能屈威前来，诚是我之所望。"

　　叫刘备到周瑜的军中去。

　　刘备听了回报之后，心又突突地跳了起来。关羽和张飞说："兄长，现在孔明出使结吴还没有回来，也不知说定了没有。若是没有，万一周瑜使诈，想吃了我们呢？您可千万不能孤身跑到他的营里去啊。"

　　刘备想了想说："周瑜是叫我过去也没有问题，因为我们是自己主动跑过去求结于东吴的，我如果不听他的话，就显得没有同盟的诚意啊。"

于是刘备乘单舸，摇摇晃晃地离了樊口驻地，往周瑜的水军大寨进去了。到了周瑜的都督署，周瑜传请入内，二人坐下。刘备寒暄了几句，也不知问什么好，就问："都督，今日拒当曹操，真是一个正确决策啊。但不知，都督的战卒有几多人？"

周瑜面色不冷不热地说："3万人。"

刘备说："很少。"

周瑜说："这已经足用了。豫州但观我和左都督程普公破曹吧。"

刘备也无法多说。两人似乎话不投机半句多。刘备心想，这人竟如此年轻。我像他这么大的时候，只能带着一帮少年到处乱闯，也不知东吴怎么想的，派这么个漂亮的年轻人就来了。

刘备等了等，又东西望了望，说："怎么不见鲁子敬啊，不能请子敬也出来相议一下吗？"

鲁子敬是前者联络孙刘结合的，刘备看不到他，心里总是感到七上八下。虽然鲁肃说话有点毛躁，但当时一见的感觉，对刘使君显然是真诚很有好意的。不似这个周都督这么面寒心也不热乎。

周瑜说："子敬已经受命统军了，不能擅自离开校尉署。豫州若要见他，可待会单独自相去找他。"

刘备一听，嘿嘿哑笑，心说又被对方冷嘲挖苦了，好像我们军中军纪涣散，连受命之后不能离开衙署这样的规矩都没有。同时暗中佩服周瑜治军严谨，一丝不苟，不禁有些惭愧。

周瑜好像看出了刘备的担心似的，于是又接着说："孔明先生也随军而来了，不过在后面，过二三日即到。"

刘备这才比较放心。于是两人又闲说了一些战场筹划，随后告辞。接着，刘备坐着自己的小船，又摇晃而回。一路上，他想着周瑜虽然年轻，但治军纲纪沉稳，相比自己，打了这么多年仗，却在那些细节上远远不如人家，不禁深有惭愧。但是呢，他觉得周瑜毕竟年少，从前只听他打过黄祖罢了，心中并不信他能破曹。所以，在未来的战斗中，据说刘备也一直磨蹭在后面，唯恐周瑜不敌曹操。不过，这种说法是否可信，笔者亦不能笃定。

刘备回到营中，与关张二人备说周详，心中的惶恐，自然比之前派出巡逻队一日三惊地伸着脑袋看，要放安稳些了。刘备又嘱咐二人说："此人不知道曹操的厉害，所以我们不能大意，一切照旧准备，就当没有他们一样。万不可恃盟友而懈怠。另外，以后你们只在自己的署帐里待着，不能东西乱跑。不是我的命令叫你们，你们不许出来。若是出了署，曹军以及哗变的军队端了你的老窝你也不知道。"

二人领命而去。不两日，孔明也到了。他见到刘备，把出使成功的情况汇报了一番，又说代表刘氏和孙权盟了誓，盟书自己带了一份回来。然后还说周瑜是左都督，程普公是右都督，左辖着右，鲁肃是赞军校尉，另外还诸将佐的虚实优劣一一道出。

随后，刘备的陆军和关羽的水军合计一万人，与周瑜、程普的三万人，一起开拔，并力逆江而上，泛舟于波涛滚滚的长江。他们从樊口逆流而上，迎击业已顺江而下的曹操。

到了夏口，所幸曹操还没有到这里，于是忙又接上刘琦的一万军马，三支军马一起继续逆江而上。

这时的曹操，本可以在"孙刘联合"建立之前便大举向东进攻，但此时的他已和当年的袁绍一般，瞻前顾后，行动保守，失去了最佳时机。曹操也许是贪图江陵的军事物资，所以在击败刘备之后，没有追击，而是往西南去了江陵。这使我们怀疑曹操对于征孙权存在着内心的迟疑，至少他还抱有等待孙权主动来降的幻想。比如派蒋干去拉拢周瑜，都表现出他的战斗决心不强。此时，他的战船数千艘，前后迤逦十数里，从江陵蜿蜒而下 200 多千米，蔚为大观。

这只是显性的部队，如果曹军如周瑜保守估计有 25 万人马，那么后勤补给的民夫必然也要有数十万人之多。

曹操站立楼船之首，望着太阳，似乎有所思。他的军中正传散一种新的疫病，大约是斑疹伤寒，染此病的人上吐下泻，吐泻一完，就瘪得一点力气都没有了。曹军顺江而下 200 多千米，迂回穿过江南边的云梦大泽，刚刚出泽，就和周瑜、刘备、刘琦的水陆军正好遇于赤壁（湖北蒲圻境内，东去夏口 40 千米）。

狭路相逢勇者胜，周瑜刘备军当即与曹军水上接战。吴楚之地水网纵横、树木丛生，不适于战车奔驰。所以吴国车兵少，步兵多；骑兵少，舟兵多。同时，曹军根本不晓得也不适应东吴的战斗技术，结果被打得大败。只好退到北岸，结水营岸营自守。

随后，曹军一边治病，一边与东吴和刘备军小股相缠，你来我往，拉拉扯扯。不过，曹军的单只船遇上东吴的单只船，总是心怯。因为对方总是有千奇百怪的办法爬上曹军的船，或者把曹军的船给凿翻绕晕。于是，曹军也发挥科技创新，把舰船连在一起，兵士们从板桥过去，就可以在甲板上进行战斗，使江上的战斗更像陆上的战斗了。这让曹军一时持稳主动了很多。

就这样打着打着，时间已然到了寒冬十二月。周瑜的部将黄盖心里着急了，心想：我们不能老跟曹军这样胶着啊，时间长了，他们就能适应我们的战术了。他们可善于在战争中学习战争，我们的船上独门打法，就都会被他们学去，并且给出破解措施。这不，现在都把船给连起来了。

这黄盖，是湖南人，从小是个孤儿，长大则为人刚毅。他在最早追随孙坚的程普、黄盖、韩当的三大将中排名第二。而且他善于调动军士信心，士卒皆肯为之争先。于是，黄盖跑去见周瑜，说道：

"都督，如今敌众我寡，不能与之持久。我倒有一计，与都督商议。我看曹军的战船都是首尾相连，好处显而易见，但坏处也很突出，即限制了彼此行动。如此，我们可以火攻，烧掉他们就跑啊。"

周瑜说："烧船是个好主意。对，许他们变，也许我们变。那好，我们在打斗的时候，装上柴草，贴近了烧他们。不过，就怕我们只能烧他们一部分，他明白后，就把船又分开了。"

黄盖说："所以必须一次烧尽。要想一次烧尽，就必须有人里应外合，可使诈降之计，让人进入他们水寨里，将水寨的船和岸上的营一次全烧光。"

周瑜拍岸惊奇："黄公覆真是有勇有谋啊！不愧是先君老将，如此则可建一大功。可是，那草贼素性奸诈，我们去诈降，如你去诈降，是先君的遗臣，他会不会相信啊？"

黄盖说："呵呵，只有老臣，他才会相信。"

周瑜问："这是为何？"随后当即自己也明白了，呵呵笑说："也是，你们都不服气我年少位高，所以不肯居我之下啊。"

周瑜觉得有理，于是命黄盖写信。

黄盖回去之后，择人把降书乘夜送过江去。

当时曹操正在睡觉呢，这些人不敢打扰。到了天明，把所送来的降书，作为文件筐里的第一份，放在上面，拿给了曹操。

曹操一看，原来是东吴投诚的。他心想，东吴小儿，早该如此了。于是往下细看，但见曰：

"黄盖受孙家厚恩，常为将帅，今为丹阳都尉，待遇不薄。然而观天下大势，以江东六郡的山越整编出来的野人，来对当中国百万之众，众寡不敌，海内之人所共见也。江东将吏，无论贤愚，皆知其不可，只有周瑜、鲁肃两人，偏执浅憨，不懂形势。今日某当归附，是某的真实考虑。周瑜所督领之军，其实易于摧破，只要来日交锋之日，我为前部，乘机倒戈，为您效命，就在近期。"其中的中国即指中原。

曹操看罢，心下就欲批准。不过他向来慎重，因此他先对主簿杨修说："德祖，这个送降书的人现在何处？"

杨修说："在别营等候。"

曹操说："带他进来。"

不太久，杨修带着那个信使来了。曹操命杨修等众人出去，自己关上门，把衣服脱了，露出腰间的长剑。然后让信使坐下，对着信使绕了三圈，连说带盘问，又是诈又是诳，又是突然袭击发问，又是摸着长剑吓唬，吓得那信使都快神经病了。最后曹操方才相信投降之事是真。

信使回报黄盖，黄盖备问其详，然后便开始准备了。黄盖找了许多枯芦苇、干柴、薪草，都满满地堆在 10 艘轻便的大利舰里。然后去大厨房，把江南人常吃的鱼油，搬了好些大盆，都灌到芦苇薪柴里。然后上面用红幡盖住，以免下雨受潮，然后在利舰上都建上旌旗龙幡。一切准备好了，又在每只舰尾，系几只救生艇，预备着火后人好往这船上撤。

随后，就等东南风了。

这东南风在冬天确实少。等了许久没有东南风，着急的周瑜按当时的习惯去问望气占候的。望气占卜家如吴范、陈达等人，都是东吴地区能治历数、知风气的专家，通过观察天象来预测未来，包括水旱灾异和各种人事。

周瑜、黄盖等人，便找望气占卜家询问了半天。虽然只得到了模棱两可的答案，但最终确定还是可能有东南风的。

不久后的一天早上，东南风大起，于是就见南岸上，数十艘利舰开拔出了水面。上面都建着旌旗龙幡，忽忽悠悠地朝着江中心划过来了。因为南岸上船只众多，这些有限的船刚一开动，并不显眼，也不知是巡逻的，还是进攻的。于是，曹操北岸上的瞭望兵都紧密观看，随时报告。瞭望兵说："这些船没有加帆，想来不是进攻的。但是，也许敌人先潜进，近了再加帆。我们会继续密切注视。"不一会儿，那船到了江心，黄盖站在为首船头，脚下踩着波涛，传令："扯帆。"

只见船上当即升起白帆，侧后数十面白帆相继拉起。这船吃了东南风劲，当即速度提升。

对岸的瞭望卒见对方举帆了，而且已到了江心，早已报给上司。于是岸上的曹操的各部将吏，都跑出来了，预备击鼓迎战。按照曹操的军法，这些水军不总在船上待着，平时在下面生活和休息，军中一通鼓响，军卒立刻披甲站队，步骑兵也整装站立，第二通鼓响，骑兵上马，步兵结阵，舟上的船夫（他们是总在船上的）立刻把着橹樯站到船侧站位，舟兵则立刻由陆地上船，各持兵器，在船上各位站好。待第三通鼓响，就船只、步兵依次出发。

这时曹军瞭望卒见敌船有进攻趋势，立刻报明上司，曹军中一通鼓响，士卒将吏都跑出来了，一边披挂铠甲、挟持兵器，就等着第二通鼓，骑兵上马，步兵结阵，舟兵上船了。

这时，江心的黄盖手举一个棍子，上面卷着破布和鱼油膏，喝声命道："举火。"副官赶紧拿来打火石给他点上。黄盖把火把在船头摇晃。数十艘战舰上的士卒都看见了，于是按照约定的，一起大喊："降焉！降焉……"他们不管对面南岸能不能听到，总之就是使劲地喊。

曹操军将一听，对方是喊"投降"的，而且见船也这么少，于是临阵最高指挥官说："且不击第二通鼓，待命！"

于是，曹操军卒、骑兵、舟兵也不骑马，也不结阵，也不上船，就抱着兵器、牵着马匹、拿着晕船药，在原地等着。大家等着也不耐烦啊，于是伸着脖子，使劲往江上看。有懂事的，都说："这是黄盖军来降了。我等早就听到消息说了。难怪他一开始不扯帆，怕被北岸的发现，等跑出一段，才扯的帆啊。"

也有的说："那不对啊，我看这船吃水蛮深。好像里边装了易燃物也未可知啊。"

那个又说："那不是啊，人家投降，不得带点值钱东西来吗？"

此时，那黄盖的数十艘战舰，已经驶过了江心，顺风已到距离北岸曹操大营只有 2 里左右的距离了。黄盖看看，够了，再不点火，火就烧不大了。于是黄盖又举起了一只火把，两只火把交互舞动。众船上的人全明白了，拿着火镰火石，敲着了就在船上放起火来。一时那火苗就像妖精一样，越长越大。这时大风猛烈，呼呼地吹着船之帆就奔北边扑过来了。

曹军最高临阵指挥官这时候才看清楚了，对方怎么开始放火了，连忙命令："击鼓！……击第二通鼓！"

士兵听到击鼓，舟兵立刻抱着晕船药和长戈弓弩就往船上跑，登船就位乱挤成一团，岸上步骑兵则上马的上马结阵的结阵。

指挥官也等不及了，不等留出足够的间隔，又大喊了："击第三通鼓！第三通鼓！"

于是那大小船只，数十百千，听着鼓声，也不管还有没有战士没来得及爬上船呢，就由船夫划着船，向着岸边开拔驶动。但此时已经来不及了，就见黄盖的数十艘火船，顺着东风，扑到了曹操船的近前，火趁风威，风助火势，船飞如箭，飞埃绝烂，烟焰涨天。曹操水寨里的船，不管开出一点的，还是没开的，一时相次着了。而这些船又被绳索锁住，无处逃避。但见江岸之上，原本黑森林一样舟楫密布的曹操水寨，火逐风飞，一派通红。

很快，船上又被烧死无数。那些船上的舟夫和上了船的士卒，都被火烧着，他们连蹦带跳，直往水里蹦。这时大风顺着东南风的引诱，巨大的火舌又开始往岸上的营落舔过去了。

这时曹操方才得报，赶紧穿好了衣服，慌慌张张从大帐中跑出来。就见外面四面营寨都已经被大火覆盖，热焰滚滚，好像世界末日到了，而且到处都是鬼哭狼嚎之声。

曹操望着这红天黑地的景象，立刻傻了，曹操镇静过来，赶紧指挥救火和结阵。这时候，对岸的周瑜望见曹操的舟船和营寨已经烧得差不多了，立刻三通击鼓，上千战船载着步骑兵，遮江蔽地而来。曹操正救火布防之际，就见周瑜的水军已经毫无阻挡地杀过江来，纷纷弃舟登岸，好像蚂蚁一样凶恶地朝着曹军扑来。曹军无心恋战，奔走逃避，被火烧的、被兵杀的死亡盈岸。而曹操指挥了半天，直到喉哑唇焦，也已回天乏术。最后只得发出了这样的命令："我们也烧船，不能把船给他们留下。烧完就撤。"

曹操大叹一声："倘使郭奉孝在，必不使孤至此！"意思是郭嘉多智，能保证我不中计，至少也不会把船用板桥连束起来啊。

来不及多想了，曹操连忙跨上自己的绝影战马，后面由许褚、张辽相保，带着所有能跑的曹兵，乌泱泱地就往西的大陆上逃去。

曹操等人跑了，后面没有马骑的就倒了霉了，被烧杀溺死无算。眼见赤壁北岸成了一个大屠宰场和焚化炉，直直焚烧嚎叫了一天，直到红日西平，方才渐渐消歇。

刘备的一万军兵，也加入了搏杀。而刘备所带的骑兵，这时候终于有了报仇雪恨的机会了，刘备骑着的卢马，后有张飞、赵云相随，疾疾地寻着曹操逃遁而去的路径，追索而去。一时遇上曹操殿后的阻击部队，且战且追。

却说黄盖此人，刚放完火以后，就跳上救生艇，割开绳索，顺着风划着就往曹军水寨冲过去了。到了曹军船下，一场搏杀。可就在正打得起劲时，一只流矢，砰的一声就命中在黄盖老将军的腰眼上了。也不知自己人发的，还是敌人发的。黄盖当即站立不稳，一头跌在寒冷的江水中。

黄盖在水里拼命挣扎，一边踩着水，一边脱铠甲，一边呼喊。也不知过了多久，后面的吴军把他给捞了上来。此时的他已经奄奄一息，这吴军也不知道这是黄盖，就把他丢在岸上，然后自去搏杀。这黄盖眼看就会被人马踩踏而死，便运足了气，使尽浑身最后一点儿力气，大喊："韩当！"

那韩当本是跟黄盖一样追随孙坚的老将，忽听此声，心说："这是黄公覆的声音啊。"连忙循声跑过去，一看正是黄盖。韩当看看黄盖没救了，只握着他的手，向之落泪。韩当把自己的棉袄脱下来，冒着凛风，给黄盖盖上。谁知也不知怎的，黄盖缩在棉袄里，一时又活过来了。韩当大喜，当即护着黄盖，放到安全之处。

后来，黄盖以此次军功，加拜武锋中郎将。

赤壁之战，东吴周瑜及刘备的胜利，保住了江南相对于中央的独立性，为未来的六朝金粉的繁华和南方的发展，奠定了基础。

第二十八章

华佗

曹操一怒斩华佗

且说赤壁大战之后，曹操留下曹仁、徐晃驻守江陵，自己率军北归。而周瑜、刘备则乘胜率领数万主力军，西驱 160 千米，攻打征南将军曹仁守卫的江陵城。在这些事中，怎么唯独缺少了鲁肃，原来他正在返回柴桑报捷。孙权乐坏了，立刻带领文武百官出城相迎。看见鲁肃来了，孙权赶紧下马相迎。道上不便于磕头，鲁肃一直进到将军府的暖阁里，才正式向孙权下拜。孙权连忙扶起，笑呵呵地说："子敬，这次孤滚鞍下马相迎，足以让爱卿露脸了吗？"

鲁肃站着说："没有啊。"

将吏百官听了，无不惊愕。孙权也愣了一下，大方脸上的小横肉和紫色的小胡子都抖了一抖。

随后，鲁肃走到自己的案子后面，跪坐下来，把马鞭子往案子上一放。然后，又慢慢举起鞭子说道："我愿将军威风道德加于四海，总括九州，建成帝业，然后再以安车软轮把我拉来，我才能算是露脸呢。"这里说的安车软轮是一种木轮车，即用木头做轮，座位上铺上蒲草绸缎。专为老年人所用。

孙权听了，拍掌哈哈大笑。

这个时候，曹丞相已经跑到许都城了，这正是一个冬雨霏霏的夜晚。曹操这时的心情还是比较坦然的，因为这次南伐，毕竟还是占了大半个荆州。荆州北部的南阳郡目前还在曹操手中，南郡（郡治是江陵）也在曹操手中，江南的四个郡，随着刘琮的归降，也都归了曹操。只是江北的南郡以东的江夏郡，因为赤壁大败，给东吴占去了。

下面我们来说说曹操的身体情况。

曹操患有偏头疼，时不时就犯，总也不能根治。没办法，他只好请了著名的华佗。

如果在今天，华佗一定是专家教授级的医生。据说华佗的老家也是沛国谯县，内科、外科他都是专家。

有一天，华佗路上看见一个人，咽不下东西，食管被堵住了，上气不接下气地喘。华佗看了一下，说："这个好办，那边道边的大饼店里有蒜末和醋，你去跟他要三升喝，喝完就好了。"家人将信将疑地拉着病人去了大饼店，照办之后，立刻吐出一条蛇来（估计是蛔虫），于是食管也不堵了。后来此人把蛇挂在车边，去华佗家道谢。

还有一次，广陵太守陈登有段时间得病了，胸中烦闷，脸红厌食。华佗到他府上诊了诊脉说："明府的胃中有好几升的虫子，已经养成胃溃疡了，一定是吃生腥的东西所致。"陈登说："是啊，我最爱吃生鱼片了。"于是华佗给他喂了一升药汤。须臾，就吐出三升的虫子，红红的脑袋，还都会动呢。陈登立刻舒服了，脸也不红了，食欲也正常了。华佗说："这个病过 3 年还会复发（大约小虫卵 3 年又长大了），到时候遇上良医还有救。"结果过了 3 年果然再次发作，可华佗又刚好不在，于是陈登当即毙命。

还有一次，有一个人半边肚子疼，十天之内，眉毛胡子都掉了。华佗说："这是半个脾烂了，得刮一刮。"于是给病人吃了他配制的"麻沸散"。病人立刻晕晕忽忽，昏睡过去，华佗当即拿出刀子，把他肚子右侧划开，把脾上的烂部分都给刮掉，然后拿针线把他肚子缝上，涂上药膏。全完成后，病人还没醒过来呢。等醒来的时候，一点儿也不觉得疼。养了 100 天，就彻底好了。

曹操听说老乡华佗有这么神奇的医术，便把他招来给自己看头风病。曹操这个头风病，是要了命了，每当发作的时候，心乱目眩，四肢发狂。曹操自己也摸索出了个偏方来治它，那就是每次发作的时候，弄一盆冷水，把脑袋浸在里边。用冰镇加冷静的办法，止住或者减缓疼痛。

华佗给曹操号了脉，然后说："必须往膈膜上扎针灸，进行金属介入治疗，你的头疼病才能好。"曹操应允。

华佗给曹操扎了针灸，一扎就好。但是华佗说："这个病啊，要想除了病根，得长期治疗。"曹操让华佗留下，给自己做专职保健医，还给华佗弄了个地方住。就这样过了几年的时间。

华佗从前本来也是个读书人，但不知为什么后来弃文从医了，当了医生这个从事形而下工作的人，他经常不由自主地感到失落和后悔。他也想与人谈谈三王五霸、修齐治平什么的，那才有意思和露脸呢，而不像现在天天给别人看病。

如今成为京城里的一个医生，其实并不是华佗想过的生活，于是他想改变一下自己的生活，即想体验做一个隐士或农夫。

于是华佗就对曹操说："丞相，我有一个老方子，落在家里了，我得回去取去。"曹操说："好哇，多长时间回来？"华佗说："一个月够了。"

华佗回去以后，越在家里越舒服，不知不觉就到了一个月。华佗仍旧不想回去。

于是华佗写了一封又一封的信，信中自称他的媳妇一次又一次地生病。曹操看着信，着急了，心说你媳妇重要还是我重要啊。于是一次次地催华佗回来，可华佗媳妇的病就是好不了。曹操于是大怒："给我派人去查查他，若是他老婆真得病，就赐给他小豆40斛，宽假时日；如果没病，就直接把他送进监狱！"

过来一查，果然华佗的老婆没病，倒是华佗魔怔得像是有病。于是把华佗送进了许都监狱。进行一番审讯之后，华佗承认老婆没病。尚书令荀彧赶忙跑来找曹操说情："华佗医术确实不含糊，能够救人性命，还是原谅他吧。"

曹操气哼哼地说："不用怕，天下就再找不出这样的人了吗？"

于是"考竟华佗"，刑讯致死。

不久，因为曹操的病没有得到根除，所以他的头疼病又犯了，疼得咬牙咧嘴。曹操清醒过来的时候，就说："华佗其实能够治好我的病，但他欲以此自重。所以，我就算不杀他，他也不会为我除去病根儿的。"在曹操看来，自己就算是死了，也不能被华佗玩弄挟制。

如今曹操又想起华佗来了，因为他从赤壁大败回来以后，就在当月（208 年十二月），他的一个儿子曹冲也病得要死了。

曹冲就是《曹冲称象》故事中的曹冲。他从小就特别聪明，五六岁就有成人的智慧，因而深得曹操喜爱。当时，孙权送来一只大象，给朝廷和皇帝赏玩。曹操很想知道这个动物有多重，但没有人能回答。而曹冲说："老阿爸，可以把大象放在船上，把压下去的水痕的位置刻下来。再把大象拉下船，然后称量东西，一样样放到船上去，直到跟水痕相平，东西的总重量就是大象的重量了。"曹操大为高兴，当即实施。

另外，曹操用法极严。比如，军营中不许拉弩上弦（以免走火），行军的时候，要调试一下弩的功能，可以拉弩上弦，但是不许上箭，否则小鞭子抽二百。打仗的时候不许叫唤（以免听不到鼓声），有叫唤者，斩。旗向前则向前，旗向后则向后，向左向左，向右向右，有不尊者，斩。该进攻不进攻的，伍长杀死该士卒，伍长不进攻的，什长杀伍长，什长不进，都伯杀之。乱在阵中穿行的，斩。士卒逃回家的，家属一日未送回的，全家斩。战斗中，拾取敌人丢下的牛马衣物的，斩。

曹操对文官也是如此。在司空府和丞相府里的掾属，办公办得有问题，往往会被加以杖责。其中有个司空府掾属叫何夔的，非常刚烈，誓死不受辱。他想了个办法，每天带着毒药来上班。意思是，你要敢打我，我立马死在你面前。结果就只有他，竟然一辈子没挨过曹操的打。

而曹冲作为儿童，天性阳光，有时候就喜欢跟曹操的严刑峻法作对。当时有一个仓库官，放着领导们的马鞍子什么的，结果曹操的马鞍子被老鼠咬了。按照严峻的条例，这就是死罪。于是这仓库官打算把自己绑了，到曹操那里自首，犹且担心这样还是会被斩首的。曹冲经常也来仓库逮耗子玩儿，也认识他，看他可怜，于是对他说："你先不要自绑，给我三天时间，然后你再去自首。"

回到住处，曹冲就拿出小刀，把自己的衣服给乱戳了许多洞，好像被耗子咬了一样。然后他假装面貌忧愁地在曹操跟前晃，曹操说："仓舒，怎么不高兴了。"曹冲说："没心情了，俗话说，谁的衣服被老鼠咬了，谁就要不吉利了。我今天褂子被耗子啃了。所以，我正担心活不下去了呢。"

曹操笑说："这是胡说八道，没有必要为这个愁眉丧脸的。"

过了没一天，仓库长官让人拿着马鞍子，到曹操这儿负荆请罪来了。曹操问明后笑道："我儿子的衣服天天放在身边，还被老鼠咬呢。何况这鞍子是悬挂在柱子上呢？"于是，一句问责的话也没有。

那库吏大喜大惊，真是把曹冲敬佩感激得不行。就这样，这个仁爱的曹冲，把那些要被砍头和受小鞭子的，前后搭救了数十人之多。曹操也喜欢他机灵仁爱，常常对群臣称仓舒这孩子聪明。言下之意，让他做自己的接班人。

结果，天不佑之，赤壁大败回来的当月，那仓舒一下子病得要死了。曹操急得要命，亲自跑到庙里给这孩子求命祈福，结果孩子的病一点儿起色没有。曹操趴在孩子的病床前（孩子时年 13 岁），看见孩子口吐白沫，不由得哀叹："我后悔杀华佗了，如今让这个孩子强死了。哇啊啊啊……"

仓舒死后，曹操又不断给他加官晋爵，最后甚至封为高于侯爵的公爵。又找了个小孩儿给曹冲当儿子，袭爵食邑不断。

话说曹冲死后，儿子曹丕（时年 21 岁）见曹操哀痛日甚，就跑过来劝道："爸爸，命之长短有数，所定在天，父亲多想开一点吧。"

曹操怒道——也正赶上赤壁败后心情一直不好："这是我的不幸，却是你们哥几个的大幸！哼！"

说完，就流了泪了。言下之意，要是曹冲活着，我万不会把继承者的位子，交给你们这几个儿子的。

随后曹操在安徽地区的合肥大治水军，南压孙权的江东六郡（其过江正面就是丹阳郡），预备报复赤壁的一箭之仇，不提。

第二十九章

周瑜曹仁大战江陵

下面我们再来说说南方的军势。却说周瑜和刘备的数万主力军，已经开到江陵城外，隔着长江以相窥伺，预备殊死夺城了。周瑜在江南岸，江陵在江北岸。江陵是南郡（荆州在长江以北的三郡之左下角之郡）的郡治，从前是楚国的都城郢都。

刘备对周瑜说："这江陵城中粮食甚多，军实丰足，足够挡住我们大军的。而且曹仁这个人，残暴凶猛，死不改悔。我有一个主意，不如让张飞带着 1000 人随你，你分给我 2000 人，我带着我的人和这 2000 兵马，兜到江陵的背后，隔断他的后路。曹仁必然恐惧，不久即会撤兵。"

刘备不愧是个打了多年仗的人，晓得打仗靠的是士气和勇气，如果后路被断，援军不能至，士兵就会心慌。也就是，使敌人的据点变得孤零零的，从而使其战斗意志瓦解。

周瑜也觉得好，于是分给了刘备 2000 人马，刘备则把张飞和 1000 人马给了周瑜。随后，刘备便带着关羽和自己的万把人军队，走掉了。

刘备走了之后，就在这段史料中消失了。我们也不知是断曹仁的后路去了，还是自己拉着杆子打地盘去了。而周瑜还是对大城市江陵兴致有加。这时候甘宁也来提合理化建议了，要求带着自己的兵，横行西趋 100 千米，攻击江陵以西的夷陵（今宜昌），占住上游，以恐吓下游。

周瑜一听，这跟刘备的主意也差不多啊，于是大加赞同。随后便命甘宁伐夷陵，遏制住夷陵军可能对江陵提供的军事援助，以便进一步孤立江陵。甘宁开到夷陵，立刻就占领了那里。甘宁进占后，立刻收编降兵。曹仁听到了西边夷陵被占，知道东吴军来斩右臂了，忙令五六千人西围攻夷陵，试图收复该城。

甘宁本自有几百兵，加上收降的，不过 1000 人，被连续攻了好几天。外面的攻城军动用江陵城带来军事器械，架起了攻城高楼，然后照着城里边箭如雨下地乱射。甘宁的兵吓得东躲西藏。

甘宁知道降兵是靠不住的，不能干拿着。于是他赶忙遣使向周瑜告急。周瑜还屯在南岸呢，便召集众将商议对策。

周瑜说："如今甘兴霸吸引了敌人五六千步骑兵，但是夷陵朝夕不保，为保此城各位建议如何。"

诸将都说："都督，我们一共不过两三万人，要是再分 5000 人去夷陵，如果曹仁突然出城，攻过江来，这边难免被打得溃败。到时候夷陵那边也孤悬无助，就两头吃亏了。如今之计，只能保一头。要保一头，固然还是保这里。"

周瑜点点头。横野中郎将吕蒙当即挺身而出："不然。我推荐一人，可以守住南岸大本营以拒曹仁，那就是都尉凌统。我愿与周都督、程普供应全部兵马，急赴夷陵结围，来回不过 10 日。而且，我担保凌统可以守住大本营 10 天。"

凌统是个犯过错误的人，曾经借酒劲杀了人，后来因为奋勇杀贼才将功赎罪。他在攻黄祖战役中也有表现，但是战功和官儿积累得还不够大，现在正需要立功的机会。

周瑜想了想，如果甘宁在夷陵战死了，对于我军士气会产生很大的消极影响。于是就按吕蒙之计施办，带着 1 万多人，跑去给甘宁解围。半路上，吕蒙又说了："都督，我看此地甚是险要，未来围城军被我们打散了，往江陵溃散必然经过这里。不如留下 300 人，砍伐树木，横七纵八，遮断此路，敌人必然弃马而走，这样我们就能拣些马匹用了。"

周瑜照允。

与此同时，益州将领袭肃来降，周瑜便上表将袭肃的军队交予吕蒙统辖。吕蒙认为，袭肃的到来，正可壮大军威，便不同意统辖其军队，并要求将军队还给袭肃。孙权表示同意，然后让袭肃去帮助周瑜攻打曹仁。

随后一帮人到了夷陵城外，见城下曹军正架着高楼往里边放箭呢。东吴军不待休息，便扑上去猛杀，很快杀死曹军过半，余者结营休息。到了半夜，曹军将官气馁，潜行遁去。周瑜军一路追杀，直追到乱木小道。曹将一看这儿都是卡着马腿的木头格，只好弃马步走。周瑜军遂拣了300匹马，用大船运回。夷陵保住了。

之后，周瑜回军江陵，与曹仁开始了长时间的拉锯战。日升月落，春夏更移，从公元208年（建安十三年）年底，一直打到了公元209年年底。

周瑜对程普、吕蒙等人说："我们在这里已经相战年余，双方所伤甚重。打仗要有韧性，就看谁坚持到最后一刻。曹师已困，曹仁多次身自陷阵，而我卷藏未用。明日我当亲自跨马督战，以后起之力压倒曹仁。"

第二天，周瑜、曹仁再次大交锋。周瑜本来是个儒将，不善骑马。按照当时的名士风度，打仗的时候，应该骑在一个马扎上（叫作胡床），拿着大羽毛扇子，带着块没有防护作用的幅巾，褒衣大袖，指挥士军左突右冲。这次周瑜也讲实际了，骑上战马，身披两裆铠，居高指挥。

按照战法，东吴军有步、弩、骑三个兵种，排成矩形小方阵，每阵内纵横行列三四十条，一个方阵往往近千人。环卫阵表的是弩兵：前锋和后卫是弩兵横队，面向相反；两翼也是弩兵，一律面外站立，以保护相对脆弱的两翼，对付敌人的截击。这些千人的小方阵在河岸上布置，若干小方阵集合成几万人大阵。主将居于大阵当中，一旦主将击鼓，各小阵战士持械而进。一旦主将鸣钲，各阵依次而退。钲鼓俱击，则战士就地坐下，呈固守修整状态。总之，旗鼓是军中的语言。旗进则兵进，旗退则兵退。

主将周瑜这里，其实也有好几面旗子，这取决于他有多少个"小队"。每个小队有属于自己颜色的旗帜，是小队兵士瞩目的地方。当周瑜竖起某色旗帜，相应地某小队就要立刻竖起他同样颜色的旗帜答应——叫作"应旗"。主将周瑜把旗帜向左摇动，该小队相应的旗帜便也向左摇，小队战士会跟着往左冲杀。大旗右摆，则战士右攻，阵形右移。旗子交互挥动，就是叫这边去增援那边；再挥动，就是那边去冲击另一边。当主将旗帜低压摇动，小队将领也同样立刻应旗，压低摇动，意味着他的战士们要拔足飞奔。旗帜的高低配合着鼓声的急缓，控制士兵冲杀的进度。周瑜所要做的，就是调度自己身边这一群颜色纷杂、代表不同小队的旗帜，所以他需要骑马站在地势高的地方。

正当周瑜指挥时，砰！一只流箭摇着尾巴就飞来了，箭杆子从他的右肋射进去，右后腰冒出来。没错，周瑜右肋负伤了。正是两裆铠两边开气结纽没皮子的地方。周瑜哇呀一声暴叫，一头从马上掉下来。

这一箭是穿得太深了，周瑜浑身抖颤个不停，掌旗官赶紧抱着旗子过来搀扶。就见血立刻从黑铁箭头上流了出来，一同流淌着的还有三军的士气。吕蒙等人闻讯，赶紧驰马跑来，也无心再打了，他们用担架抬了周瑜，吕蒙指挥各小阵约束收缩，且战且退，勉强有秩序退回。

曹仁这边看东吴军无缘无故不断在撤，心下疑惑。本来今日东吴的士气甚炽，为何突然虎头蛇尾起来了。曹仁怕是有诈，也鸣金收兵。

曹仁回去之后，越想越不对，忙派细作混入东吴营屯打探详情。过了一宿，细作化装成个老头回来了。只见他喜笑颜开："报告！今日我从我老乡那里听到了，说周瑜左都督昨日跨马督阵，结果中了一只流箭，所以东吴贼草草收兵回窝了。"

曹仁大为懊恼："想是昨日我驱兵大杀，必是可以大破东吴，生擒周郎的。可惜了这个机会。你再去刺探，现在是中午，你过去看看周瑜起床了没有。"

那探子答应一声，挎个鸡蛋篮子，又跑到东吴营屯里去了。不半日，又跑回来了："报告，消息是周瑜左都督今天一直到我走的时候，都还在床上趴着呢。外面从没人见他出来。"

"你的话可当真？"

"当真，平日他都要出来巡营，我问了好几处，都说今日都督未曾来。"

曹仁说："好，看来周瑜已经巨创不起。若是小伤，想必总是要起来走走，以安军心。怕是已经命在旦夕，也未可知。你先去歇息。告诉记粮官，今日多给你配 10 斗大米。"

曹仁于是吩咐明日全军出动，到周瑜屯前勒兵骂阵。

周瑜微微地睁开眼，使劲忍着疼扭着头，问："这是什么人？一直在骂阵。"

属下回答说，"这是曹仁的部队在外面一边排列阵势，一边骂的。程普公已经领着我们的各部，出去排阵去了。"

"不一会儿就要开打吗？他们两边。"周瑜脑子逐渐清晰起来，于是立刻说道："赶紧给我穿衣，准备铠甲，拉来我的马，我要自兴临阵搏杀。"

下人连忙给周瑜脱掉睡衣，穿裤子，穿单衣，加铠甲。周瑜手把大槊在手，一边往营门走，一边就听见那边还在骂，周瑜听了差点儿气个倒栽，他随着马行走起伏颠簸，就觉得右肋撕裂般疼痛。

出到营外，周瑜发现曹仁、程普正在各自忙活着列阵呢。的确，打仗不是群殴，是讲组织的，所以队列极其重要。曹仁正在指挥自己的人怎么站，忽然就见正在排阵的东吴军阵前方，走来一匹白马。那马上端坐一人，英姿美状，手擎长槊，沿着东吴军各军部，且行且走。

曹仁大惊，忙问细作："此人可是周郎？"

细作说："正是。"

曹仁手搭凉棚一看，看见周瑜没有事，不禁怅然若失。而吴军将士受了周瑜激励，无不形势自倍，跃跃欲试。

曹仁对徐晃说："横野将军，上将伐谋，如今周郎没死，似乎还颇能临阵纵横，我们今日的决战条件已经没有了。不如回去吧。"

徐晃说："相对来讲，守城对我们更有利，回去拒敌百不失一。还是回去好。"

于是，曹仁等竟不相战，带着队伍回去了。

曹仁大兵退去后，周瑜渗出的鲜血已染红了铠甲内的单衣。只见他嘴唇咬破，额上全是汗珠，衣甲尽湿，肋下战栗，五内如摧。即便如此，犹自与各部将官士卒招呼以言语相砥砺，然后才在侍卫簇拥下，缓缓回去。回到床上，一头扑倒，就昏死了过去。

曹仁回到江陵城，心中一片黯然。一年多来，自己也伤兵亡将甚多，江陵虽然军实粮草素多，但混战一年以来，城里面的情况也并不舒服。曹仁看见周瑜带着除恶务尽的架势来打他，而曹操因赤壁新败又不能相救，他的意志就告破灭，遂宣布："命令：放弃江陵城，明日约束出北门，各部按序退往襄阳，依令行事。"

于是，曹仁卷了江陵城里最后的一点军事物资和粮草，撤走了。

这场大战，双方都注重调动军队士气。

周瑜也不追赶，遂进占江陵城，继而得了以江陵为郡治的南郡。孙权得到喜报，便加封周瑜为南郡太守；程普为江夏太守。于是，荆州的江北三郡，北部南阳郡（郡治襄阳）归曹操，其南二郡，南郡、江夏，一左一右，皆为东吴所有。

其实在周瑜与曹仁鏖战期间，孙权曾自己带兵攻打合肥。但因大雨泥泞，以及得到错误军情，不得不提前撤退。

第三十章

孙尚香——孙刘联盟的纽带

　　刘备在周瑜与曹仁大战的这一年里，也在兀自行动。可见周瑜和曹仁打了一年多，这也实在是有两个笨伯互拼的嫌疑了。其实，这也不怪周瑜，主要是由于程普和周瑜不睦。孙权这人又多疑，以周瑜、程普各自为左右都督，以便互相挟制，避免周瑜功高震主。当赤壁大战的时候，两人面临亡国之压，自然勠力同心，现在到了江陵，就怎么也和睦不起来，结果战役颇多周折拖拉，几乎误了国家大事。周瑜此人，性度恢廓，大率能得人，唯独与北方右北平郡的那位喜欢多次凌辱自己的程普不睦。上次笔者说过程普后来敬重周瑜了，说跟周瑜相交往，如同饮了醇酒，不知不觉就上了周瑜的钩。但这是别史所载，而正史中吕蒙将军说，江陵大战，虽然周瑜是总负责人，但程普自恃老将，遂相与不睦，把战事折腾得几乎要败。

　　不管怎么样，刘备充分利用了周瑜、程普在江陵城下互相冷着脸磨蹭的大好时机，令自己使劲喘息伸展。他先是上表朝廷，申请把原江夏太守刘琦升为荆州牧。曹操见表，巴不得分化孙权和刘备，以便二者相争，于是就批准了。然后，刘备便保着刘琦举兵征伐长江以南的荆州四郡去了。这四郡的长官原本都是刘表所置，随后降了曹操。这四郡呈"田字格"分布，分别是武陵、长沙（在长江以南，一左一右）、零陵、桂阳（再往南，一左一右），基本都在今湖南。所谓湖南，就是洞庭湖以南，在当时则叫江南。刘备转徙于江湖之间，时间不久，这四郡皆降，其中排老大的武陵郡抵抗比较像个样，太守金旋被刘备攻劫而死。

　　其他三郡，一看刘琦和刘豫州来了，曹操又败北走了，纷纷下城顺降。其中，长沙郡的郡守韩玄下面还有一个老将，姓黄名忠字汉升，时任中郎将，也一并顺降。这武陵、长沙、零陵、桂阳四个郡面积虽然颇大，但物产和人口都不多。

刘备遂以诸葛亮为军师中郎将，督长沙、零陵、桂阳三郡，从这里征收军赋国税，以充军实，另以赵云为桂阳太守，郝普为零陵太守。至于武陵郡，则史载不详也。然后，以二弟关羽为襄阳太守、荡寇将军，引主力兵驻在江北。这是由于，从《三国志》的《周瑜传》《黄盖传》《全琮传》中可见，当时的荆州南部实为孙权与刘备共有，诸郡几乎都是有两个太守的，一个属孙权，一个属刘备。

却说赵云领了自己的部属，到桂阳郡上任。这里的郡治是湖南郴州，在湖南的最南部。

赵云刚走马上任，从前的桂阳太守赵范就找他来了。只见此人笑嘻嘻地与赵云套着近乎，继而又想把寡嫂樊氏介绍给赵云。

赵云见状，立时表示不愿接受，同时让下属送客。

赵云的幕僚劝赵云："这个樊氏，确实有倾国之色，您如果娶了她，对于安定本土人心，于公于私，非为不美啊。"

赵云想了想说："我还是对你讲了吧。先前曹操在江陵，这江南四郡都顺降了曹操，现在赵范迫于我们的兵威而降，到底他心里怎么想的，还不可测。"

属僚然之。不久，那赵范果然率众逃走了。刘备闻知此事，立刻追究相关人等。而赵云跟赵范无纤介的瓜葛，追究责任的时候，怎么着也赖不到赵云的头上。从前，赵云在博望坡抓住了夏侯惇的弟弟夏侯兰，刘备曾打算把他杀了，赵云说："此人自幼是我的同乡，如今据说明于律法，主公不如赦之，以为军正。"刘备遂听赵云。随后赵云与夏侯兰保持一万多丈的距离，从来不跟他相近交往，以免人家说他为之求活是出于朋友之私，给自己拉帮结伙。赵云慎重虑事深，谨小慎微，一贯如此。

却说刘备待在长江以南岸的公安城，北有关羽之军在北岸驻巡，南有诸葛亮等人督着的四个郡，实际上，此时长沙以南已尽为刘备所有，而长沙以北，刘备只占有公安和宜都，这也是后来为什么《三国志·吴书》说刘备仅有一小块土地的原因所在。这天，孙乾来报："刘荆州刘琦的病日渐加强了，使君还是过府看看去吧。"

刘备忙赶到刘琦那里，就见刘琦日前不知是染的什么病，大约跟总在这长江一线晃有关，已经无医可救，就要撒手人寰了。

刘琦说："刘使君……我年纪……轻轻地……连个儿……子都没……有。我……我……哇呀！"

说完，就去世了。

刘备伏尸哭泣，众人相劝，随后刘备起来说："不如选个从前刘荆州的族孙，给小刘荆州做义子吧，我们照旧扶着他当荆州牧。"

麋竺、孙乾等众将史。都摇手说不可："主公，刘荆州家族已经凋零，这是天意使然，况且现在四面人心不稳，江湖未靖，一个小孩也压不住荆州啊。我等都还请公推主公勉为其难，暂督荆州吧。"

不久，四郡那边和关羽那边，也派人拿着上书，一起要求刘备当荆州牧。刘备心想，名不正，言不顺，我不做荆州，下面的人也不算正式啊。况且自从曹操败后，荆州将史原本投了曹操的，许多叛了曹操跑到公安来转投我，现在也是大势所趋。于是他也不再啰唆，就把那荆州拿下，自领了荆州牧，不过照旧在公安城办公，因为四面都被孙权占领了，不待在公安也不行。

刘备心想，孙权现在才是讨虏将军，领会稽郡守。而我是朝廷正号左将军，从前领豫州牧，现在领荆州牧，实在是大着他，弄得他太矮了，也不称同盟之好啊。于是上表朝廷，表孙权代理车骑将军，领徐州牧。这是因为本来应该让孙权领扬州牧，但扬州已有曹操所置的刺史，曹操必不答应。同时，又表孙权下面的长史张昭为军师。

曹操现在已经不在许都了，而是亲自跑到安徽合肥屯治水军。许都的快马邮递员把表章送来，曹操看表，见是刘备要表孙权为行车骑将军，领徐州牧，心下考虑再三：如果给了孙权这个官，正是长贼锐气，但是若驳了刘备，孤家现在正在压击孙权，失了与刘备之欢，也是使我落单。不如给刘备点面子。于是提笔批准。如前面一样，他批准刘备上表刘琦做荆州牧，也是出于分化孙权、刘备的考虑。

孙权得到喜报，朝廷把自己升为行车骑将军，领徐州牧了，大喜。自己总算是正号将军和一方伯牧了。可见刘备也算是顾念同盟之好，不错。于是，孙权到祖宗的灵牌阁里，念念有词地把自己今天的成绩，给祖宗们汇报了一番。正要站起来走，就听背后一人说道："二兄，你拜完了吗，我也要拜拜。"

孙权回头一看，不是别人，原来是自己的妹妹孙小姐。我们说，孙权长得方面大口，目有精光，随着年龄加长，紫色的胡子扎扎如反猬一般，眉棱骨如紫晶石棱，是个棱角分明的帅模样。但是当时的中原人物可能不觉得好看。

孙权一看自己这个妹妹，长得也是棱角分明，但其为人才捷刚猛，有诸兄之风。跟孙权这个喜欢跟老虎打架的人一样，她不但看上去令人暗惧倒吸凉气，也舞刀弄棍，武艺超群。

孙权说："妹妹，你要跟先祖说什么啊？"

孙小姐走上前几步，跪倒，对着牌位说："先祖列宗父母大人和哥哥今日在上，小孙我自算已经20岁，成人了，也该许配人家。此事不消二兄烦忧，只望先祖列宗保佑，厮配得意郎君，以宽父母大人在天之灵。"

孙权不由心中一动，就问："贤妹觉得什么样的郎君才算是得意的啊？"

孙小姐说："此人不必读书假孝，混取乡曲之誉，萎缩行走熬谋州郡，但得是个大英雄、伟丈夫，就甚得我意了。"

孙权说："呵呵，那刘玄德倒算是个枭雄，贤妹觉得他如何啊？"

孙小姐站起来，望了一下哥哥，说："我早闻此人之名，说是气度恢弘，有汉高祖之风。只一点就是太老，若是小一点如他这样的就极好。"

孙权说："只是我说他是枭雄，但不是妹妹说的英雄啊。"

孙小姐奇怪地说："枭雄和英雄有什么区别？"

"枭是他们北方佬说的，其实就是我们的猫头鹰。猫头鹰这东西，小时候被爸妈叼来肉喂，长大了，就反把自己的妈妈吃了。所谓枭雄，就是上弑其君，反复无常，叛弑其主的人。"

孙小姐说："那我倒不怕，我平时最爱对付各种鸟，就是怎样的猫头鹰，到我手里，保准服服帖帖。"

孙权呵呵一笑，说："据愚兄揣算，刘备目前也有四十七八岁了，妹妹若是真不觉得委屈青春，兄倒是正很想求妹妹屈嫁给他。"

"为什么呢？"孙小姐问。

"是这样，如今刘备新得了荆州的很多领土，气势正盛。而那曹操又在北方觊觎我们的门户，合肥城内外水陆军云集。刘备既是枭雄，必然反复无常，若是他和曹操北西两面联手，则我们江东六郡，西无长江之险可恃，北无劲卒良将以守，终究父兄基业，或有昙花一现之虞。所以，就算是哥哥求你了，不知能否体谅，猥嫁给刘玄德，以固刘玄德之心，西保我们江河稳固。"

孙小姐低头思索了一下，说："刘备也是一个海内名士，不肖妹嫁给他也不算委屈。"

孙权大喜，就和孙小姐在祖宗面前联翩跪拜，算是把这事说定了。

随后，孙权派使者跑去公安提亲。刘备闻听，心里左思右想最终还是答应了，派孙乾等人赍礼前去迎娶。

孙权那边，敲锣打鼓，坐着舟，又改乘车，把孙小姐送到公安刘备这里了。

刘备与孙小姐一起跪拜了之后，又找了个大葫芦，锯成两半，又把它合在一起，叫作"合卺"，然后进了洞房。掀开盖头一看，孙小姐很像孙权。当孙小姐去看刘备时，刘备忙把眼睛躲开了，去看桌上放的枣和栗子。两人这时的情景，正合一句诗是："虚心竹有低头叶，傲骨梅无仰面花。"

幸福的婚期过后，刘备和孙夫人都各自回到了原先的生活轨道。刘备忙着不外乎上班打仗，孙夫人则按自己的心愿布置自己的院落。刘备每天处理完公务之后，有时候去甘夫人的那部分跨院，有时候去孙夫人的那部分隔院，有时候去某某小妾的迷你小院。这一次，轮到忙碌的刘备去孙夫人的隔院了。走进去一看，还以为自己走错了，就见孙夫人已经把这里改造成了一个兵营，门内和院落里有 100 多名女兵，各个执刀扛枪，给屋里的人站岗。刘备吓了一跳，忙问："是出什么事啦？夫人怎么啦？"

女兵头目答："郎君老爷，夫人见在屋中等候，并无他事。"说完，就见几个女兵拖着大刀，一路小跑奔进了屋里。不一会儿打开了门，执着刀掀着帘子，教刘备进去。刘备在刀光剑影之中迷迷糊糊地走进门，犹豫了一下，迈步进堂。就见孙夫人正坐着呢，后面几个高级大丫鬟，各个拖着百炼钢刀，叉腰侍立。

这时孙夫人忙走上来请安施礼，孙夫人一笑，说："郎伯有所不知，我从小过惯了军事化生活，这些人闲着也是闲着，我都是以军中将令相约束，她们听我旗鼓指挥。"说完从袖子里抽出一面小旗，一挥。就有使女从侧门端进茶果来，给刘备的案前放下。刘备坐下，勉强端起茶来，喝了一口，没等吃茶里边泡着的果，那使女又走上来，端着壶给刘备续水。

刘备本想在这里睡一宿的，只是就怕自己第二天睡醒起来时脑袋和身子分了家，勉强支吾几句，就借口落荒而逃了。

从此，刘备就隔三差五地来这里吃饭睡觉，每次一进来，心中常怀凛凛。从此，男女主人公过上了幸福的生活。

第三十一章

周瑜囚禁刘备的真实原因

209 年年末，周瑜完成了对江陵的最终占领之后，被孙权加封为偏将军，领南郡太守。

南郡太守周瑜觉得不能亏待了刘备，因为赤壁大战和江陵鏖兵，刘备都是有功劳的。于是就把南郡在江南的一小条部分，东西长约 150 千米、南北狭为 30 千米的地方划给刘备扎营。

而一时那些从前投降曹操的人（刘表的人），见江陵被拔，曹军北去，于是纷纷裹了老婆孩子，带着或多或少的队伍部曲，也来投奔刘备。

之后，刘备自领了荆州牧，又上表朝廷封孙权为行车骑将军，领徐州牧，算是讨好了孙权。次年（210 年）年初，就趁势带着礼物赶到柴桑，去拜访孙权。刘备说：

"孙车骑，不才的老家是在春秋战国时的燕国，你可知道燕国的故事吗？"

孙权连忙弯着身子问："刘荆州是想说燕国什么故事？"

刘备说："几百年前，在燕王哙的时候，我们那边曾经闹过内乱。当时，燕王哙把王位禅让给了他的相国子之。但是燕王哙的儿子不满，于是两派就打起来了，自此国内大乱，士民死者不计其数。在燕国东南有个齐国，君主名齐宣王，以平乱的名义率军进入燕国，三剑两刀地，就把两派都给灭了。又想了想，干脆吞灭了燕国。将军你想，齐宣王的这做法是正确的吗？"

孙权摸了摸胡子，眼珠藏在眉棱下面来回一转，说："依我看，灭人之国，固然对齐国来说是好事。但是，战国纷争，其雄有七，牵一发而动全身，德不丰，力不足，还要有自知才好。"

"是啊。齐国将燕国吞到自己肚子里后，顿时有地方5千里，兵车2万乘。列国闻知，无不恐慌，立刻奔走召集，血誓盟交，列国快速组成北伐大军为燕国复国，齐宣王见到列国盟会，就狗急惶惶，立刻下令把军队从燕国撤出来。不但燕国得以复国，自己也未得尺寸之地。

"这说明什么问题？说明齐宣王在攻燕前，至少应该分析一下，以自己的兵力，在占领燕国后，是否能在平定被占领区的反抗势力同时，还可以击退诸侯列国反对齐国灭燕而派出的各种干涉势力，最终守御住这一地区。答案是能的话，才可以出兵，否则就是白辛苦，还要损兵折将、劳民伤财。"

孙权捻着胡子不说。刘备又道：

"如今，将军已经基本得了荆州之地，荆扬相连，全吴楚之地，纵横5千里，已经成了曹操的心腹大敌。荆州再往西去，就是益州刘璋；南去，则是交州七郡。刘璋本来首鼠两端，如今荆、扬逼近益州，刘璋势必死力结曹以攻将军，交州之民，也惶惶不定。今将军以新得未稳之荆州，新战疲敝之扬州，抗天下曹刘交州各方面英雄，以我观来，有何异于以齐国疲敝之兵，驱燕国狐疑之众，抗天下列国之五？"

孙权听到这里，倒吸一口凉气说："以刘荆州的意思，那么我们当初不该追着曹操，直打到荆州去了？或是，现在既然占了荆州，应该像齐宣王那样引军退回来，方是久安之计？"

刘备说："倒也不必，当年齐燕并一，所以列国恐惧，若是齐宣王割出燕国之地，择扶一个燕王族公子，立为新燕王。然后以燕臣齐，二国依旧外为两家诸侯，则列国五国之恐惧，当势有所歇消。"

孙权想了想，微微一笑："将军的意思，是将军如今自领荆州牧，但得督控荆州地盘，与我外为两家诸侯，则西方刘璋见了，与从前我与刘表分制二州，别无二制，曹操也不恐于我，交州也不必狼奔豕突？"

刘备笑了一笑，一拱手："当今之计，此是上策。如今我自领荆州牧，但是在荆州只有南岸片土，实还是将军掩有荆、扬，则必令诸侯相恐，不利于将军。"说完，不再发言。

孙权沉吟了一会儿，说："刘荆州本来在荆州数年，本地英杰将吏想慕，使君以督荆州，自是可以西结刘璋，北御曹操。只是，我们江东部将，攻城夺地，斩将拔旗，汗马之功。如果我在荆州无尺寸之地以封拜功臣，如何平息众言。"

刘备说："我督荆州，但只求荆州数郡。将军部属，自可得位而安。如今，南郡府君公瑾，但以南岸地区区百里安置我的吏卒，我亦无法平息众议啊。如今刘表部将引军来投我的，不下万余人，蜷缩南岸片地，格外让人难以挨过。"

这最后一句，又吓唬了孙权一下，告诉他自己在荆州素得人心，北抗曹操还是舍我其谁。

孙权不犹豫了，当下说道："使君讲的都是方针大计，实在出于某的考虑之上甚远。使君此来，但若是为了此事，我想使君必不虚此行。"

刘备看孙权已经基本表态了，心中窃喜。当下也不再强推，于是言说其他一些事情，又讲了孙夫人到了南岸地，每天军事化生活，不骄不躁，如何为三军立了榜样。孙权听了，更是大喜。

却说周瑜听说刘备跑去柴桑去了，要借荆州数郡，心想这可不好。他当即从南郡江陵给孙权上表。孙权打开见表中说道："刘备以枭雄之姿，又有关羽、张飞两个熊虎之将，必非肯久屈为人所用者。愚臣以为，最好的办法，是趁着刘备还未回去，把他留在东吴。需为之修些华美盛大的宫室，里边多放些美女珍玩，由他在里边连摸再玩儿，使他耽于耳目之娱乐，流连忘返。然后分开关羽、张飞此二人，各放一个地方，交给类似于我这样的人挟着他们各自去打仗，则大事可定矣。将军如今若是割出荆州数郡以资刘备，又让这三个人聚在一起，恐怕蛟龙得了云雨，迟早必非池中之物了。"

孙权看了这个奏章，一时也拿不定主意，心下狐疑。于是拿去问鲁肃："子敬，公瑾这里有个奏章，意思是不要借荆州给刘备，并且还要扣留刘备，拆开这哥仨。子敬以为如何？"

鲁肃听了，当即不假思索地说道："不可。将军虽然神武盖世，然而曹操威力实重，您初得荆州时间也短，对士民布恩立信也还不够，应该把这地方借给刘备，使刘备抚之。毕竟刘备已在那里待了六七年，士民信赖。这样有刘备守着荆州，就多给曹操树了个有力的敌人，又多给我们树了个党友，这是上策啊。"

总之，鲁肃是完全按着刘备的意思来。

孙权听了，想想觉得也是。

事后曹操在许都听说孙权资刘备以土地，不禁大惊失色。

这说明鲁肃的策略是有效的，而周瑜要和刘备作对，未必能碾压刘备。

随后，孙权命人把刘备请来，二人就座，孙权答应借给刘备荆州数郡，以相共御曹操。

刘备诺诺感谢。

事后，刘备乘一帆小船，犹如当初勇敢赴鸿门宴成功的刘邦一样，昂然得胜地下江，奔自己的老窝去了。刚走出不远，就见后面旌旗招展，一座飞云大船，从着数艘艨艟斗舰，从后面飞驰而来。刘备慌了，大惊失色："难道这孙权又后悔了？或者是本欲杀孤家，但是怕在柴桑无法向社会舆论交代，于是跑到这乱江野外上来杀自己？"立时不知怎么办才好。

不一会儿，大船靠在了刘备小船的身侧，但见孙权等人站在舟侧，举手召唤。刘备定睛一看，孙权身后站着张昭、秦松、鲁肃等十余人。刘备一见鲁肃，立刻安了神了。子敬在此，当不是害我。

孙权等一干扬州大员过了船来，就到刘备身边，说："刘荆州，我等追来特此送行。荆州在柴桑日短，游宴之欢，难可再遇，我想来不禁流连忘返，特来江水之上，再送荆州一程。"

刘备听罢，感激不尽。孙权当下命人从大船上罗列抬下一大席的盛馔来，在刘备船上摆下。宾主大饮尽欢，足慰远离之孤单。酒席喝到差不多了，张昭、鲁肃等人告辞，说："我等先回船去布置，将军随后就来吧。"

于是，张昭等大员尽出。舱里就剩刘备和孙权二人了。两人于是又说了许多，说着说着说到周瑜。刘备觉得管不管用还在其次，总之害周瑜一把总是必要的，趁着现在孙权对我情好渥恰，于是说道："将军，周公瑾这人，确实如你说的英武有胆。周公瑾文武韬略，乃万人之英，不过我看他气量广大，从不计较私人得失宠辱，恐怕正说明是不久肯为人臣者也！"

意思是，当人臣的，就应该跟人争名夺利。但是周公瑾从不计较，器量广大，所谓：弃小不就，所图必大。很显然他是奔着当东吴老大来的。刘备这使谗言的技术，一点都不比诸葛亮游说孙权时候的辞令逊色。孙权听了，立刻不作声了，缓缓才说道："我母亲生前，曾经命我对公瑾以兄长之礼侍奉。当时我位不过是将军，军中从事，一切礼仪尚简，唯独公瑾带头尽敬，严执臣礼。我想，荆州不必多虑了。"在这里，荆州指刘荆州。

刘备心想，他说是这样说，我倒要看以后能如何。不管怎么样，我把他这个"范增"，好好地潜害了一顿了。随后，刘备又极力夸奖鲁肃，二人说说谈谈，孙权随后告辞起身，由着刘备招手而去了。

刘备的船开走以后，刘备在船上对左右心腹们讲："孙车骑这人，长得上长下短，站着比我低，坐着比我高，正是难以居人之下，我以后再不可见此人。"他的潜台词是，再见到就不会像这次这样放过我了，这次放过我，是因为目前还有求于我。于是吩咐水手，加力划船，昼夜兼行，急惶惶地赶奔回公安。从此再不去江东之地半步了。

第三十二章

鲁肃：周瑜第二

由于周公瑾的建议被孙车骑否决了，便不再提出抗诉上辩，而是潜心思考下一步的路线图。他执行的，便是从前鲁肃第一次见孙权时提出的"极长江上下尽有之"的大战略。于是刘备刚走不远，周瑜立刻带着自己的作战地图，从江陵顺江东下，400多千米，来到柴桑，面见孙权。

周瑜说："周瑜以凡夫之才，昔日受先君孙讨虏知遇之恩，今日又蒙孙车骑委以腹心，自是当粉身以报。如今我研究了一个新的战争路线图，我请以与绥远将军孙瑜并力，西进以取西蜀，得蜀然后而北并汉中张鲁，然后留奋威将军以守西蜀汉中，北与关中马超结援。我自还车骑攻去襄阳，以逼压曹操。如此则北方可图也。"这里说的奋威将军，就是孙坚的侄子孙瑜。

我们看，周瑜拟定的竟然是和诸葛亮一样的策略。即从荆州找一位将帅一支矛头北上，再从关中以一位大将挥矛头东攻。孙权倒吸一口冷气，缓缓说："这个规划是好，只是战线拉得太长，如今曹操在合肥压我，我们主力西去，一时有个缓急，江东如何自保？"

周瑜说："我们欲取西蜀，曹操必然干预，但是曹操如今新近摧败。而其北方冀州幽并之人，趁曹操新败，必有反正之心，如此曹操有腹心之疾，必不能与将军结兵相战啊。如今机不可失，若待曹操修复元气，则得蜀并汉中之议，就再无可行之机了。"

孙权点点头，同意了周瑜的建议。

周瑜施礼领命，回去准备了。

却说周瑜回到家里，收拾行装并与小桥作别。这小桥是个三国四大美女的压轴第四美女。前孙策占了江东六郡，周瑜（时年24岁）又从袁术那里回到江东加入孙策，孙策就叫他跟着自己向北攻击袁术的皖县（今江西安庆）。攻拔之后，他们听说皖城的桥先生家有两个美女，一个叫大桥，一个叫小桥，孙策和周瑜连忙把大小桥两位小姐领回自己的营寨，然后想立她俩为夫人。孙策就自娶了大桥，周瑜则娶了小桥。

次日，周瑜整理已毕，带着小桥给他弄来的药，作别小桥和家人，乘船自向西而去了。走了100多千米，到了鄂县之樊口；又走了100千米，到赤壁旧战场，临岸眺望，不胜感慨；又走了100千米，到了岳阳地区的巴陵，夏风蒸热的时候，周瑜却再也走不下去了。他因为突然疾病，道死于巴陵的舟上。一时苍天变色，眺望西方，回首东都，周瑜恋恋地死在这功业未竟的大江战场上。

一代英豪，时年36岁，默默作别了他热恋的江东吴楚土地，不亦雄悲哉。

遗体一时返回柴桑，小桥伏尸大哭，孙权素服举哀，感恸左右。江东男儿女子，闻知英华周郎中年夭丧；大江上下吴越之人，无不泪眼迷蒙。

外面风虽然息了，但丝丝地下着微雨，孙权的临丧期间，收读周瑜临终写上来的奏疏，仿佛宛然又见公瑾的音容笑貌：

"人寿的长短是天命，实不足惋惜。只恨我小小的志向未能实现，不能再聆听您的教诲、尊奉您的命令了。当今曹操占据北方，疆界没有平静；刘备寄居国中，有如养虎；天下大事，不知道结局，这正是朝中百官废寝忘食的多事之秋，也是您处心积虑的运筹之日。鲁肃忠烈，处理事情一丝不苟，可以代替我。假如建议能被采用，我虽死不朽。"

周瑜没有计较在建议借给刘备荆州这件事上鲁肃违逆自己，照旧推荐鲁肃。可见周瑜不是一个心胸狭隘，气量狭小的人。

周瑜有一个女儿，两个儿子，孙权都与他们结为了儿女亲家。周瑜的女儿嫁给了孙权长子孙登；周循被任命为骑都尉，娶了孙权的女儿；周胤被任命为兴业都尉，娶了孙权同宗的女儿。

孙权以鲁肃为奋武校尉，赴江陵代周瑜领兵。周瑜之兵，在江陵，凡4000余人，皆归鲁肃调度。但是南郡大任并没有交给鲁肃，而是把江夏郡太守程普调到江陵接替周瑜担任太守。随后，仅仅过了一两个月，因为孙权答应分荆州给刘备，遂把程普又调回，还任江夏太守，同时鲁肃也从江陵带着周瑜的兵，西迁到陆口。

那南郡驻扎在江北岸的刘备军主力的大将关羽，于是就把主力北移，进入江陵。

这样，东吴等于把南郡（含郡治江陵）借给了刘备。此外，刘备还有江南四郡，这四郡到底是刘备自己（趁着当初周瑜攻江陵长达一年时间）趁机打下来的，还是孙权借给他的"数郡"里的内容，不好明断。而孙权此时，在荆州就只有一个江夏郡了。总之，孙权确实是借给了刘备荆州的地，至少是借给了他南郡。

却说程普回到江夏郡当太守。不久，不知什么原因，一大帮人突然叛乱。他们拎着兵器扯着队伍往北或者往西走，被程普击破，抓了几百人，全都给扔火堆里去了。当天晚上，程普就得了疠病了（疠气所致的瘟疫），百日而死。根据其他一些资料，程普也可能死于公元215年，但公元210年后，程普再未出现在史籍中，只有公元215年去世一笔带过。所以笔者认为程普应死于公元210年。

此后，鲁肃得了施展的空间，他待在陆口，恩威大行，军众迅速增加到万余人。从此，孙刘两家在江北岸各据一郡，关羽据南郡及其郡治江陵，鲁肃据江夏郡最西部的陆口，东西对峙的局面形成。从后面的情况来看，江南四郡亦在刘备统辖之中。但是孙权也把重兵压在江夏郡一郡，吕蒙、甘宁都迤逦沿江驻屯在鲁肃之东。

这一日，鲁肃回柴桑禀事，然后返回陆口，中间路过浔阳县这里驻扎的浔阳县令兼偏将军吕蒙。吕蒙从小念书太少，大字不识几个，每次汇报工作，都要口述让人给记录下来写成奏疏。因此孙权常对吕蒙说："你现在当权管事，不能不学习。"吕蒙借口军中事务繁多而推辞。孙权便说："我不是要你去研读经典做博士？只是想让你识字、学会阅读。另外，你说事务多，能有我多吗？我都经常读书，因为读书真的大有好处。"吕蒙这才开始读书。鲁肃素来轻视这个睁眼瞎，到了浔阳，也不想去理吕蒙。下边人说："将军，吕蒙将军这两年功劳名气日显，您不能像从前那样不把他当回事儿了。"

鲁肃便听从下面人的建议，求找吕蒙喝酒聊天。结果在闲聊中，鲁肃发现吕蒙就像变了一个人。大吃一惊的鲁肃说："你今天的才智谋略，不再是那个吴郡时的阿蒙了！"吕蒙回答说："士别三日，就当刮目相看，老兄为什么发现得这么晚呢？"

两人聊完后，鲁肃拜见了吕蒙的母亲，然后还与吕蒙结成异姓兄弟，便告别了。

第三十三章

庞统见刘备

却说刘备这一日待在公安，忽然有孙权使者求见。他连忙将其请进来。使者带来一封孙权书信，但见内容如下：

"如今益州牧刘璋无能不武，不能自守益州，如果曹操西得益州，则使君之荆州危矣。今我欲与使君共图益州，先取刘璋，进讨张鲁，首尾相连，一通吴楚蜀之全境。如此，即便有十个曹操，无有忧虑矣。"

原来，那孙权西驱巴蜀的心还是没有散。然而如今的形势，刘备已经按照柴桑借数郡所约，占得了南郡，如果再想西进，必须经过南郡才能过去，那就要求刘备和自己一起去了。

刘备连忙和左右人商议。有人就说这是个好机会，讲的也有道理，应该应允，因为东吴终不能越过荆州而有蜀地，所以蜀地打下来，就可以归我们所有。

主簿殷观是荆州人，本地智囊，有英兰之名。他立即上前反对，说："如果我们与东吴并力西行，我们必打先锋，到时候，如果进不能克蜀，退反而为东吴所乘，夺我荆州之地。我们则大事狼狈，无家可归了。所以，不可。"

刘备说："那如果不可，回绝了孙车骑，有失同盟之好。"

殷观说："所以啊，主公但回信赞同伐蜀，同时又说我们新据诸郡，不能劳师远攻。如此我们不去，东吴亦不敢单独越境去攻蜀。"

刘备听后大喜，立时给孙权作书相答。但其中措辞非常严厉，其信曰：

"益州之地民富地险，刘璋虽弱，但足以自守。张鲁这人，为人虚伪，现在他臣服曹操未必是真，未来曹操伐蜀，他未必尽忠曹操，让出道路给曹操过去。有人认为曹操失利于赤壁，从此力屈，没有远志了。

其实曹操三分天下已有其二，将要饮马东海，观兵吴越，如何肯放弃南征东吴之志呢？

"如今，我们和益州刘璋，本是同盟，共同御曹，今无故而攻同盟，自相攻伐，将把柄给了曹操，使曹操承隙进攻东吴或荆州，非正确之策。"

这信里说的还是老一套，说曹操不易向西南打下蜀地，而是把战略重点放在南攻东吴。这和刘备从前去柴桑，靠着曹操在北的威胁以吓唬孙权，要求孙权分出荆州之地一般无二，使用的是曹操威胁论。鲁肃也赞同曹操威胁论，所以赞同出地予刘备。而周瑜赴柴桑对孙权说的话，则是曹操新败，忧在腹心，必不能与孙权结连相战，所以我们可以西取巴蜀。周瑜是曹操没有威胁论。同样基于此论调，则借地给刘备，也就是没有必要了。所以，当下对曹操战略意图的判断，是东吴君臣的分水岭，刘备、鲁肃都竭力嘶喊曹操威胁东吴，所以孙刘联合，而周瑜独认为曹操近期不会南下，所以当拒绝刘备，并西图蜀地。从上帝视角来看，周瑜的判断是正确的。

孙权看了，觉得颇是狡辩，不足论。于是照样命孙瑜准备水军，随即发至江夏郡的郡治夏口，做出西攻的态势。

刘备一看孙权不听同盟反对意见，单方面行动，那我也单方面行动。他立刻命南郡关羽举起大戈，做出阻击孙瑜西去之势。然后又任命张飞为宜都郡守，上江待战。随即刘备又发信给孙权，言辞剧烈，写道："我刘备与刘璋同是汉室宗亲，指望凭借先君英灵，以匡汉室。如今刘璋得罪将军左右，我刘备非常感到惊悚恐惧，愿求将军加以宽贷。若不能获得将军批准，将军宁要取蜀，我将放发归于山林，不失忠信于天下也。"

孙权看后，见刘备急了，又见关羽阻住孙瑜水军下路，也只得召孙瑜回还，此事作罢。孙权想看刘备的意思，他绝不会取同宗刘璋的地盘，你不取也好，我也先不取。

这时的时间已是公元210年深秋，此后的荆、扬两家之间一时倒也相安无事。唯独刘备辖区里边一个叫庞统的人此时待在耒阳县有点不爽。

这庞统，被亲戚长辈庞德公称为凤雏，官做得不大，只是南郡府里的一个功曹。那时还是刘表统治荆州时期。随后星移斗转，周瑜占了南郡了，庞统就在周瑜手下继续当功曹。公元210年夏天，周瑜在赶奔江陵的路上暴病死于江上了，庞统当时也正随在舟中，当即帮着一起把周瑜的尸体送回原籍（即今苏州）。

事后，他又登船回到了江陵。不久，关羽的大兵开来，送走了鲁肃，接管了江陵和南郡。庞统这个周瑜所遗的南郡功曹职务，该怎么处理，就必须做个了断了。

我们现在必须更正一下传统观念中诸葛亮和庞统的模样。通常一说诸葛亮，总不出一个清新儒雅的状貌。其实，诸葛亮"身长九尺，容貌甚伟，时人异焉"。当时人看到他觉得奇异，那就是面目雄奇。又庞德公称之为"卧龙"，那就是有龙形的特征，免不掉有汉刘邦"隆准而龙颜"之可能性。所以应该是个相貌雄异的伟岸男子。而庞统被蜀国史官后来描述为"军师美至，雅气晔晔"，那就是个漂亮儒雅光亮的人。正合庞德公对他的"凤雏"的定义。通常我们想到龙和凤，那肯定凤是更漂亮的，龙是带点狰狞魁奇的。所以卧龙先生诸葛亮，相貌魁奇，甚至狰狞，他又性喜法家，是个严猛的人；而凤雏庞统先生，则雅气优美，他后来多次提到仁，是个柔书生的可能性居多。

史籍没有记载，我们推测由于凤雏先生庞统的官太小了，见不到刘备。总之，庞统被安排去当了耒阳的县令。

耒阳位于江陵以南1000里，位于湖南中南部的衡阳地区，与赵子龙的桂阳郡郡治不远。庞统被"发配"到这里，感到非常窝囊，根本不理政务，每天只是看看书、下下棋，到点吃饭、睡觉。

就这样，半年过去了。一天，刘备的信来了："庞士元，自建安十五年秋守耒阳令，在县不治，官事无为。民众打架斗殴出墙扒灰，民俗大坏；境内盗贼横行，道路不治，为害波及邻县，又不通上命，文书不修，郡诏不应，完全跟外界失去联系。兹，着桂阳太守赵云呈报荆州牧核准，罢去本官，除却一切公职，永不录用。"

说完，使者就问庞统："你还有什么说的。何时跟我交接，可以走哇。"

不一会儿，就见庞统背着一小橐书，拎着把宝剑，穿进客厅，说："没有什么可交接的，因为我什么也没干，还是当时交接给我的那些东西，在哪儿我也不知道，应该就在这屋里，你自己找吧。"

说完，昂然背着书而去。

那庞统经过庭院，走出大门，叫了个牛车，往渡口就去了。

登船之后，庞统望着这个绿油油的两岸，说："我把这里治理得还真不错啊，至少环境一点都没有破坏。

庞统一路向北而去，山行水宿，一路向北寻找人生的出路。

庞统随后去了哪里，没有记载。但他下岗的消息，还是在朋友间传开了，后来连鲁肃都知道了。于是鲁肃自陆口给公安城里的刘备写了一封信，说道："庞士元不是治理百里小邑的人才，让他担任治中、别驾这样的重任，才能发挥他的才华啊。"

诸葛亮这时候也对刘备说，荐用庞统。

刘备看了，也听了，觉得自然是要见见庞统了。于是刘备与之好好交谈了一番，都是王道霸道儒家法家的高论。因此刘备就说："我跟曹操有如水火，曹操以急，我就以宽；曹操以暴，我就以仁；曹操以诈，我就以忠；我每每与曹操相反，则事情多成。但是为何我如今还是落得只在荆州借地，栖人檐下呢？"

庞统笑了笑说："使君知道齐国和鲁国吗？"

刘备说："齐桓公的霸业我知道一些，鲁国知道甚少，大约是个不行的国家吧。"

庞统说："最近我在耒阳看书一直在想这个问题。齐国和鲁国用的是两种不同的治国方式。那齐国君主的祖先姜子牙是带兵打仗出身的，所以凡事以竞争和事功为导向；而鲁国君主的祖先周公，治礼作乐，其实是以人际关系的和谐建设为导向，礼仪也就是为了人际关系和等级秩序的和谐罢了，所以鲁国后代国君强调"亲亲上恩"，也就是仁。如果我以这个横着的筹代表做事，以事功为导向，比如姜子牙；以这个竖着的筹代表做人，以维护人际关系和谐为导向。那齐国就是横向筹的代表，鲁国就是纵向筹的代表，二者都是极端代表。"

刘备看庞统把二筹一头相触，垂直一横一纵摆放，问："您想说的是？"

庞统说："横向筹是法家的思想，纵向筹是儒家的本意。纯重视横向筹，会发展得快，但败亡得也快，齐桓公和秦始皇都是这样而失败的；纯重视纵向筹，会没发展，比如鲁国。这是因为，纯重视横向筹，重视事功，国君必然会针对事功而使用赏罚升杀等手段来刺激之，也就譬如您说的曹操的急、暴、诈，这样来做，确实会使得他的霸业成就得快——曹操因此就是成功的快，但也导致人的物化，人际关系不谐。人人各争利，利益驱动破坏了人际和谐，君主用严苛的赏罚的简单手段来鞭筹臣子，其实是一种威逼利诱和奴役，上下交争利，干群关系因此变得紧张，失去了持续发展的后劲和长期竞争，最后败亡得也快。那齐桓公的霸业随即昙花一现，从此齐国不复霸，秦始皇鞭筹天下，任用智术，行法家苛急之道，一统宇内，却顷刻土崩瓦解，都是这样的例子。可以说，法家，这种横向筹，重视事功和赏罚，以急、暴、诈，成就大事也快，败得也快，对于齐桓公和秦始皇，是成也由之，败也由之。如今曹操，吾策之，未来也必将如此。"

刘备满意地点点头，觉得很新鲜。

庞统又说："儒家，纵向筹，如使君所说的宽、仁、忠，其实也是从前鲁国所行的。虽然对追求事功没什么用，不过确实也可以一定程度上把阶层关系和人的关系搞和谐，对国家的后劲儿也好些。犹如鲁国，就比齐国安定，没有田氏代齐那种厄运。不过，鲁国也一直不能强大。这大概也就是义和利的区别吧。纵向筹是义，横向筹是利。重视纵向筹，教化大家都追求义，犹如鲁国，确实可以拖得长，但国家不能强盛。重视横向筹，教化大家都追求利，犹如齐国和秦国，还有今天的曹操，确实会发展快，但最后互相争利，为利而动，无所不用其极，又急功近利、不择手段、寡廉鲜耻，最后迅速大崩溃。所以，为人君者之道，横纵二者应该兼顾。"说着，庞统把手指在横向筹，说："使君不应该落在这个位置。"又指了下纵向筹："也不应该落在这个地方。而是落在这个地方。"他把手指指向二筹所夹持的右上方的位置，"兼顾二者。如今使君但重仁、宽、忠，行鲁国纵筹之道，不若兼有齐国急、暴、赏罚智术横策之道，方是短期、长期皆得有所安，何必非要与曹操异如水火呢？"

刘备听了，拊掌大笑："真是闻所未闻，先生教我，顿开茅塞。我知我何以只能困居公安了。"

庞统说："是啊，如今西边益州国富民强，户口百万，宝货丰足，无求于外。若是使君行鲁国宽仁忠义之道，必不能西取益州。但兼行齐国霸王之道，横向之筹，则当以益州以资大事。"

刘备点头，想想说："不单是益州之事，与我治国治军，都有裨益啊。那刘璋治国，纯以儒教，民多知礼，而无赏罚智术，如今暗弱，正缘于此。曹操挟诈力经营北方，虽得一时之安，但民多思变，内有逼忧，正是如先生所言啊。那我以后就不能如水，而是水火并存，仁力并举了。"

庞统说："想来或许如此。"

刘备又问行兵打仗和治国之策，庞统都一一做了回答。这一谈让人闻之甘之如饴，乐而忘食，不知不觉已到夜深时分。荧荧灯火中，两人研究着古人的学问和战术，乐莫乐兮内心相知。从此，刘备大器重庞统，庞统与其他泛泛之辈的书生说客，卓然有质的不同，堪称大智慧，真英豪者也！于是任命庞统为治中从事。刘备亲待庞统，仅亚于诸葛亮，随后任命庞统与诸葛亮同为军师中郎将。

这一天，刘备又和庞统一起进餐。刘备淡淡地说道："卿从前做周公瑾功曹，我夏天时到柴桑去，我在那里听说周公瑾秘密给孙车骑上表，劝孙车骑把我软留在东吴。据你所知，确有此事吗？你当时是周瑜的臣，你当时不说是应该的，现在不一样了，但说无妨。"

庞统想了想，说："确有此事。"

刘备叹息了一声，说："我当时是危急，地盘又太小，对东吴心有所求，不得不去一趟，差点就不免于遭害于周瑜之手。天下的智谋之士，所见略同。为什么这么说呢？当时孔明就劝我不要去，他的心意甚是笃厚，显然也是想到了周瑜的这一点啊。只是我以为孙仲谋所防范的在于北方，应当依赖我以为援手，所以决意前去不再迟疑。这也确实是险途，不是万全之计啊。"

这话里边，刘备是夸赞了诸葛亮，说诸葛亮和周瑜都是天下智谋之士，都想到了孙权可以把我扣留在东吴。但是夸赞归夸赞，我们可以看出，独刘备想到了孙权惧怕北方曹操，所以必不敢加害于我。那么到底是诸葛亮、周瑜高明呢，还是刘备高明呢。显然不言而喻，刘备见机更高。诸葛亮与刘备谁高，于此可见一斑。

刘备也是个厚道的人，最后还替孔明之人周抬，说自己行的是冒险之路，不是万全之计，以此尽量提高和认可诸葛亮。这不是厚道又是什么呢？庞统听了，当也感到温暖和被尊重吧。刘备虚心善听，于此又见一斑。确有汉高祖刘邦之遗风。

从此，凤雏庞士元待在温暖的刘备身边，一时无话。

第三十四章

曹孟德西凉折戟

直到公元 210 年的冬天，曹操都待在邺城，自从赤壁之战大败后，已经两年整了。两年来他一直无所作为，但修了一座铜雀台。上边有一个高一丈五尺的铜雀，立在一个高楼上，数里外都能看得见。

却说曹操的三儿子曹植，时年已经 18 岁了，是个"90 后"，即生于公元 192 年。他自小才思敏捷，十岁多就能背诵《诗经》《论语》，以及辞赋数十万言，写的文章极好。

铜雀台立成那天，曹操想考一考自己儿子们的文化水平，所以便叫着二十几个孩子（不包括女的），一起登上了铜雀台，顾盻四看，然后分发笔纸，曹操说："你们这就各自写一首《铜雀台赋》，以一炷香为刻。"

于是，那曹植拿起笔来，也不思索，落笔写道（以《三国志》为准）：

从明后而嬉游兮，登层台以娱情。

见太府之广开兮，观圣德之所营。

建高门之嵯峨兮，浮双阙乎太清。

立中天之华观兮，连飞阁乎西城。

临漳水之长流兮，望园果之滋荣。

仰春风之和穆兮，听百鸟之悲鸣。

天云垣其既立兮，家愿得而获逞。

扬仁化于宇内兮，尽肃恭于上京。

惟桓文之为盛兮，岂足方乎圣明！

休矣美矣！惠泽远扬。

翼佐我皇家兮，宁彼四方。

同天地之规量兮，齐日月之辉光。

永贵尊而无极兮，等年寿于东王。

赋中先是说铜雀台好、美；接着说曹操施仁政，让人民安居乐业；然后就是自认为曹操上可比西王母的丈夫东王公，下超过王甚至当皇帝都可以。简单来说，就是吹捧一番铜雀台的好，顺带为自己的父亲曹操歌功颂德。

曹操看罢，三儿子写得顿挫跌宕，对比铺排，而且景中含着政治，带着治国的策略，曹操大奇，这孩子文才真不错啊。

不一会，曹丕也写完了，见是（以明《魏文帝集》为准）：

登高台以骋望，好灵雀之丽娴。
飞阁崛其特起，层楼俨以承天。
步逍遥以容与，聊游目于西山。
溪谷纤以交错，草木郁其相连。
风飘飘而吹衣，鸟飞鸣而过前。
申踌躇以周览，临城隅之通川。

大家肯定都发现了，曹丕描写的都是干巴巴的景色，既没有政治，也没有谈到西王母的老公这些神仙，相比曹植要束手束脚多了。曹操看罢，也点点头，说："也不错。"

从此，曹操对曹植另眼相看。曹植也很简朴，穿的、乘的都不是华丽之物。且每次给曹操请安，回答曹操的疑难怪问，也应声而对，曹操越发宠爱他。因此拖延着总不立曹丕为世子。

随即到了下一年，211年一月。曹操被周瑜预见的腹心之忧，终于出现了。并州太原人商曜，看见曹操在大前年（208年十二月）折戟赤壁，于是也不服气了，因而举起造反的大旗。不过，最终还是被曹操派夏侯渊、徐晃击破。那张鲁本来割据了益州北部的汉中郡，杀害汉朝时节，关门自己当皇帝，前者见曹操南下，进伐荆州，于时他正处在曹操的右翼，内心害怕，当即派使者跑去向曹操表忠心，表示跟着曹操走。现在看曹操在南方被欺负了，无功而返。于是又开始闹独立了。曹操于这年三月，遂命夏侯渊平定完太原叛乱之后，出山西，入陕西关中，然后南伐汉中张鲁。

这张鲁，也是个天师出身。他的妈妈会鬼道，而且很漂亮，是个艳巫婆，做起法来，特别性感。而且他妈妈经常没事就到益州牧刘璋的爸爸——益州牧刘焉家里去祛灾驱邪，结果狐狸没撵跑，她倒成了狐狸精，把刘焉迷住了。刘焉被她迷得很深，就让她儿子张鲁到益州十一个郡国里边最北边的汉中郡做了汉中太守。等到刘璋继位，觉得这个狐狸精生的儿子从不听话，于是杀了狐狸精和张鲁的弟弟，就此张鲁和刘璋遂为仇敌。

张鲁在汉中搞的是政教合一制度，他爷爷从前创立了"五斗米道"，跟张角的"太平道"互相平行。民众交五斗米就可以入教。他以姥爷的鬼道教化民众，自称"师君"，刚来入道的就叫"鬼卒"，资深了的就叫"祭酒"。而且他不设县官吏丞，只用"祭酒"管理地方政务。祭酒的施政纲领是教老百姓不欺诈（其实他们自己就是最大的欺诈犯），有病就自己首过，把干过的坏事全说一遍，可见做的基本与太平道相似。而且各个祭酒都要带头行善，在辖区路边上建义舍，里边放上义米，供需要者食用。但不许吃太多，吃多了话，鬼道就会让他得病，吃不了兜着走。当地的士民夷狄都还很喜欢这样。为了表示对自己成就的认可，他接受了群下上尊给他的"汉宁王"的乱号，倒是比刘璋的官还大了。

当时他肯这么做，也是因为汉中这里适合割据。我们知道，中国西部的地形是这样的：陕西南部，有一个巨大的盆地，四面皆是群山要塞，这块盆地就是关中盆地；再往南，在陕西南部，又是个小盆地，即汉中盆地，也是四面环山，中间掏个坑，四面险固；再往南，穿越纵横几百里的大巴山，就是另一个巨大的盆地——四川盆地，是为蜀地，也是益州的主体部分。

却说关中盆地这里，本应属于司隶州。其西部的凉州，从前有马腾、韩遂两支军阀势力，建安初期趁着关中的长安被李傕、郭汜等人糟蹋得不成样子，就卷兵东来，占了关中地区，作为驻兵长安附近的据点。这马腾身材胖大，性格贤厚，对待长安三辅地区的士民还颇人道，人民甚爱之。马腾跟韩遂之间，互相想兼并，于是两人不断开战，一时你来我往，韩遂杀了马腾的老婆孩子，马腾则一度把韩遂打回了西边。当时，司隶校尉钟繇名义上管辖这个地盘，不能看他俩老互相掐，就从州治洛阳跑过来为之和解，和解了没几年，又掐起来了。到了两三年前，曹操要征荆州，怕马腾在西边捣乱，就强征马腾及其儿子们到邺城来当官。马腾这人，政治上一贯向曹操方面靠拢，现在马腾岁数也大了，也不想老跟韩遂打架。他心想，惹不起我躲得起，于是拖家带口跑到邺城去了，当了一个卫尉，两个儿子也当了都尉，马腾就这样养老去了。

马腾的兵则照旧留下，由长子徐州刺史马超统领。曹操为了嘉奖马腾积极当人质，入居邺城，就加封马超为偏将军。

这时马超招来众将商议："列位，曹操遣夏侯渊往南去征张鲁。张鲁在我们之南，夏侯渊要去汉中，必须从我们关中经过而南下。我想，这曹操恐怕明为征张鲁，实际做的是假虞灭虢之策，未来征罢张鲁，就转身回来，要把我们给灭了。所以当下之计，我们必不能让曹操进关中。因此我的意见是，速去连横韩遂，跟韩遂息兵，共御曹操。"

马超下面的这些西凉兵和关中兵，在这化外之地自由逍遥惯了，如何喜欢被曹操收编？于是便都拥护马超的意见。那韩遂见了马超的亲笔书信，当即也不再跟马超打了，宣布一起连横进兵。二人以及其他地方山头势力是 10 部，合计 10 万人马，向东到潼关上下驻扎，立刻拒住了夏侯渊。

曹操准备亲征，下面的反战派又开始发言了："关西兵甚是强悍，善习长矛，不是精选的前锋，难以与之对当。丞相还是再想想吧。"

曹操说："战在我，不在于对方贼人。他们虽善使长矛，我让他们没地方扎不就行了，诸君就看我的手段吧。"

初秋，曹操做好准备，大军西征，直抵潼关之下，与马超夹关而屯军。

曹操对潼关发起猛攻，这种猛攻虽是佯攻，但绝对是真正好使的。私下里，曹操把徐晃、朱灵叫来，说："二位，孤现在在潼关吸引马超的全部人马，马超本来布防在河西沿线诸要津的军队，肯定都南下跑到潼关这里来了。趁着西河沿线空虚，你们两个从蒲坂津带领大部主力，乘夜潜渡，把兵马运到河西去。"

蒲坂津就在潼关以北20千米的黄河上（南北流动），是一个渡口，徐晃、朱灵带着人马赶到蒲坂津（在黄河以东），准备渡河。

其实马超这人，文武兼备，特别善于纵横术。他对韩遂说："韩叔叔，现在曹操在潼关猛攻关城，我看却是佯攻。我一直对曹军各部的军事动向保持高度警戒。有情报显示，曹操大部主力已经集结在北边河东岸蒲坂津，我们应该把兵北上转移到蒲坂，在河西岸扎营拒曹。这样曹操便过不了河，他的粮食有限，在河那边吃光了，不出20日，必然自走。"

韩遂说："我觉得可以听凭曹操之人渡河，等他们渡河以后，背靠黄河，我们再攻击他们，他们后路已断，我们可以把他们全憋死在黄河岸上。"

于是，马超的计策未得以施行。徐晃、朱灵遂从容渡河，进入陕西东缘，择地扎营自保。未等立成营栅，韩遂之人过来按计划要憋死他们。但是徐晃等人据栅力战，一直牢牢控制住阵地。韩遂无功，一时只好对徐晃军屯警戒监视而已。

徐晃发来使者，告诉曹操我们已经过河开辟了较为安全的前沿阵地，并把马超曾与韩遂商议的计策说了。

曹操听罢，恨道："马儿不死，孤死无葬身之地！"

曹操见徐晃、朱灵已经得手了，可以在河西岸接应自己，于是也自引军离开潼关，往北走了一点，要从黄河上渡兵过去。那曹操先人后己，让士兵先走，自己留在东岸断后。曹操坐在胡床上，摇着扇子，看着江山美景，面带笑容，他身边，留在东岸的，就是许褚为首的虎贲军100人。

从前，许褚因为战乱据坞堡自保家乡，手下都是一帮侠客，这帮大侠随着许褚加入曹操以后，就组成了虎贲军，是曹操的王牌禁卫部队。

这时候，就见马超领着步骑兵一万多人，从潼关出来了，他们一直追到北边这黄河渡口，大团骑兵蜂拥而来，震得大地都在抖动。

许褚连忙奔来报告："报告，丞相，马超带领大队骑兵杀来，不知有多少人马，请赶紧上船。"

曹操说："我再在这儿坐会儿。来，你也找个马扎坐下。现在大军还没有渡完，咱们等渡完了再搬马扎。"

很快，马超马队前锋已经扑到几十步前，虎贲军百人已经开始抢着武器搏斗，许褚赶紧一边夹起俩马扎，一边扶着曹操往船上走。刚走两步，西凉兵杀到他俩面前，把曹操、许褚当身围住，许褚挽着曹操奋战。旁边校尉丁斐脑子灵，看见一些牛马还没有渡河，赶紧命令少量尚未渡的军兵，将这牛马撒了。这牛马乱冲，丁斐使劲喊："牛啊！牛啊！马啊！"

西凉军听了，一见牛马，本来军纪涣散的他们，于是也不截拦要上船的曹操了，纷纷转头去奔牛马。曹操这才趁机上了船，撤了搭板，就见那马超骑兵中没有抢牛马的，已经扑了上来，猛顶猛撞曹操虎贲军。这100人哪里抵挡得了？虎贲军卒被踩踏死好几十个，余者都往后跑，还有少量刚撒了牛马的余卒，奔着曹操的船就都来了。为了逃命，跳到河里，扑腾游过来，攀着船舷就往上爬。曹操一看，自己的船里飞进来的虎贲越来越多，心说谁让你们上来的？再这样，船就沉了。

那许褚举起大斧子，斧刃有一尺长，锃光雪亮，照着攀船扒弦的就砍他们的爪子。噗噜哇啦连人带爪子都往水里掉，喊痛之声撕心裂肺。

这时岸上乱箭齐发如雨，许褚赶紧举起马鞍子，遮蔽曹操，命令船工使劲摇船。

这船驶出了岸边，曹操等人刚刚微舒一口气，孰料那河水甚急，船上载人马又多，就见这船并不往对岸去，而是被急流冲着，顺着黄河就往下流漂。马超军乐坏了，立刻沿岸奔着就追，一边追，一边从岸上发乱箭。许褚连忙踢了船老大一脚："你给我使劲啊！使劲划！别往岸上靠！往河心里去！"

船老大说："船太重了，水太急了，只能往下冲啊。啊！"这最后一声"啊"，是岸上马超军一只雕翎箭，正好射在船老大的脑袋上，老大扑腾落水。岸上连追再射，这船一直顺河跑出了四五里。这中间，许褚就一边给曹操举着马鞍子，一边手抄着船桨，用单臂使劲划。船上的人纷纷中箭，许褚就把他们一个一个踢下船去。好在顺流漂出四五里之后，河面突然阔大，好像一个平湖了，许褚举着马鞍，身上皮甲插着几根被射中的箭，船上几乎就剩他和曹操两个活人了，奋力往对岸划去。

那曹操已经吓得体如筛糠，他缩在弦后面，心想今日若不是许褚，性命危矣！

那边张郃督着的已经渡过去的大军，望见对岸留守的 100 名虎贲和少量未渡余卒已经全被杀光了。曹操也不见了，船也不见了，各个惊慌失措，这要是没了曹操，我们在这西岸，就全得被关西兵和西凉军给串矛上吃了啊。那西凉兵猛戾善战，东汉后期打得官军败多胜少，是边陲大患。汉末的社会动荡，也跟西凉兵烽火不断，引发汉政府内政不稳有关。这时，就见许褚挽着曹操。而他们身后的绝影马已经光荣牺牲了。只见两人从下游河岸上溜达着过来。军士无不大喜，一起欢呼。有的人见了曹操，甚至流下了泪来。

曹操面对众人，哈哈大笑，说道："今日几乎为小贼所困！哈哈！"

虽然是细节上落了败，但是大军皆已渡过黄河，进入陕西，则是战略上的胜利。

第三十五章

筑冰城曹操示弱

随后曹操会集北边徐晃、朱灵的主力。这时，徐晃、朱灵凭借兵力优势，已经控制了大部分西河地区（指黄河以西，陕西东缘地区）。曹操准备采取积极进取措施，向南进攻。

我们知道，在陕西关中的大盆地里，有一条很重要的河，就是成语"泾渭分明"中的渭水。渭水是陕西的母亲河，自西向东流动，在潼关地区，也就是黄河大拐弯（南北流动再向东拐弯）处汇入黄河。而长安是在渭河南岸。如果曹操从此处的陕西东缘，进取到了南边不远的渭河，则身后的整个河西地区，就都是曹操的了。所以，曹操必须南下。

但是，西凉骑兵非常骁勇。这些骑兵不断结队，反复冲锋穿插轰击曹军行列，主要从侧翼轰击，或者迂回到后路打散曹军。这样一路行军下去，不到渭河北岸，就全得半路报销了。于是曹操就想起章邯的做法来了——当初章邯攻巨鹿，为了防止楚项羽军断他的粮道，这个秦国工程干部出身的将官，就搞了一个发明，修筑了甬道，两边夹墙，筑以长墙，连绵百里，中间内部运粮。随后这种做法被刘邦不断效法。

这甬道本来是给秦始皇用的，他走路不能让人看见，所以在咸阳修了大量这种甬道，章邯把它用于军事。

但是曹操修甬道，本来物资就多，而且两边还得竖墙，工程量太大，于是曹操就以战车代替。而战车是先前时代作战的主突击力量，两马驾单辕，车上三名长武器战车兵。在当时，战车有两大优势，一是较强的机动性，二是冲锋时的破袭力大。在青铜兵器使用的时代，战车兵手中的盾牌与身上的甲胄可防御对方的箭矢，战车可以有恃无恐地向敌方冲击。

但是，随着弩的出现，一切都变了。弩的力道大，弩的使用也大大提高了箭的射程，命中率和穿甲力绝佳使得个体庞大、队形密集的战车无疑地成了众矢之的，因此秦汉以后战车地位下降。汉朝以后，战车不再用于摧坚破敌，而改为防御。比如做成圆环车阵，阻滞敌人，这也是对抗胡人马队的好东西。

曹操这里有战车，另外孙权是行车骑将军可见东吴也有战车。曹操于是把战车两两相连，左右排成两行，好在这里通到向南渭水的路程也不长，于是曹军就在两排长长的战车的保护下，从中迅速向南穿插。战士们一边据着战车对外射击西凉的马队，一边掩护战友在战车甬道中南下。

曹操到了渭河，又要渡河了。他在渭河渡口铺设疑兵，旌幡招展，还做了很多稻草假人。

韩遂、马超在对岸，两人都很聪明，都看出了曹操这必是疑兵。马超说："韩叔叔，曹操必是要另选渡河地点，我们只要加强沿河巡逻就可以了。分出机动部队，在近期的夜里，随时整装待命。"

韩遂说："好，我们散出 800 匹快马斥候，分出 15 个地点，沿河伺候，一旦有动向，就把主力杀过去。"

于是二人自作安排。

这一夜，曹操命令夏侯渊、张郃把事先准备好的空船，搬到自己选定的真实渡河地点。只见很多船排在水上，连架起浮桥，然后准备乘夜向南踏桥而过。马超、韩遂的快马斥候当即发现了，立刻飞奔向总部报告曹操正在架设浮桥，想必随后就将乘夜过河。马超乐了，对韩遂说："我们现在赶杀过去，因为距离远，怕是已经赶不上拦住他们的渡河之人了。我们不如不惊动他们，让他们自以为得逞，待他们过河在南岸扎住营屯，放松麻痹，开始倒头大睡。他们干了一宿的修桥搭营的活，能不累吗？睡到正香的时候，我们的马队也可以到了，偷着掩杀进去，杀他个措手不及，则曹将可擒，或许曹操就在那里。"

韩遂拍手大喜，于是命令数千马队士兵，人衔枚，马裹蹄，乘着夜色，小心翼翼地向斥候所报地点前进。

到了那曹军正在扎营的地方，马超按下军马，都伏在草中，静观其变，等待时机。

当探子探明曹军已熄灯时，两人一起悄悄杀将进去。马超进了营寨，冲入营房，却发现并没有人，于是大惊，连忙转身，刚要撤，就听前面有人响，于是继续往里边奔查，果然看见里边出来人了，刚要举刀子，一看却是韩遂伸着脑袋从对面来了。韩遂大惊："这，这是怎么回事？"

话音未落，就听四面鼓声如雷，火光大起，不知多少人马，蜂拥杂沓，鼓声喊声大举，众皆失色。銮铃响处，夏侯渊、张郃马到跟前，西凉兵被杀得措手不及，丢盔弃马，也不知敌人有多少，被曹军乱冲乱撞，纷纷夺路而逃。

这西凉兵就是这样，一对一打起来很厉害，但是缺乏组织严密和镇静素质。一旦被摇撼，就像惊马一样全乱了，不能有效组织起第二轮抵抗，各自为战，连奔再蹿，被曹军杀伤无数。

马超、韩遂约束不住部众，奋力挺槊，血战突围而出，带着惊乱的残兵，往大本营逃遁去了。

趁着马超、韩遂逃窜，军众不可收拾，曹操的本部主力，连夜悉数准备过河，可是跑到浮桥地点一看，就见桥船上都是火焰，顺江飘移，原来马超败散之余，还没忘了浮桥，已命人转去一把火把桥烧了。

曹操跌足骂道："本来看在此人父亲老成的面上，收服了他给他个出路，看来绝留不得此人了。"曹操见暂时退不回去，就打算先驻扎下来，但又谈何容易。

却说曹操这人性格也有忌妒，曹操所不堪忍受的人有四个，分别是鲁国孔融、南阳许攸、南阳娄圭和清河（属于冀州）崔琰。

其中前两个都已经伏诛了。而这南阳娄圭，更是个聪明人，从小与曹操有旧，自小就有壮志。他常说："男儿活在世上，应该有朝一日有数万兵和千骑马跟着他后面。"同辈人都嘲笑他。不久，他的理想实现了，他因为藏匿逃亡犯，被官府捉到狱里，成功越狱逃跑后，被后面一大堆捕快骑着马挎着刀追他！他于是也跟着捕快一起追越狱犯们，捕快头没认出来，于是得以逃脱。

现在他归在曹操门下，曹操让他当大将，但是不让他带兵，就陪着自己，坐在席子上议论天下。前者刘琮投降，曹操和诸将多不相信，唯独娄圭认为其中无诈。而且曹操给娄圭宠爵赏赐甚厚，其家里藏千斤金子。曹操说："娄子伯又富又乐甚于我，但只是没有势力罢了。"

这天，曹操正在渭北的营寨里发愁，娄圭过来问他："丞相，今日愁眉不展，所为何端啊？"

曹操便把昨日发生的事复述了一遍。

娄圭说："就这样啊。那不会筑营垒吗？筑营垒应该比扎寨子快些啊。可以趁着马儿未来，就把壁垒筑好。扎寨子要从船上取材，壁垒就地挖土，快得多啊。"

曹操说："孤如何不知道？但是南岸多沙，根本无法筑起壁垒。"

娄圭说："这有何难，如今正是朔风渐紧时分，您可以筑沙为城，然后用水灌之，则一夜壁垒可成。没错，就是全冻上啊。"

曹操大喜："子伯真是足智谋啊！好，那就让他们带着取水器具过河。"

于是，曹军准备好多绢，即是一种叫作缣的细密的丝布。这东西因为经线密度大，是通常丝的两倍，而且都是赏赐军人用的。曹操把这种缣做成缣囊，让士兵运着，从浮桥或者小船上过河，过去就赶紧挖沙子筑垒。同时，还有一些军士用缣囊从河里取水，往上浇冻。等到后半夜，马超过来了，他发现那壁垒已经像冰雕作品一样迎着火光和明月在寒天下闪闪放光了。而且曹操这次是动用了极大兵力，一鼓作气修成了一座冰城，以免马超针对这招随后又应变拆招。

马超等人一边欣赏这座巨大的冰雕作品，一边攻城。但这是骑兵所不擅长的事情了，马超冻得手酸脚麻，而曹操的主力已经都搬到渭南来了。

曹操凭借这座冰城，拒不出战。马超等人数次前来挑战，曹操就是不出。

西凉兵都以为曹军怯懦，马超也觉得敌人已经势颓。于是回去对韩遂说："我观曹贼已经胆怯，全无大志，之所以拖在这里还不走，是因为没有一个比较有面子的理由回去。我们不如把河西之地划割给他，这样他也算是西征有了战果，可以回去向许都城里的官员百姓们交差了。"

韩遂说："河西之地，全在黄河以西，渭水以北，南北狭长直到大漠，东西纵深 100 多里，占了我们关中东缘巨大一块，如何白给了曹操。"

马超说："韩叔叔，河西之地，背靠黄河，没有战略回旋余地，曹军往这边运粮很难。让曹军在这里，根本守不住。迟早要退回河东去。"

韩遂说："非也，我也是自幼爱读经传的，在凉州也是个名人，大将军何进还跟我聊过呢。当初凉州胡人北宫伯玉反汉，闻知我名，把我劫来当了主子。你难道不知吴起曾经做西河郡守 20 年吗？吴起泣于岸门，说自己坚守西河，一定可以帮助魏国灭亡秦国，而魏侯听信谗人言让我走了，西河之地不久就要被秦国夺走，魏国将从此削弱了！"

马超说："是啊，为什么魏国派来接替吴起的人就守不住西河呢？唯有吴起这样的兵将泰斗才能守住这么难守的地方啊。"

韩遂想了想，说："也是，孺子倒是不读书，却解书。那吴起治西河，变习俗，尽地力之教，发展农业，凭着西河自产的粮食，在这里坚守，夏侯渊、徐晃皆不足匹伦啊。好！"

于是两人说定，要把西河给曹操。

使者把谈判请和的资料送来了。曹操在冰城里看后，忙与众将商议。众将都说："如今我们已经打到了关中腹心，长安近在咫尺，不应许他讲和退兵。"

贾诩老头子，时年 64 岁，也还积极地从在军中呢。曹操想起他，遂问："文和，你什么意见？"

贾诩说："我认为应该答应他。如今我们坐困渭南，南有张鲁，西有马超，后方孙权不宁。如果在这里旷日持久，未免东方变故。丞相还是见好就收吧。"

曹操说："嗯，那就准了他们求和，唤使者进来。"

于是那使者又进来了，曹操说："马超、韩遂本已被朝廷封官拜爵，受人挑拨，故为小恶。如今迷途知返，孤当再给他们一次出路。"

使者说："明公宽赦，我等关西将吏服矣。另外，马超将军、韩遂将军行前有令，若是明公应允讲和，他二人明日还要领诸将到城下亲拜丞相，两相讲明，化解嫌疑，且尽臣子之礼。"

曹操说："这个，明日孤自当去。只是既已是玉帛相见，双方皆不得从将吏，军马皆需在 200 步外候立。"

使者说："这是当然，马超将军、韩遂将军不过是备尽臣子之礼，向明公面相请罪。"

曹操说："那好，你等且可散去。"

于是，使者和众将都一齐散去。贾诩因为腿脚不快，就拖在后面慢慢走。曹操过来说："亲家翁啊，小心一点走啊。"

贾诩乘人不备，揪了一下曹操的袍襟说："丞相，我刚才说的是诈。"

曹操一惊，说："什么意思。"

贾诩小声说："当着这么多人，我不能明说。丞相只能伪许马超他们讲和。从而让他们懈怠无备。"

曹操立刻就明白了说："此计甚好，西凉兵强，不趁他们骄懈，无以克之。"

贾诩点点头。于是又要往外走。曹操拖住贾诩，问："可是，亲家翁，克敌之策在于哪里啊？"

贾诩一笑："离之而已。"

曹操说："明白了。"于是呵呵大笑，拍着贾诩的后背，教人扶他跟着诸将一起出去了。

次日午时，万里无云，曹操从冰城里带着5000兵马，迤逦出到城外，布好阵形。那马超、韩遂等诸将也带着5000步骑兵，在城外开阔地久候多时。

韩遂请求与曹操相见。曹操跟韩遂有老交情，于是两人马挨着马，交谈多时，不涉及军事，只说京都的往事和旧友，拍手欢笑。当时关中的秦人、胡人来围观的，前后重叠，曹操笑着对他们说："你们想看看曹某吗？他也是个人，并没有四只眼睛两张嘴，只是多有点智谋罢了！"会晤结束后，马超等问韩遂："曹操说了些什么？"韩遂说："没有说什么。"马超等起了疑心。过几天，曹操又给韩遂写了封信，信中圈点窜改了不少地方，像是韩遂改定的，马超等更加怀疑韩遂。曹操于是跟马超等约定日期会战，先派轻装部队挑战，战了很久才派出骁勇的骑兵夹击，杀了成宜、李堪等。韩遂、马超逃奔凉州，杨秋逃奔安定。

众将领问曹操："当初，叛贼守潼关，渭河以北防备空虚。您不从河东进攻冯翊，反而守潼关，拖延时日，然后北渡黄河，是为什么？"曹操说："叛贼守潼关，如果我进入河东，叛贼必然率兵守住各个渡口，那么西河就不能渡过了，我故意派大军压向潼关，叛贼全力在南国防守潼关，两河的防备空虚，所以徐晃、朱灵两位将军得以轻取西河；然后我率军北渡黄河，叛贼不能与我争夺西河的原因，在于两位将军已占领那里了。我联结车辆，竖起栅栏，建筑甬道而南进，作出不能取胜的样子，并且显示自己的虚弱。渡过渭水筑起坚固的壁垒，叛贼来了，不出去迎战，用这些办法使敌人骄傲自大，所以叛贼不建营垒而只请求割地。我顺从他们答应下来，我顺从他们心意的目的，是让他们自己感到安全而不加防备，我乘机蓄养士兵的精力，一起向叛贼发动攻击，正好比迅雷不及掩耳。战争的变化，本来就不仅有一种途径。"

开始时，关中众将领的每一部到来，曹操都面有喜色，部下的将领们询问其中的缘故。曹操说："关中地区辽阔深远，如果叛贼各自凭借险阻守卫，没有一两年是不能平定的。如今都来聚集，他们人数虽多，但彼此互相不服从，全军没有统一的主帅。因此才可一举歼灭，这比一一征讨容易多了，我所以欢喜。"

第三十六章

张鲁为何不重用马超

　　曹操回归邺城不久，很快又有消息传来，苏伯、田银在冀州的河间郡造反。于是曹操传令以夏侯渊为护军将军，督朱灵、路招屯长安，以镇关中；以安西将军曹仁改任骁骑将军，都督七路军，前去讨伐苏、田反军。凉州天水人杨阜，时任凉州刺史别驾，对凉州利益考虑得比较多，于是谏道："马超此人，有韩信、英布之勇，而且甚得羌人胡人的欢心，如今逃在凉州诸戎间，如果丞相大军撤去，不为凉州增兵设备，恐怕凉州诸郡就不再为国家所有了。"

　　曹操心说，我自赤壁败后，北方不稳，也没有兵可以分到这里了，于是说："义山所言甚善，但是孤必须还军。你还是回去辅助韦凉州，以拒马超吧。"

　　不久，那曹仁督七路军讨平了河间郡的苏、田叛乱，曹操就又改任曹仁为征南将军，南下入驻南阳郡的樊城，以拒南郡的关羽。那荆州本有七郡，其最北部的南阳郡，在赤壁战后一直在曹操手中，故派曹仁屯驻。

　　曹操回到邺城后，见马超已败，马腾这个谈判砝码留着已经没有用了，于是下诏斩马腾全家。211 年冬天，马腾及其夫人、好几个儿子等家族成员二百人，排成两列长队，向刑场出发，遂被尽斩。

　　不久，马超听说全家被杀，气得吐血，遂结连诸戎狄羌胡攻击凉州各郡县。而郡县都喜欢马超，因此纷纷杀了曹操安排的官吏。马超攻击凉州州治冀城时，冀城抵抗 8 个月，外无救兵，只好顺降。马超进入后，杀了凉州刺史韦康，占据冀城，收降韦康的将卒。奉命屯关中的夏侯渊来救，也被马超击退。马超遂自称征西将军，督凉州军事。那杨阜则南逃到卤城（天水郡南部），据卤城以反马超，马超亲自领兵前去给他好看。马超一走，冀城里杨阜的同僚梁宽、赵衢等人当即宣布叛马，紧闭了城门，杀了马超的妻子与儿子。马超攻卤城，杨阜据城百般据守，在城上与马超鏖战，身被五创，宗族堂弟死者7人，马超攻之不下，冀城又已不可回。最后马超无奈，跺脚一声，跑去了汉中张鲁那里。

这一天已是212年元旦，马超在张鲁这里一起过新年。与他小妾的弟弟某种马岱一人端着一杯酒，给马超上寿——古代祝寿不是说为他过生日，只是说希望他长寿。

马超也举起自己的酒来，喝了一口，突然捶胸吐血，叫道："我家阖门二百余口一个早上同时毙命，今只有你们二人相贺耶？"

见马超伤心恸地，某种、马岱赶紧给他抚背擦血。

随后，马超又数次向张鲁求兵，欲上西北再夺凉州。那张鲁确是很欢喜马超，还打算把自己的女儿嫁给马超。只不过地方派的人都怕马超抢了自己的饭碗，于是潜言说："马超这人，因为造反，搞得一家子都被屠没殆尽了，他如此不爱其亲人，如何能爱别人？"

结果，张鲁给了马超有限的兵，叫马超北上，马超北上数次，而收效有限。

那韩遂，已经七老八十了，也还在壮心不泯，拘着部众从凉州往关中打，被夏侯渊大败。逃跑途中，被下属斩了首级，送给曹操。曹操在邺城看着这个京都故旧，一时不知如何观感。

附录

表1　黄巾起义后期黄巾军与官军情况简表

1. 黄巾军后期（185—205 年）序列

黑山军（185—205 年）

张牛角：前期首领，自称将军。

褚飞燕（张燕）：主要首领，在官军与起义军之间反复，205 年率众投降曹操。

郭大贤：将领，黑山军投降后率部分军队打游击。

于羝根：将领，被袁绍打败后去向不明。

张白骑：即张晟，将领。

左髭丈八：将领。

黄龙：领袖，率领小部分军队打游击。

白波军（188—196 年）

郭太：首领。

杨奉：将领，后投降汉末军阀。

韩暹：将领，后投降汉末军阀。

李乐：将领，后被诏安。

胡才：将领，后被诏安。

表 1　黄巾起义后期黄巾军与官军情况简表　/　265

豫州黄巾军

何仪：将领，后投降曹操。

刘辟：将领，长期盘踞汝南，被高揽击杀。

黄邵：将领，长期盘踞汝南，后被曹军击杀。

何曼：将领，后投降曹操。

龚都：将领，曾投降刘备，后被曹军所杀。

吴霸：将领，后投降李通。

青州黄巾军

张饶：渠帅。

管亥：渠帅。

徐和：将领。

司马俱：将领。

扬州黄巾军

吴桓：将领。

陈败：将领。

万秉：将领。

益州黄巾军

马相：将领，活动于益州，自称天子。

赵祇：将领。

2. 主要战场情况

司隶州

189 年，白波军进入河东郡，董卓攻打失败。

190 年，董卓迁都长安，留下李傕等人与白波军混战。

195 年，白波军投降汉献帝。

196 年，白波军余众被曹操、袁术等吞并。

幽州、冀州

185 年，黑山军张牛角与张燕合兵，自称将军，攻打瘿陶阵亡。张燕成为黑山军领袖。

190 年，黑山军与官军结盟，攻打董卓。

191 年，黑山军协助公孙瓒，被袁绍击败。

191 年，青州黄巾军连续被应劭、公孙瓒所败，后引兵击溃孔融。

193 年，黑山军在常山被袁绍击败。

193 年，青州黄巾军管亥攻孔融，被刘备援军击溃。

199 年，黑山军驰援公孙瓒失败。

204 年，黑山军张燕协助曹操攻打袁氏兄弟。

豫州

192 年，青州黄巾军大部投降曹操，徐和、司马俱率青州余部攻打曹操，后徐和被杀，司马俱不知去向。

197 年，黄巾军刘辟、黄邵与曹军战斗，皆被杀。黄巾军何仪、何曼率众投降曹操。

201 年，刘备南逃依附刘表，其部将原黄巾军龚都被曹军所杀。

205 年，黑山军投降曹操。

益州

188 年，马相、赵祗攻破三郡，马相自称天子，被贾龙所破。

徐州、扬州

185 年后，豫州黄巾军领袖刘辟、黄邵、何仪、何曼南下，与袁

表 1　黄巾起义后期黄巾军与官军情况简表　／ 267

术、孙坚结盟。

202 年，扬州朱治平定东南，俘虏黄巾军领袖陈败、万秉。

217 年前，孙权将领留赞斩黄巾军吴桓。

表 2　反袁术联盟情况简表

1. 事件情况简表

193 年，孙坚和孙策开始征服江东地区，他们作为袁术的部下，使袁术名义上成为汉末南方最大的军阀。

196 年，吕布与袁术短暂结盟，没多久便背叛了。

197 年正月，袁术称帝，建立仲氏政权。

197 年，孙策自立，袁术丢失江东领土。孙策、曹操、刘备等人结成联盟，共击袁术。

197 年五月，袁术儿子欲娶吕布女儿为妻，吕布先同意，后改不同意，并与袁术在江淮大战。

197 年秋，曹操夺取袁术淮北全部土地，袁术剩余统治区大旱。

198 年，下邳之战，吕布与袁术结盟。

199 年，吕布被曹操俘虏并斩杀。

199 年六月，袁术病死，联盟解散。

2. 反袁术联盟参与者情况

反袁术联盟	袁术仲氏政权
指挥官与参与者	指挥官与参与者
曹操	袁术
刘备	袁谭
吕布（197 年）	袁绍

表 2　反袁术联盟情况简表 / 269

续表

反袁术联盟	袁术仲氏政权
对方叛逃者	孙策（197 年）
孙策（197—199 年）	吴景（197 年）
吴景（197—199 年）	孙贲（197 年）
孙贲（197—199 年）	对方叛逃者
雷薄	吕布（198—199 年）
陈兰	

表3 官渡之战情况简表

1. 官渡之战序列
袁绍军

冀州牧：袁绍

右校尉：淳于琼

首席顾问：郭图

别驾：田丰

奋威将军：沮授

别驾：审配

将军：颜良

将军：文丑

宁国中郎将：张郃

青州刺史：袁谭

左将军：刘备

曹操军

司空：曹操

将军：曹洪

司空祭酒：郭嘉

尚书令：荀彧

济阴太守：程昱

表 3 官渡之战情况简表 / 271

尚书：荀攸

偏将军：关羽

骑都尉：张辽

校尉：许褚

讨寇校尉：乐进

河内都尉：徐晃

将军：于禁

骑都尉：夏侯渊

2. 主要战场情况

杜氏津之战（200 年二月—三月）

袁绍 vs 曹操，曹操胜

官渡大战前，曹操分兵东征刘备。袁绍趁机南下，袭击了汲郡和获嘉。最后时刻，曹操赶回，反过来攻击了袁绍在元武的大营。

白马之战（200 年三月—五月）

袁绍 vs 曹操　　曹操胜

袁绍派颜良和郭图等带兵过河，攻打曹操在白马的阵地。32 天后，曹操成功解救白马。在曹操与袁绍军进行战斗时，关羽奇袭颜良，斩杀之。白马之战就此结束。

延津之战（200 年五月—八月）

袁绍 vs 曹操　　曹操胜

白马之战后，曹操后撤到白马西南地方，两军继续对峙。后曹操率五六百骑兵侦察，诱敌深入斩杀大量袁绍骑兵。刘备故意延误战机，造成文丑被曹军所杀。

官渡之战（200 年九月—十一月）

袁绍 vs 曹操　　曹操胜

袁绍率大军从阳武南下，在官渡附近两军开始堑壕战。不久，曹操物资短缺，不得不使用奇袭的方式攻击固始。十月，两军即将决战之际，曹操分兵攻击乌巢。乌巢失守令阵前袁绍军大乱，曹操军趁机猛攻，袁绍军大乱。最终袁绍渡河逃跑。

仓亭之战（201 年五月—六月）

曹操 vs 袁绍　　曹操胜

袁绍官渡之战失败后，内部叛乱迭起。在黄河南岸，袁绍还有一块领地仓亭，为了将袁绍赶到黄河以北，曹操以少量兵马进攻仓亭。因内部混乱，袁绍无暇顾及此地，遂放弃。

3. 后果

袁绍本想通过此战统一北方，但因为各种延迟，最终败给曹操。失败后，内部叛乱迭起，袁绍虽一一镇压，欲东山再起。但由于自己病重，提前去世，反令北方政局更加混乱。

曹操多次出奇兵，最终取得胜利，但付出代价也极大。不过，此战后他与袁绍的地位急剧逆转。且因袁绍早死，令曹操统一北方成为可能。

表4　赤壁之战情况简表

1. 赤壁之战序列

曹操军

丞相：曹操

征南将军：曹仁

都督护军：赵俨

虎威将军：于禁

荡寇将军：张辽

平狄将军：张郃

破虏将军：李典

横野将军：徐晃

奋武将军：程昱

太中大夫：贾诩

汝南太守：满宠

孙权军

讨虏将军：孙权

中护军（左都督）：周瑜

荡寇中郎将：程普

赞军校尉：鲁肃

征虏中郎将：吕范

横野中郎将：吕蒙

中郎将：韩当

丹阳都尉：黄盖

成烈都尉：凌统

宜春长：周泰

甘宁

刘备军

左将军：刘备

偏将军：关羽

中郎将：张飞

诸葛亮

江夏太守：刘琦

2. 主要战场情况

长坂之战（208 年十月）

曹操 vs 刘备，曹操胜

曹操 5000 名精锐骑兵进攻刘备所在的江陵，刘备 2000 士兵无法抵挡，率军民 10 万人一起向南部逃窜。

赤壁之战（208 年冬）

孙权、刘备 vs 曹操　孙权、刘备胜

曹操 20 余万军队与孙刘联军约 5 万人，在赤壁对战。由于曹操的战略失误与黄盖计谋的成功运用，联军取得最终胜利。

夷陵之战（208 年冬）

孙权 vs 曹操　孙权胜

表 4 赤壁之战情况简表 / 275

曹操战败后，周瑜率军追击。在长江南岸周瑜 3 万人马与曹仁 6000 骑兵对峙良久，最终夷陵被孙权军占领，曹操也失去了益州刘璋的支援。

六县叛乱（209 年）

曹操 vs 陈岚、梅城、孙权　　曹操胜

曹操赤壁之战失败后，原袁术部下陈岚、梅城在六县反叛。曹操派于禁、臧霸攻打梅城；派张辽、张郃攻打陈岚。臧霸成功抵挡住孙权援军，最终将叛乱镇压。

合肥之战（208—209 年）

曹操 vs 孙权　　平局

孙权企图在合肥开辟新战场，但都被曹操部将抵挡住。合肥曹军的刘富、蒋济坚守城池，但城墙仍由于连日大雨而倒塌。在合肥无险可守之时，孙权听从张宏劝告，撤军了。

江陵之战（208—209 年冬）

曹操 vs 孙权、刘备　　孙权、刘备部分胜利

周瑜、刘备先期阻止江陵接受新的补给，以驱赶曹仁。关羽北伐至峡口，被阻挡。曹仁选 300 人做敢死队，希望从周瑜处打开口子，但失败了。后周瑜负伤，但仍然坚持指挥，令曹仁军士气低落。最终，曹操命令撤回，联军获得江陵。

3. 后果

曹操的江陵被周瑜所得，曹操占领土地的边界向北缩了不少。

刘备获得江南四郡（武陵、长沙、零陵、桂阳）。

孙权巩固地盘并有部分扩张，但损失也相当大。

表 5　曹操统一北方简表

官渡之战后，曹操地位逐渐上升。但袁绍也在 201 年末镇压了叛乱，重新确立了自己的统治。但 202 年六月袁绍去世，北方局势再次混乱。

1. 征服冀州（202—207 年）

202 年，袁绍死后，其子袁谭和袁尚各自领兵，袁氏阵营一分为二，争夺继承权战争开始。本年末，曹操引兵北上。

203 年，曹操主力从黎阳撤退，袁氏兄弟内讧，袁谭战败逃到南皮。袁谭要求与曹操结盟。

204 年，曹操北上邺城，围攻。袁尚停止攻击袁谭，在邺城附近扎营，最终被曹操所破。

205 年，南皮之战中袁谭战死。袁尚、袁熙无法整顿幽州，遂北上投奔乌桓，20 万军民随他们一起北逃。

206 年，曹操大败高幹。

207 年，袁氏兄弟与乌桓联军在白狼山迎战曹操，曹操最终取得胜利，将 20 万军民以及投降的乌桓人带回幽州、冀州。

208 年，赤壁之战，孙权、刘备联军胜利，曹操大败。

表 5　曹操统一北方简表 / 277

2. 征服西北（211—216 年）

211 年，曹操西征。马超与韩遂组成联军，共同对付曹操。曹操使用挑拨离间计，令两人产生隔阂。

212 年，联军瓦解，马超征召胡兵，自己对抗曹操。

213 年，马超围攻冀城，使用残酷的方式令冀城投降。马超开始统领凉州大部分地区。马超一家被杀，马超前往卤城与杨甫等人交战。交战中曹操援军到达，马超撤退。

214 年，马超投奔张鲁。张鲁命马超围攻岐山，夏侯渊不待曹操下令，便与马超接战，最终马超得胜。

215 年，夏侯渊于金城郡攻击韩遂，韩遂全军覆没。曹操大军入散关，推进阳平关，攻击狄人和羌人。曹操偷袭阳平关，张鲁部下不敌败走。张鲁撤退，汉中被曹操攻占。

216 年，曹操回师，留夏侯渊守卫汉中。

3. 主要战役情况

时间	战役名称	对阵双方	战果
203 年	黎阳之战	曹操 vs 袁尚	曹操撤退，袁谭兵变
204 年	邺城之战	曹操 vs 袁尚	曹操胜利
205 年	南皮之战	曹操 vs 袁谭	曹操胜利
207 年	白狼山之战	曹操 vs 乌桓、袁尚	曹操胜利
211 年	潼关之战	曹操 vs 关西联军	曹操胜利
213 年	冀城之围	曹操 vs 马超	马超胜利
	卤城之战	杨甫 vs 马超	杨甫胜利
214 年	岐山之战	曹操 vs 张鲁	曹操胜利
215 年	阳平关之战	曹操 vs 张鲁	曹操胜利

表6 东汉末与三国官僚体系概况（一）

1. 三国时期到底是从哪年到哪年？

从历史上来讲，三国时期有狭义与广义两种说法：

狭义说法是公元 220 年至公元 280 年。

即从魏文帝曹丕即位，到吴国被西晋灭亡，共 61 年。但问题是如果按照这个计算，那么董卓、吕布、袁绍、曹操、袁术、孙策等三国著名人物因为生活在东汉末期，或者说是在公元 220 年之前去世，便全部排除在外了。

因此，便出现了广义的三国时期的说法：公元 184 年到公元 280 年。

即从东汉末年的黄巾起义开始，直到吴国被西晋灭亡，共 97 年。

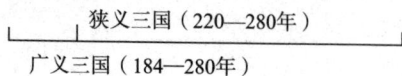

狭义三国（220—280年）

广义三国（184—280年）

2. 士族与庶族

其实，早在周朝时期，就有了"士"的出现。周朝是典型的贵族分封制。

即国内分为：天子、诸侯、卿大夫、士和平民五等，奴隶等则不被计算在内。

一般来说，天子的嫡长子继续做天子，其他诸子便降一等成为诸侯。而诸侯包括天子的儿子们以及因为有功而分封的大臣。诸侯的嫡长子仍旧是诸侯，其他诸子也像天子到诸侯那样，降一等成为卿大夫。卿大夫也是

表6 东汉末与三国官僚体系概况（一） / 279

如此，除嫡长子外，其他诸子便成为士。而贵族到士这一级就不再向下降等。也就是说士的后代不管是否嫡长子都是士。这就叫"士官制"。

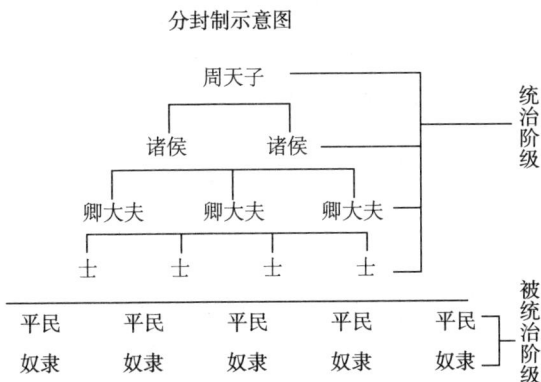

分封制示意图

```
                周天子 ──────┐
              ┌────┴────┐     │  统
            诸侯      诸侯 ────┤  治
          ┌──┴──┐  ┌──┴──┐   │  阶
        卿大夫  卿大夫  卿大夫 ─┘  级
        ┌┴┐  ┌┴┐  ┌┴┐  ┌┴┐
        士   士   士   士
      ──────────────────────────
      平民   平民   平民   平民   平民 ┐ 被
      奴隶   奴隶   奴隶   奴隶   奴隶 ┘ 统
                                      治
                                      阶
                                      级
```

在这里，我们可以看到三大阶级，即贵族阶级（天子、诸侯、卿大夫、士）、平民阶级（庶族）和奴隶阶级。

秦朝建立后，将地主阶级分为士农工商四类，而普通百姓只能称作平民阶级。其中，士即士族地主阶级；农、工、商即庶族地主阶级。

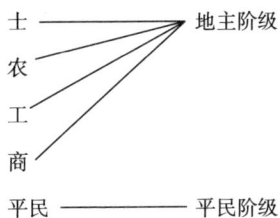

```
士 ────────┐
农 ──────┐ │
工 ────┐ │ │ 地主阶级
商 ──┘ │ │ │

平民 ──────── 平民阶级
```

纵观整个中国历史。从秦朝开始，一直到清朝结束，中国历史一直是士族地主阶级与庶族地主阶级的斗争。其中在隋以前都是士族地主阶级占统治地位；而到了唐以后，都是庶族地主阶级占统治地位。而在秦之前，我们可以简单称其为贵族阶级统治的时代。

相信大家已经大致明白，汉朝正是士族地主阶级占统治地位的时代，因此更多的上层职位都是被这些士族们所把持。特别在汉武帝之前，辅佐汉高祖打天下的那些人都死光了，有不少人也没有了后代。另外，汉朝初期分封刘姓子弟及其后代能扶起来的又不多。而汉朝又需要继续提升国力。所以，汉武帝于公元前 134 年实行并固定了"察举制"这种官僚制度，即由地方长官在辖区内随时考察、选取人才并推荐给上级或中央，经过试用考核再任命官职。

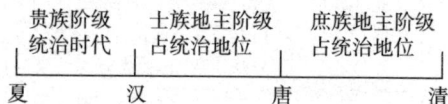

```
       贵族阶级      士族地主阶级    庶族地主阶级
       统治时代      占统治地位      占统治地位
      ┏━━━━━━━╋━━━━━━━━━╋━━━━━━━━━┓
      夏          汉          唐          清
```

最开始，只有孝廉、茂才、察廉、光禄四行等很少科目选择，地方官根据这些科目进行考试，通过后便可以向上推荐给上级或中央。当然，官员的人数是固定的，不可能将更多的贤良人才全部容纳进来。

特别是想当上孝廉、茂才，更是非常之难。

举孝廉就是各郡的太守，从本郡中选拔最为孝敬父母、廉洁勤政的人出来做官。人口不满 10 万人的郡，每三年举荐一人；人口不满 20 万人的郡，每两年举荐一人；人口超过 20 万人的郡，每年可以举荐一人；如果郡人口超过 40 万人，则可以每年举荐两人。我们耳熟能详的袁术、公孙瓒、曹操等人，都是举孝廉才当上官的。

举茂才则是难上加难。茂才一般是由各个州牧来推荐，而且每年只能在本州内推荐一位茂才。当然，三公也可以推荐茂才，但他们也是每年只能推荐一位茂才。这样东汉十三州再加上三公等，每年举出的茂才人数绝对不会超过 20 人。

另外，汉代还有一项比较少用的官僚制度，即征辟制。这种制度也是从汉武帝时代开始的。主要目的就是在比较特殊的时刻，由皇帝或官员邀请，让地方上有势力、有能力的人来做官，以解决棘手问题或平定内乱。

如董卓就是如此。他就是因为骁勇善战，而被凉州刺史推举上去的。再如司马懿，则是曹操开司空府时，强行让他进入司空府做官的。

表 6 东汉末与三国官僚体系概况（一） / 281

```
察举制 ——— 孝廉          征辟制 ——— 皇帝邀请
         茂才                     官员邀请
         察廉
         光禄四行
```

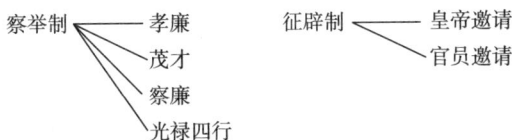

绝对的权力产生绝对的腐败。地方官为了让自己的子弟和亲属方便进入官场，增加越来越多的科目。到东汉末年，竟然增加到孝廉、秀才、明经、明法、贤良方正、直言极谏、孝悌力田等不下十几种。这样，官职便能由贵族垄断并世袭，出身于小贵族的即使是昏庸之辈，甚至是不谙世事，也可继承父兄的职位。

如刘备当了州牧（豫州牧），就可以举茂才。他好不容易才有了这个名额，势必得给自己手下的战友们一些好处吧？可是他这个名额没给关羽、张飞、赵云，而是给了袁绍的儿子袁谭。没错，当时茂才几乎被权臣所独揽，如果普通人想上位，也不得不将权臣的亲属举为茂才。这样，才能备不时之需。

这也就是为什么三国故事里，到处都能见门生故吏的原因了。而这些官员，以及他们的门生故吏组成的就是门阀士族。

而正是这一原因，几乎影响了几百年中国历史的名门大族，如汝南袁氏、弘农杨氏、清河崔氏、太原王氏、下邳陈氏、河内司马氏等，也都是这时候出现的。

隐隐地，士族与庶族之间出现了一道鸿沟，直到 400 年后的隋唐时期才慢慢填平。

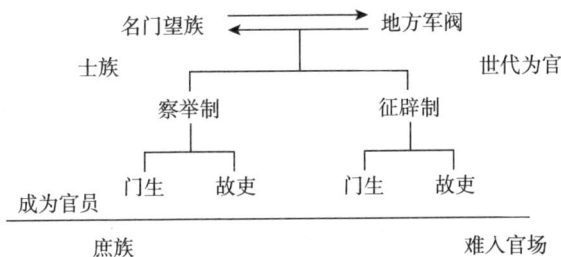

```
        名门望族 ←———→ 地方军阀
  士族                        世代为官
        察举制        征辟制
       门生  故吏    门生  故吏
  成为官员
   庶族                       难入官场
```